Jornada Ágil de Arquitetura

Antonio Muniz
Cosme Cardoso
Antonio Plais
Arthur Rodrigues
Atila Belloquim
Gustavo Bunger
Gustavo Theme
Leonardo Santos
Rosana Carvalho
Zair Ramos

Jornada Ágil de Arquitetura

Usando a arquitetura corporativa e de TI para a gestão holística do negócio

BRASPORT

Rio de Janeiro
2022

Editor: Sergio Martins de Oliveira
Gerente de Produção Editorial: Marina dos Anjos Martins de Oliveira
Editoração Eletrônica: Abreu's System
Capa: Trama Criações

J82 Jornada Ágil de Arquitetura : usando a arquitetura corporativa e de TI para a gestão holística do negócio / Antonio Muniz ... [et al.]. – Rio de Janeiro: Brasport, 2022.
280 p. : il ; 17 x 24 cm.

Inclui bibliografia.
ISBN 978-65-88431-79-5

1. Arquitetura da informação. 2. Gestão empresarial. 3. Negócios. I. Muniz, Antonio. II. Cardoso, Cosme. III. Plais, Antonio. IV. Rodrigues, Arthur. V. Título.

CDU 004.2

Catalogação na fonte: Bruna Heller (CRB10/2348)

Índice para catálogo sistemático:
1. Arquitetura da informação 004.2

BRASPORT Livros e Multimídia Ltda.
Rua Washington Luís, 9, sobreloja – Centro
20230-900 Rio de Janeiro-RJ
Tel./Fax: (21)2568.1415
e-mails: marketing@brasport.com.br
vendas@brasport.com.br
editorial@brasport.com.br
www.brasport.com.br

Jornada Colaborativa

Experiências colaborativas que transformam vidas!

Conectamos pessoas apaixonadas por tecnologia e agilidade, criamos livros colaborativos de alta qualidade e transformamos vidas compartilhando experiências e doando a receita para instituições carentes!

Juntos somos mais inteligentes e já concretizamos várias iniciativas colaborativas (2019 e 2020):

1. Lançamento de oito livros com +400 coautores
2. Jornada Summits com +3.500 participantes em 13 sábados
3. JornadaCast com +50 episódios ao vivo
4. Jornada Learning com +500 participantes em 6 trilhas
5. Jornada Globo Day com 1.380 participantes ao vivo (3.453 inscritos)
6. Doação de R$ 137 mil para 12 instituições carentes
7. Impactamos +20 mil vidas (conteúdos + alimentação)

Tudo começou com um sonho de compartilhar conhecimento através do livro "Jornada DevOps", que foi escrito por 33 pessoas com experiências complementares. A união do time com outras comunidades em várias cidades permitiu a disseminação de novas experiências.

O experimento dos 5 *summits* de lançamento dos três primeiros livros em 2019 uniu mais de 50 empresas e comunidades, permitindo ingressos com valor simbólico e direito a livro para 1.277 pessoas, além da doação de R$ 25 mil para quatro instituições carentes.

O primeiro semestre de 2020 reforçou nosso trabalho colaborativo com 50 voluntários trabalhando intensamente na **Jornada contra a crise**, que arrecadou R$ 100 mil para 10 instituições com 13 sábados para mais de 3.500 participantes *on-line* que receberam 160 palestras de alta qualidade com 25 presidentes, 50 executivos e 80 *experts* em agilidade, tecnologia, inovação e transformação digital.

A **Jornada Learning** iniciou no segundo semestre de 2020 com o objetivo de capacitar pessoas do mercado, captar recursos para lançar os novos livros da Jornada e ceder vaga gratuita para quem está em busca de recolocação com direito a livro, *workshop*, mentoria e camisa da Jornada. Graças ao apoio de várias organizações, disponibilizamos mais de 400 vagas gratuitas para colaborar na recolocação de pessoas que investem em sua qualificação.

Nosso DNA é unir pessoas e tecnologia, aproveitando nossos participantes com perfil multidisciplinar: desenvolvedores, QA, *sysadmin*, arquitetos, *Product Owners*, gerentes de produtos, *agile coaches*, *Scrum Masters*, analistas de negócio, empreendedores, gerentes de projetos, psicólogas, executivos, UX, CX, equipes de RH, recrutadores, analistas de marketing, engenheiros etc.

Livros escritos pela Jornada Colaborativa até o momento:

1. "Jornada DevOps", com 33 coautores e 4 curadores.
2. "Jornada Ágil e Digital", com 56 coautores e 2 curadores.
3. "Jornada Ágil de Qualidade", com 24 coautores e 4 curadores.
4. "Jornada Saudável", com 26 coautores e 7 curadores.
5. "Jornada Ágil do Produto", com 69 coautores e 4 curadores.
6. "Jornada DevOps 2ª edição", *best-seller* com 36 coautores e 4 curadores.
7. "Jornada Ágil de Liderança", com 86 coautores e 5 curadores.
8. "Jornada do Ágil Escalado", com 64 coautores e 6 curadores.
9. "Jornada Java", com 32 coautores e 6 curadores.
10. "Jornada Business Agility", com 48 coautores e 5 curadores.
11. "Jornada Kanban na prática", com 23 coautores e 5 curadores.
12. "Jornada Colaborativa", com 44 autores e 1 curador.
13. "Jornada RH Ágil", com 52 coautores e 7 curadores.
14. "Jornada CSC", com 46 coautores e 6 curadores.
15. "Jornada Azure DevOps", com 19 coautores e 7 curadores.
16. "Jornada OKR na prática", com 42 coautores e 5 curadores.
17. "Jornada Python", com 57 coautores e 8 curadores.
18. "Jornada de Inclusão", com 40 coautores e 8 curadores.
19. "Jornada da Facilitação", com 72 coautores e 6 curadores.
20. "Jornada Microsserviços", com 26 coautores e 8 curadores.

21. "Jornada RPA e Hiperautomação", com 41 coautores e 4 curadores.
22. "Jornada da Experiência do Cliente", com 54 coautores e 4 curadores.
23. "Jornada da Transformação Digital no Brasil", com 56 coautores e 6 curadores.
24. "Jornada Ágil de Arquitetura", com 18 coautores e 9 curadores.

Juntos somos mais inteligentes e podemos transformar mais vidas, criar amizades e fazer a diferença nas organizações e na sociedade! Entre em nossa Jornada para participar das iniciativas que estejam ligadas ao seu propósito de vida:

<www.jornadacolaborativa.com.br>
<www.jornadalearning.com.br>
<https://www.linkedin.com/company/jornadacolaborativa/>
<https://www.meetup.com/pt-BR/JornadaColaborativa>
<contato@jornadacolaborativa.com.br>

Apresentação da Jornada Ágil de Arquitetura

Após lançar o livro "Jornada DevOps" e iniciar os times dos livros "Jornada Java" e "Jornada Python", nosso próximo passo foi convidar novas pessoas apaixonadas e construir um conteúdo prático para ajudar as pessoas na transição de suas carreiras para o papel de Arquiteto.

Convidei o Cosme para liderar as ações do livro e o próximo passo foi escolher pessoas de nossa confiança para a curadoria. Um dos grandes desafios das atividades voluntárias que realizamos na Jornada Colaborativa é priorizar uma parte do nosso tempo para a escrita dos livros. O time organizador desempenha importante papel para mobilizar os coautores e orquestrar todas as ações necessárias para o sucesso no resultado final para nossos leitores, que são a nossa razão de existir.

Agradeço ao time organizador que contribuiu para a definição da estrutura e revisão do livro e aos coautores que escreveram os capítulos. Agradecimento especial ao Cosme, que liderou as ações desde o início do livro, e ao Gustavo Bunger, que mobilizou o time nas ações necessárias para finalizar o livro.

Além da curadoria de todo o conteúdo, outra atribuição importante do time organizador é a busca pelos coautores, considerando pessoas que admiramos, vivência na aplicação prática e repertórios complementares. O objetivo é acrescentar diversidade de pontos de vista e diferentes níveis de experiência para construir um conteúdo com inteligência coletiva do Brasil.

Tenho grande orgulho de ter plantado a semente da escalada dos livros e prosseguir com minhas atribuições na mentoria de líderes para assumir responsabilidades estratégicas na Jornada, visando mobilizar novas pessoas apaixonadas por transformar mais vidas com o poder da colaboração.

Considerando que as empresas dependem cada vez mais de software com qualidade, visando sobreviver e prosperar no mercado, temos muito orgulho do resultado incrível que essa galera construiu.

Estou convicto de que cada leitor será beneficiado em sua carreira com a aplicação desse conteúdo de alta qualidade, que é indicado para pessoas comprometidas em entregar soluções para seus clientes e para a sociedade.

Antonio Muniz
Idealizador, líder, curador e *headhunter* da Jornada Colaborativa

Sumário

PARTE I.
O QUE É ARQUITETURA – HISTÓRICO E CONCEITOS

PARTE II.
A PROFISSÃO DO ARQUITETO

PARTE III.
FRAMEWORKS DE ARQUITETURA

PARTE IV.
O CONTEÚDO DA ARQUITETURA

PARTE V.
ARQUITETURA DE NEGÓCIO

PARTE VI. ARQUITETURA DE SISTEMAS DE INFORMAÇÃO

PARTE VII. ARQUITETURA DE TECNOLOGIA (INFRAESTRUTURA DE TI)

PARTE VIII. ARQUITETURA DE SEGURANÇA

PARTE XI.
COMO IMPLANTAR ARQUITETURA NA ORGANIZAÇÃO

PARTE I.
O QUE É ARQUITETURA – HISTÓRICO E CONCEITOS

1. Problemas tradicionais: por que precisamos de arquitetura

Atila Belloquim
Cosme Cardoso

Considera-se que a disciplina de **Arquitetura Corporativa** foi criada por John Zachman em 1987. Aqui iremos abordar os problemas tradicionais encontrados nas empresas que levaram à criação e evolução dessa disciplina e apresentar um histórico sobre o assunto.

A discussão desses problemas não será cronológica, ou seja, apresentaremos os diversos temas conforme foram aparecendo ou sendo percebidos nas empresas. A abordagem utilizada será uma avaliação *top-down*, vendo os problemas desde o seu nível mais alto, isto é, **estratégico**, e descendo para os aspectos mais táticos e operacionais do funcionamento da organização.

Problemas com a estratégia

Um problema clássico relacionado com a estratégia, identificado pelo menos desde a década de 1970, é a dificuldade que as empresas têm de **alinhar a sua estratégia com a sua execução**. Ou seja, a estratégia aponta uma direção, mas os processos e recursos da empresa caminham em outra. Um bom exemplo disso, conhecido por todos, é aquela situação na qual uma empresa declara ter como meta estratégica "melhorar o seu relacionamento com seus clientes", ao mesmo tempo em que seus processos parecem ter sido desenhados especificamente para irritá-los.

A principal razão pela qual isso acontece está relacionada com a dificuldade de comunicar a estratégia para os níveis tático e operacional da organização. A estratégia é elaborada pela alta administração, com ou sem apoio de consultores externos, de forma isolada da realidade da empresa. Por um lado, a elaboração da estratégia ignora (ou, pelo menos, não leva em consideração suficientemente) o que já existe hoje na organização. A consequência são metas estratégicas inviáveis (porque são impossíveis de serem cumpridas com o que existe na organização e os recursos disponíveis) ou a criação de iniciativas estratégicas redundantes, ou seja, a criação de "projetos estratégicos" que, na verdade, reproduzem coisas que já existem dentro da organização, o que acontece simplesmente porque os planejadores estratégicos não conhecem a fundo a forma como a empresa está estruturada hoje.

Por incrível que pareça, no momento do planejamento estratégico, é frequente encontrarmos situações de empresas em que o **conhecimento do ambiente externo** (concorrência, governo, mercado etc.) é **maior** do que o **conhecimento do funcionamento interno** da organização. Ferramentas de planejamento estratégico, tais como a análise SWOT (que olha tanto para dentro quanto para fora da organização), acabam mapeando com mais detalhes e precisão esse ambiente externo do que o ambiente interno.

Um dos motivos, portanto, para adotar a **Arquitetura Corporativa** é garantir que o planejamento estratégico seja feito com conhecimento adequado sobre a forma atual como a empresa funciona. Além disso, a Arquitetura Corporativa ajudará a evitar a definição de iniciativas estratégicas redundantes, ou seja, que levem a projetos de implantação de coisas que já existem e poderiam ser reutilizadas.

Por outro lado, ao mapear tanto o que existe na empresa hoje quanto o que será necessário para cumprir a estratégia, a Arquitetura Corporativa permite fazer **análises de impacto** com base nas diferenças entre o que existe hoje e o que deveria existir, de modo a avaliar a viabilidade das metas estratégicas definidas no planejamento.

Silos de informação

Um dos maiores problemas presentes em quase todas as empresas é o chamado **silo de informação**. A imagem dos silos diz respeito à falta de comunicação entre as diversas áreas da empresa, o que leva a dificuldades na execução dos processos e, principalmente, a redundâncias em todos os níveis de recursos da organização: processos redundantes, sistemas de informação redundantes, dados e informações redundantes, elementos de infraestrutura redundantes e assim por diante. Essas redundâncias implicam não apenas em desperdício, mas também em maiores dificuldades na integração entre processos, sistemas e outros tipos de recursos, levando a lentidão, erros etc.

A Arquitetura Corporativa, através de seu **repositório de arquitetura**, é provavelmente o fator habilitador mais importante para o estabelecimento de uma **visão holística** dentro da organização. Essa visão holística permitirá enxergar "através das paredes" dos silos, reduzindo os riscos relacionados aos problemas que foram detalhados.

Análise de impacto e risco

A dificuldade de executar análises de impacto e risco na organização acontece não só no nível estratégico, mas também nos níveis tático e operacional.

Por falta de conhecimento da estrutura e do funcionamento interno da organização, os projetos de mudança têm grande dificuldade de realizar **análises de impacto**, ou seja, descobrir qual é o impacto, principalmente em termos de custo e tempo, de se fazer uma determinada mudança. Qual é o impacto de uma reestruturação do organograma? Da implantação de um novo sistema de informação? Da mudança geográfica da empresa de um local para outro? Da criação ou descontinuação da oferta deste ou daquele produto ou serviço? Na maioria das empresas, a capacidade de responder a essas perguntas é extremamente limitada.

Mais uma vez, a Arquitetura Corporativa vem para facilitar a obtenção de respostas a essas perguntas.

O mesmo acontece em relação à **análise de riscos**. Por não entender o funcionamento da empresa (como ela está estruturada, quais são os seus componentes e como estes estão relacionados), existe uma grande dificuldade de identificar quais são os elementos que apresentam maiores riscos para a estratégia ou mesmo para a existência da organização.

Análise de impacto e **análise de risco** estão profundamente relacionadas. Podemos dizer que a análise de impacto é feita de cima para baixo (por exemplo, quais são os impactos táticos e operacionais de uma mudança na estratégia). Análise de riscos, por sua vez, acontece de baixo para cima: se este ou aquele elemento operacional da empresa (um sistema de informação, um processo, um local geográfico etc.) apresentar problemas, deixar de funcionar ou ter o acesso a ele impedido, qual é o impacto (isto é, o **risco**) para as metas estratégicas da empresa?

Como no caso da análise de impacto, a Arquitetura Corporativa permitirá responder a esse tipo de pergunta.

Problemas com projetos

É muito frequente, na maioria das empresas, que projetos sejam aprovados e executados sem que tenham uma relação clara com a estratégia. São comuns os ***pet projects***, isto é, aqueles projetos que são aprovados e executados por ordem de algum executivo que tem poder para isso, mas cujo escopo pouco ou nada tem a ver com a estratégia da organização.

Também são comuns **projetos redundantes**, tanto simultaneamente quanto sucessivamente no tempo. Ou seja, duas áreas isoladamente desenvolvem o mesmo projeto ao mesmo tempo, ou uma área executa um projeto para implementar alguma capacidade na empresa que já existe em alguma outra área e que poderia ter sido reutilizada.

Alguns desses problemas podem ser resolvidos pelo estabelecimento de uma disciplina de **gestão de portfólio de projetos**. A gestão de portfólio é capaz de **filtrar** projetos, ou seja, identificar projetos redundantes ou irrelevantes e combiná-los ou eliminá-los da carteira de projetos.

Infelizmente, o processo de gestão de portfólio tipicamente envolve filtrar projetos que já foram sugeridos em outros lugares dentro da organização (tipicamente, as diferentes áreas ou silos). Ou seja, a gestão de portfólio é capaz de eliminar projetos desnecessários, mas é incapaz de **sugerir os projetos efetivamente necessários** para o cumprimento da estratégia da organização.

Como a Arquitetura Corporativa parte da visão de negócio e da estratégia, e a partir delas desenha como a empresa deve funcionar – além de mapear a forma como a empresa existe hoje –, essa disciplina permite a criação de um **portfólio de projetos estratégicos** no qual não existem nem projetos redundantes nem projetos irrelevantes, tais como os *pet projects*.

Problemas com competências

Outro problema frequentemente encontrado nas organizações é a descoberta em cima da hora de que os colaboradores não possuem as competências necessárias para a execução de um ou mais projetos estratégicos. Por não ter uma arquitetura corporativa, a empresa é incapaz de dizer como funcionará no futuro e, portanto, de quais competências seus colaboradores precisarão.

Ao mapear as competências atuais dos colaboradores hoje trabalhando na organização e, ao mesmo tempo, ao desenhar o estado futuro da empresa, incluindo seus processos e tecnologias, a Arquitetura Corporativa permite o **planejamento de competências**, ou seja, a preparação para obter as competências necessárias no futuro através de contratação, capacitação ou terceirização.

Consequências dos problemas

A relação de problemas mencionados não é exaustiva. São apenas alguns exemplos, e muitos outros poderiam ser citados.

Em comum, todos esses problemas levam a empresa às seguintes situações:

- ✓ **Rigidez**. Na falta da **visão holística** que a Arquitetura Corporativa possibilita, a empresa toma suas decisões tipicamente olhando apenas o curto prazo. Isso gera soluções sub-ótimas, as quais tipicamente geram, a médio e longo prazo, vários problemas de integração e redundância. O fato de que os componentes da empresa estão mal integrados ou que são redundantes significa que, no momento de uma mudança, a quantidade e a complexidade de coisas a serem modificadas são muito superiores àquela que seria o caso se, com base na visão holística que a Arquitetura Corporativa permite, a empresa tivesse sido estruturada de forma mais simples e coerente. Isso significa que, no momento de implementar iniciativas de inovação ou modificações necessárias por conta, por exemplo, de novas legislações, uma empresa que possui uma prática de Arquitetura Corporativa é capaz de realizar essas mudanças de forma muito mais ágil e com riscos muito menores.
- ✓ **Altos custos**. Redundâncias e dificuldades de integração, evidentemente, geram custos adicionais que a empresa não teria se possuísse uma Arquitetura Corporativa. Redundâncias são itens de custo adicional óbvios, na medida em que a empresa está pagando ou pagou duas ou mais vezes pela mesma capacidade. Mas este não é o único item de custo. Como vimos no item anterior, a falta de arquitetura leva a uma rigidez e grande dificuldade no momento das mudanças. Isso significa que as mudanças levam mais tempo, custam mais caro e dão errado com mais frequência, o que exige retrabalho. Tudo isso são itens de custo adicional importantes.
- ✓ **Altos riscos**. A falta de uma Arquitetura Corporativa normalmente reflete a falta de conhecimento interno da organização sobre como ela mesma está estruturada e funciona. É evidente, portanto, que essa falta de conhecimento

inclui **não saber quais componentes da organização são essenciais para a continuidade de negócios** e para o cumprimento da estratégia e o atingimento da visão de negócio. No caso, cada vez mais frequente, de mudanças legislativas e regulatórias, a empresa não sabe se as modificações que está implementando efetivamente cobrem todas as exigências dessa nova situação.

Arquitetura corporativa como solução

Ao promover o mapeamento tanto da situação futura desejada para a empresa – com base na sua visão de negócio e estratégia – quanto da situação atual – ou seja, quais são os componentes da organização e como estes se relacionam entre si –, a Arquitetura Corporativa contribui para resolver todos os problemas listados.

Em particular, podemos resumir os benefícios da arquitetura nos seguintes itens:

- ✓ Capacidade de **alinhar a estratégia com a execução**.
- ✓ Permitir **análises de impacto e risco**.
- ✓ Permitir a criação de um **portfólio estratégico de projetos**, sem redundância e sem projetos inúteis.
- ✓ Estruturação da organização, ao longo do tempo, de forma mais **simples, enxuta e coerente**, facilitando e barateando mudanças e reduzindo os riscos inerentes à operação do dia a dia da empresa – em outras palavras, tornando a empresa mais ágil e segura.
- ✓ Capacidade de **inovar de forma gerenciada**, ou seja, a possibilidade de concentrar os investimentos em inovação naqueles elementos organizacionais que apresentem maiores possibilidades de alavancagem e melhoria significativa, tanto contínua quanto disruptiva.

2. O que é arquitetura corporativa

Atila Belloquim
Cosme Cardoso
Jonas Santos

Uma possível definição resumida de **Arquitetura Corporativa** seria a seguinte:

> Arquitetura Corporativa é a prática ou disciplina através da qual a organização se habilita, criando uma visão holística, a atingir sua visão de negócio através da execução de sua estratégia corporativa. **A Arquitetura Corporativa permite alinhar a Estratégia com a Execução.**

Como isso é feito?

Apresentaremos a visão geral de como se faz arquitetura por conceitos básicos e a terminologia utilizada nessa disciplina.

A prática da arquitetura

A prática da arquitetura consiste basicamente na elaboração de um **conteúdo** através de um **processo**.

O conteúdo é armazenado em um **repositório de arquitetura** através, normalmente, do uso de algum tipo de **ferramenta de modelagem** de arquitetura. Esse conteúdo descreve a organização como um todo, em todos os seus componentes e no inter-relacionamento entre eles. Esse mapeamento das relações entre os componentes é chamado de **rastreabilidade**.

Essa rastreabilidade permite, mais tarde, que o repositório seja consultado para responder a **perguntas de negócio**. As perguntas mais importantes são aquelas que envolvem **análise de impacto e de risco**, que seriam impossíveis ou muito difíceis de realizar sem esse repositório.

O **processo** possui dois aspectos: **execução** e **governança**. Os processos de execução são aqueles através dos quais o conteúdo é gerado e utilizado para responder a perguntas de negócio. Os processos de governança, por sua vez, são aqueles que garantem que o conteúdo do repositório se mantenha adequado, correto, completo e atualizado. Além disso, a **governança da arquitetura** inclui garantir que os projetos em execução na empresa atendam aos requisitos e diretrizes de arquitetura, incluindo os **padrões corporativos** que tenham sido definidos.

Conteúdo: o repositório de arquitetura

O repositório de arquitetura contém o mapeamento dos componentes de todos os tipos que existem na organização e as relações entre eles.

Esses componentes podem (e devem) incluir tudo aquilo que existe e deve existir na organização para que ela cumpra sua estratégia e atinja a sua visão: metas estratégicas, princípios de negócio, crenças e valores, unidades organizacionais (organograma), cadeia de valor e processos, produtos e serviços vendidos ao mercado, geografia (locais onde a empresa funciona), sistemas de informação, dados e informações, infraestrutura de tecnologia, tecnologias operacionais, infraestrutura física (prédios, equipamentos etc.) e as competências necessárias por parte dos colaboradores.

A definição dos tipos de componentes que serão mapeados na arquitetura é chamada de **metamodelo.** O metamodelo inclui também os inter-relacionamentos que devem ser mapeados entre os diversos tipos de componentes.

Componentes e *building blocks*

O TOGAF®, hoje o principal *framework* de arquitetura, chama esses componentes de ***building blocks*** (blocos de construção), uma metáfora que indica não só que a empresa é constituída de componentes interligados, mas também que esses componentes são potencialmente **reusáveis**.

O TOGAF® distingue dois tipos de *building blocks*: **de arquitetura** (ABBs – *Architecture Building Blocks*) e **de solução** (SBBs – *Solution Building Blocks*).

ABBs (*Architecture Building Blocks*) são **especificações**, ou seja, descrevem componentes que a empresa tem ou deve ter em um nível abstrato, conceitual, sem levar em conta produtos ou implementações específicas.

Já os **SBBs** (*Solution Building Blocks*), como o próprio nome diz, são **soluções específicas** para as especificações definidas nos ABBs correspondentes.

A relação entre ABBs e SBBs, portanto, é similar às existentes nos pares especificação-implementação, classe-instância ou ainda categoria-elementos.

Um exemplo pode clarificar.

Supondo que a empresa possua a meta estratégica de "melhorar o relacionamento com os clientes", o arquiteto corporativo pode identificar a necessidade de um novo **processo** de atendimento ao cliente, a ser suportado por um **sistema** de CRM (*Customer Relationship Management*). Nesse momento, o arquiteto apenas identificará e definirá a especificação desses dois ABBs (o processo e o CRM), mas sem entrar em detalhes sobre o processo nem indicar produtos concretos de CRM (SalesForce, Siebel, SAP CRM etc.)

Essas implementações concretas são SBBs, ou seja, as soluções para os ABBs definidos pelo arquiteto corporativo. Embora existam variações de prática entre as empresas, pode-se dizer de maneira geral que a responsabilidade dos arquitetos corporativos é sobre os ABBs, enquanto os SBBs são de responsabilidade dos arquitetos de solução.

Essa distinção é importante por permitir que os arquitetos corporativos foquem nas especificações, ou seja, naquilo que a empresa precisa, sem se perder nos detalhes de produtos e implementações existentes.

Domínios de arquitetura

O TOGAF® e outros *frameworks* dividem a arquitetura em partes, chamando cada uma dessas partes de **domínio**.

O TOGAF® define que a Arquitetura Corporativa de uma empresa está dividida em quatro domínios: Negócio, Dados, Aplicações e Tecnologia (Infraestrutura de TI). Nada impede que a empresa tenha outros domínios ou use uma nomenclatura diferente. Mas é com base nessa divisão que normalmente distinguimos também os diferentes tipos de arquiteto, como veremos no Capítulo 3.

Chamamos de **arquitetos de domínio** cada um dos arquitetos corporativos focado em cada um desses domínios. Assim, temos o arquiteto de negócio, o arquiteto de dados, o arquiteto de aplicações e o arquiteto de tecnologia (ou infraestrutura). Todos esses são Arquitetos Corporativos e, para simplificar, são chamados coletivamente de Arquitetos de Domínio.

Esse é um bom momento para distinguirmos Arquitetura Corporativa de Arquitetura de TI. Existe muita confusão sobre isso. Arquitetura Corporativa e Arquitetura de TI não são sinônimos. A Arquitetura Corporativa é mais ampla, **inclui** a Arquitetura de TI, mas a **transcende**. Usando as definições do TOGAF®, podemos dizer que a Arquitetura de TI é composta das arquiteturas de aplicações, dados e tecnologia (infraestrutura de TI). Para se tornar uma Arquitetura Corporativa, é preciso incluir o domínio de Negócios.

A figura a seguir ilustra esses conceitos e seus inter-relacionamentos.

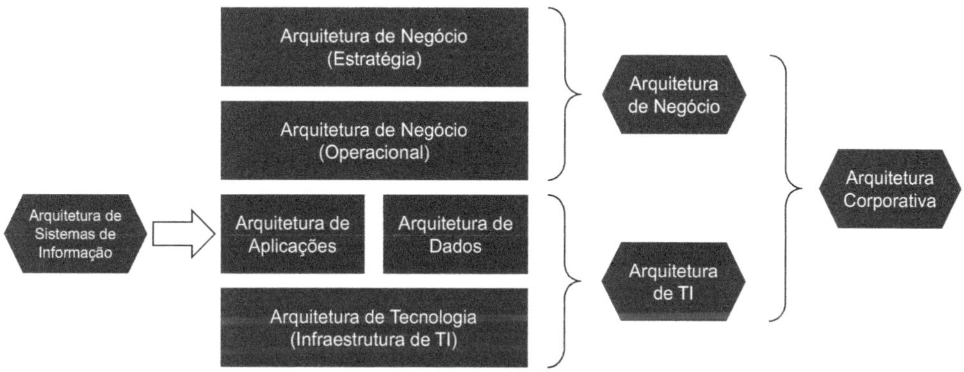

Figura 2.1. Domínios da arquitetura.
Fonte: apresentação de Atila Belloquim no TDC SP 2018, com base no TOGAF®.

Observe que a Figura 2.1 divide a arquitetura de negócio em dois subdomínios: **arquitetura de negócio estratégica** e **arquitetura de negócio operacional**. Arquitetura de negócio estratégica inclui *building blocks* como metas estratégicas e valores e crenças da organização, enquanto a arquitetura de negócio operacional inclui *building blocks* de tipos como unidades organizacionais, processos, produtos e locais geográficos.

Um **modelo de conteúdo** mais amplo, que vai além da TI, pode ser visto na figura a seguir.

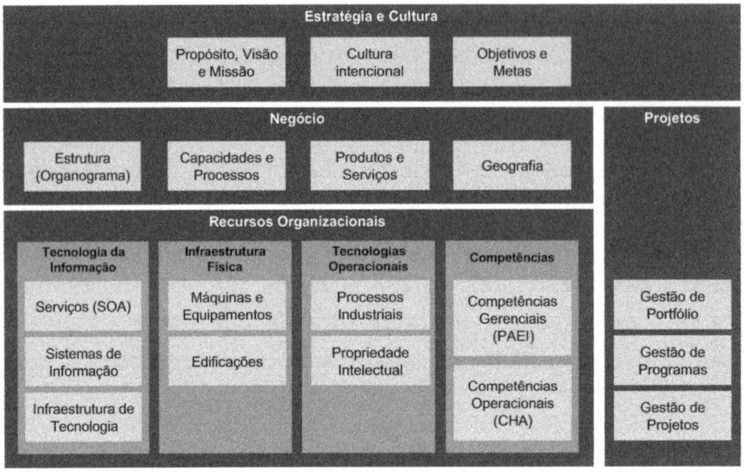

Figura 2.2. Modelo de conteúdo do ACE (Arquitetura Corporativa Essencial).
Fonte: documentação do ACE por Atila Belloquim.

Este modelo (Figura 2.2) foi desenvolvido para complementar os domínios do TOGAF® com outros domínios fora da TI. Uma das críticas mais frequentes ao TOGAF® é a sua excessiva concentração em componentes de tecnologia da informação, dando a impressão de que Arquitetura Corporativa é pouco mais do que a Arquitetura de TI.

Os processos da arquitetura

Como esse conteúdo é gerado? Como o repositório é "populado"? Através dos **processos de arquitetura**.

Uma visão de alto nível do processo geral de arquitetura pode ser vista na figura a seguir.

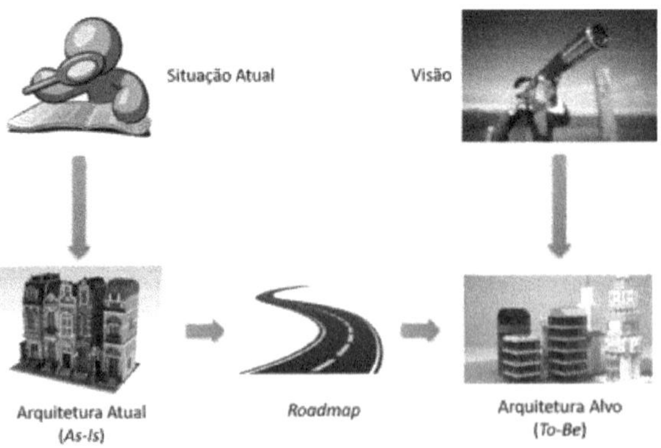

Figura 2.3. Processo de arquitetura.
Fonte: documentação do ACE por Atila Belloquim.

A Figura 2.3 deve ser lida começando pelo canto superior direito. A arquitetura começa na visão de negócio de longo prazo da organização. Essa visão normalmente está acompanhada de um **plano estratégico**. Os arquitetos corporativos começam o seu trabalho procurando entender a visão e a estratégia da empresa para responder à seguinte pergunta: de quais componentes vamos precisar para executar a estratégia e atingir a visão?

A descrição/documentação desses componentes necessários e seus inter-relacionamentos é chamada de **arquitetura alvo** no TOGAF®, também sendo conhecida por diversos sinônimos: arquitetura *to-be*, arquitetura futura, arquitetura desejada, entre outras definições.

Mas não basta saber para onde queremos ir. Precisamos também saber onde estamos. Portanto, a próxima coisa a fazer é entender quais são os componentes hoje existentes na organização e como estão relacionados. O TOGAF® dá a essa descrição o nome de **arquitetura de linha de base** (*baseline architecture*), mas ela também é conhecida como **arquitetura atual** ou **arquitetura *as-is***.

De posse dessas duas visões da arquitetura, a atual e a desejada (alvo), os arquitetos fazem a comparação entre as duas (***gap analysis***) para entender quais são os componentes que a empresa precisa adquirir, modificar ou descartar. O resultado desse trabalho é uma lista de coisas a fazer (adquirir, modificar ou descartar *building blocks*) que, mais tarde, se transformará no **portfólio de projetos estratégicos** da organização. Esse portfólio, jogado no tempo, é também conhecido como o ***Roadmap* de Arquitetura**.

Resta dizer que, além dos processos para elaboração das arquiteturas da empresa, não podemos esquecer os **processos de governança da arquitetura**. São eles que garantem que o trabalho de arquitetura está sendo realizado corretamente e que está gerando uma documentação correta, completa e atualizada.

Benefícios e utilidades da arquitetura

Conforme o repositório de arquitetura vai sendo alimentado, ele se torna cada vez mais útil para as seguintes atividades que geram benefício imediato de negócios:

- ✓ **Elaboração do portfólio de projetos estratégicos** coerente.
- ✓ Capacidade de fazer **análises de impacto**.

- ✓ Capacidade de fazer **análise de riscos**.
- ✓ Capacidade de **definir padrões** com vistas a **reúso, racionalização e simplificação** do ambiente operacional da empresa.

Vejamos em mais detalhes cada um desses aspectos.

O uso da arquitetura como ferramenta para **definição do portfólio de projetos** de que a empresa precisa para cumprir a sua estratégia foi explicado na seção anterior. Basta acrescentar aqui que, em um mundo perfeito, nenhum projeto dentro da empresa seria executado sem ter passado pelo processo de arquitetura, pois é esse processo que garante a relevância estratégica de cada um dos projetos do portfólio.

Em relação às **análises de impacto e riscos**, os arquitetos utilizam o repositório através de uma ferramenta que permita navegar através dos diversos domínios (**rastreabilidade**) para responder a **perguntas de negócio** tais como:

- ✓ Para cumprirmos essa nova legislação (como a LGPD), o que devemos mudar em nossa estratégia, processos, estrutura organizacional, sistemas de informação e bancos de dados? Qual o impacto dessas mudanças na nossa infraestrutura de TI? De quais novos profissionais e competências vamos precisar?
- ✓ Se mudarmos a nossa estratégia, qual o impacto em nossos processos, sistemas, estruturas etc.?
- ✓ Se fecharmos este departamento, ou fundirmos esses dois outros, qual o impacto em nossos processos, produtos, sistemas etc.?
- ✓ Se mudarmos os nossos sistemas de informação, por exemplo, implantando um ERP, qual o impacto em nossos processos, estratégia, estrutura?
- ✓ Se quisermos descontinuar um produto, qual o impacto nos processos, estratégia e estrutura, sistemas e dados?
- ✓ Se quisermos mudar a sede da empresa de uma cidade para outra, ou criar um novo escritório, ou juntarmos vários escritórios em um só, ou mudar um *data center* de cidade, quais os impactos no organograma, processos, sistemas etc.?
- ✓ Se o servidor X425 cair, qual o impacto em nossa estratégia?

Normalmente, essas perguntas são respondidas através da elaboração de **artefatos**, que podem ser diagramas, catálogos, matrizes de relacionamento ou outros. Os artefatos descrevem aspectos particulares da arquitetura ou o relacionamento entre *building blocks* de diversos domínios. Exemplos de artefatos muito utilizados são o mapa estratégico (BSC – *Balanced Scorecard*), o organograma, a cadeia de valor, o catálogo de aplicações, os mapas de dados e de infraestrutura e as matrizes de relacionamento entre *building blocks* dos diversos domínios (metas estratégicas x processos, processos x sistemas, sistemas x dados, sistemas x servidores etc.).

Os artefatos exemplificados são mais ou menos "permanentes", mas, para cada "pergunta de negócio" específica, artefatos (às vezes também chamados de visões – *views*) podem ser gerados mostrando relacionamentos, por exemplo, em toda a **cadeia de rastreabilidade** entre uma meta estratégica, os processos relevantes para seu atingimento, os sistemas aplicativos e dados necessários para dar suporte a esses processos e os componentes de infraestrutura (servidores, canais de comunicação etc.) necessários para a execução desses sistemas e o armazenamento desses dados.

Por fim, é preciso ressaltar a profunda relevância da arquitetura corporativa para a **racionalização e simplificação** do ambiente operacional de negócio através da **padronização e do reúso**. Ao enxergar a empresa como um todo, o arquiteto identifica as redundâncias que sempre existem em todas as organizações e é capaz, assim, de propor projetos de simplificação, racionalização e padronização.

O arquiteto pode, por exemplo, propor um **processo padrão** de análise de crédito em uma instituição financeira (arquitetura de negócio), um ERP padrão a ser usado nas várias unidades de negócio da organização (arquitetura de aplicações) ou um sistema gerenciador de banco de dados padrão a ser usado por todos os aplicativos futuros (arquitetura de tecnologia/infraestrutura de TI). Pode também identificar redundâncias nos dados da empresa e propor soluções tais como MDM (*Master Data Management*), um exemplo de arquitetura de dados. Outros exemplos poderiam ser dados para outros domínios que a empresa viesse a incluir no escopo de sua prática de arquitetura. O conceito e as atividades de Gestão de Portfólio de Aplicações (*APM – Application Portfolio Management*) são um exemplo que cai no escopo da arquitetura de aplicações.

PARTE II.
A PROFISSÃO DO ARQUITETO

3. Os diferentes "tipos" de arquiteto

Atila Belloquim
Cosme Cardoso
Eder Tuler
Fabiano Gisbert
Gustavo Bunger

Está na moda ser "arquiteto". Todo mundo quer ser um. Especialmente na área de TI, criou-se uma tendência de chamar de "arquiteto" qualquer superespecialista em algum assunto.

Esse uso indiscriminado da designação de arquiteto tem gerado todo tipo de confusão nas empresas, desde problemas de recrutamento e seleção até (o que talvez seja pior) execução de atividades por supostos "arquitetos" que nada têm a ver com a Arquitetura Corporativa ou de TI.

Felizmente, as definições dadas pelos *frameworks* mais importantes, como o TOGAF®, juntamente com o uso feito pelas empresas com maior maturidade em Arquitetura Corporativa e de TI, têm ajudado a esclarecer o assunto.

Antes de descrever os diferentes tipos de arquitetos, vamos definir quem ele **não** é.

Em primeiro lugar, **o arquiteto não é um especialista**. É, por definição, um **generalista**. Ou seja, nada mais inadequado do que chamar aquele "hiperespecialista" na tecnologia XYZ de arquiteto. Essa pessoa não é um arquiteto. É um especialista em XYZ e pronto.

O arquiteto é, como dissemos, um generalista. Espera-se dele que tenha visão holística, sistêmica, capacidade de ver o todo, de entender as partes de uma coisa e como elas estão ou devem estar ligadas.

Feitas essas observações iniciais, podemos passar à descrição dos diferentes tipos de arquiteto. Observe que existe uma certa progressão, que pode até ser um "plano de carreira", dos arquitetos mais "técnicos" para os arquitetos mais "estratégicos" e "de negócio". Nas definições a seguir, faremos o caminho inverso, ou seja, começaremos pelos arquitetos mais ligados à estratégia do negócio, que, normalmente, são pessoas mais seniores na organização.

Antes de prosseguir, façamos uma distinção adicional. Existem arquitetos "em projetos" e "fora de projetos".

Os arquitetos "em projetos", como o próprio nome diz, estão normalmente alocados a uns poucos projetos (às vezes um único) em execução na empresa. Nessa categoria estão o arquiteto de software e o arquiteto de soluções, que é normalmente o ponto de entrada mais comum para a carreira de arquitetura. O fato de estarem alocados em projetos limita, até certo ponto, sua visão holística da empresa como um todo.

Essa é a razão pela qual precisamos ter os arquitetos "fora de projetos". Projetos, pela sua própria dinâmica, limitam a visão de quem está alocado a eles. O foco dos membros de uma equipe de projetos é entregar o escopo dentro do prazo, orçamento etc. Quem está em um projeto não tem tempo para olhar em volta e entender a empresa como um todo. Os demais tipos de arquitetos que descreveremos a seguir são todos arquitetos "fora de projetos".

Arquiteto corporativo e arquiteto de domínio

Quando dizemos que um arquiteto precisa ter visão holística, devemos entender que essa visão possui duas dimensões: horizontal e vertical.

- ✓ **Visão holística horizontal** se refere à capacidade que o arquiteto deve ter de entender a empresa como um todo. É essa visão que permite por exemplo, identificar problemas de integração, redundâncias e oportunidades de padronização e consolidação.
- ✓ **Visão holística vertical**, por outro lado, diz respeito à capacidade que o arquiteto tem de entender a **rastreabilidade** entre os diferentes tipos e níveis dos ***building blocks*** que compõem a organização. Ou seja, a capacidade de entender o relacionamento entre os diversos **domínios** da arquitetura. Por exemplo, entre metas estratégicas e infraestrutura de TI. Ser capaz de responder à pergunta "se este servidor cair, qual meta estratégica da empresa será afetada?".

Quando dizemos que alguém é um "arquiteto corporativo", sem maiores qualificações, estamos nos referindo a um arquiteto que possui em grau máximo os dois tipos de visão holística, horizontal e vertical. Normalmente, essa pessoa é o arquiteto-chefe da empresa.

Quase sempre, antes de se tornar um arquiteto corporativo "puro", o arquiteto **foca** em um dos domínios nos quais a arquitetura da empresa está dividida. Se formos seguir o TOGAF®, por exemplo, os domínios da arquitetura são quatro: negócios, aplicações, dados e tecnologia (infraestrutura de TI). Assim, em uma empresa que segue o TOGAF®, teremos arquitetos de negócio, arquitetos de dados, arquitetos de aplicações e arquitetos de tecnologia. Chamamos esses quatro tipos de arquitetos, coletivamente, de **arquitetos de domínio**. Não é um tipo diferente de arquiteto, é apenas economia de expressão.

É importante observar que todos esses arquitetos mencionados são **arquitetos corporativos**, ou seja, arquitetos "fora de projetos". Então, se quisermos ser rigorosos, diremos que uma empresa que segue o TOGAF® possui os seguintes quatro tipos de arquitetos de domínio:

- ✓ Arquiteto corporativo de negócio
- ✓ Arquiteto corporativo de aplicações
- ✓ Arquiteto corporativo de dados
- ✓ Arquiteto corporativo de tecnologia (infraestrutura)

Como são arquitetos corporativos, nenhum deles pode estar alocado em projetos de implementação. Isso faria com que perdessem a visão holística. Os arquitetos de aplicações, dados e tecnologia são chamados, também coletivamente, de "arquitetos de tecnologia da informação", ou, simplesmente, de "arquitetos de TI".

Observe que usamos antes a palavra "foco". Dizemos, por exemplo, que um arquiteto de aplicações **foca** nas aplicações da empresa, e não que ele é um **especialista** em aplicações. Arquiteto corporativo especialista é uma contradição nos termos. Todo arquiteto é, insistimos, generalista. Esse mesmo arquiteto de aplicações tem que estar atento aos outros domínios e deve se planejar para entender cada vez mais sobre cada um deles. E a melhor forma de atingir esse objetivo é trabalhar junto com os demais arquitetos de domínio. A visão holística da organização é o produto do trabalho colaborativo dos arquitetos dos diversos domínios.

Arquiteto (corporativo) de negócio

A função do arquiteto de negócio é entender o negócio da organização como um todo. Além disso, é dele a responsabilidade de traduzir a visão e estratégia do negócio nos componentes (*building blocks*) necessários para a implementação dessa estratégia e o atingimento da visão.

Muitas empresas dividem arquitetura de negócio em duas partes: arquitetura de negócio estratégica e arquitetura de negócio operacional. Os tipos de *building blocks* do domínio de negócio variam de empresa para empresa e estão representados em seu metamodelo, mas quase sempre incluem pelo menos os seguintes:

- ✓ Arquitetura de negócio estratégica
  - Visão, missão e valores
  - Princípios de negócio
  - Metas estratégicas
- ✓ Arquitetura de negócio operacional
  - Unidades organizacionais
  - Capacidades (*capabilities*) e processos
  - Locais geográficos (onde a empresa atua)
  - Produtos e serviços oferecidos ao mercado

O arquiteto de negócio deve entender a visão de negócio e a estratégia da empresa e, se for o caso, documentá-la no **repositório de arquitetura** da organização (caso isso não seja feito pelo time de estratégia, se existir).

Em seguida, ele deve entender (e documentar no repositório) os componentes operacionais da **arquitetura atual** (*as-is*), bem como os relacionamentos entre eles e os componentes estratégicos. Com base nas metas estratégicas, deve desenhar a **arquitetura de negócio alvo** (*to-be*) da organização, ou seja, quais *building blocks* serão necessários para atingir a visão e implementar a estratégia, e como eles devem estar relacionados.

Com as arquiteturas atual e alvo na mão, ele faz então a ***gap analysis***, ou seja, a comparação entre os estados atual e futuro da arquitetura e, em conjunto com os demais arquitetos de domínio, sugere iniciativas e projetos necessários para sair do estado atual e atingir o estado desejado. Essas sugestões irão mais tarde tornar-se o **portfólio de projetos estratégicos** da empresa e o seu ***roadmap***.

Por ter a visão holística horizontal da empresa, ou seja, entender como a empresa funciona em todas as suas áreas, o arquiteto de negócio é quem está na posição mais privilegiada para identificar oportunidades de reúso, racionalização ou padronização. Essa é uma parte importante de suas responsabilidades.

Em resumo, o arquiteto de negócio entende a empresa como um todo do ponto de vista do negócio e sugere o que deve ser feito para que ela atinja sua visão e implemente sua estratégia.

Arquitetos de sistemas de informação: aplicações e dados

O TOGAF® e outros *frameworks* de arquitetura dividem os sistemas de informação em dois domínios: aplicações e dados. Na maioria das empresas brasileiras existe essa distinção, embora, em alguns casos, vejamos a prática de dar ao arquiteto de aplicações o nome de arquiteto de sistemas. Para não perdermos essa distinção importante, usaremos no texto a seguir a designação arquiteto de aplicações em vez de arquiteto de sistemas.

Esse é um bom momento para comentar a respeito de uma nomenclatura usada em algumas empresas que entendemos ser **inadequada**: a do **arquiteto de integração**. Entendemos que "arquiteto de integração" é um pleonasmo, porque uma das principais funções de qualquer tipo de arquiteto corporativo é integrar os componentes da organização. Ou seja, todo arquiteto é "arquiteto de integração".

Normalmente, esse título é dado para pessoas encarregadas de cuidar da integração entre sistemas aplicativos. Nesse caso, ser "arquiteto de integração" é simplesmente uma das responsabilidades do arquiteto de aplicações, como veremos a seguir. Mas aplicações não são as únicas coisas que precisam ser integradas na organização. O mesmo acontece com os componentes de negócio, infraestrutura e outros. Processos, por exemplo, precisam estar integrados, o que é uma responsabilidade do arquiteto de negócio. *Data centers* precisam ser integrados – uma responsabilidade do arquiteto de tecnologia. Assim sendo, não faz sentido falar em "arquiteto de integração", pois todo arquiteto é responsável pela integração dos componentes de seu domínio.

Esse profissional, hoje indevidamente chamado de arquiteto de integração, talvez possa ser mais bem descrito como **especialista de integração**.

Enquanto o arquiteto de aplicações mapeia as integrações necessárias entre as aplicações/sistemas, o especialista de integração detalha essas interfaces mapeadas. Se pensarmos em um portal/barramento de serviços, o especialista vai descrever o mapeamento da interface com atributos, tipo, domínios etc., quer seja em SOAP, REST, API, ETL ou qualquer outra tecnologia. Em algumas empresas os especialistas em integração estão separados em uma área diferente da arquitetura.

Arquiteto corporativo de aplicações

A função do arquiteto de aplicações é documentar no repositório os sistemas atualmente existentes na organização e definir, junto com o arquiteto de negócio e os demais arquitetos de domínio, quais são os sistemas de informação de que a empresa precisa para dar suporte à arquitetura de negócio alvo desenhada.

Aqui existe uma confusão frequente que precisa ser esclarecida. O arquiteto de aplicações não é um arquiteto de software nem mesmo um arquiteto de soluções, como veremos mais adiante. Como todo arquiteto corporativo, ele está **fora de projetos** para ser capaz de manter a visão holística horizontal. É isso que permite que o arquiteto de aplicações cumpra uma de suas principais responsabilidades: identificar redundâncias de sistemas aplicativos e sugerir iniciativas de padronização, consolidação e racionalização.

Aqui também não podemos confundir com o chamado arquiteto de informação da área de design (UX), cuja responsabilidade é pela organização de informações e conteúdo na interação com os usuários.

Outra responsabilidade importante do arquiteto de aplicações é entender as interações existentes e necessárias entre os sistemas da empresa, incluindo as comunicações e interfaces com sistemas externos, como aqueles de parceiros, fornecedores, clientes e órgãos governamentais.

O nível de granularidade com o qual o arquiteto de aplicações trabalha é, portanto, muito mais alto do que o do arquiteto de soluções e mais ainda do que o do arquiteto de software. **Não é** sua função definir como um determinado sistema aplicativo deve ser construído (função do arquiteto de software), e nem mesmo quais *building blocks* existentes e disponíveis para reúso devem ser usados em um determinado projeto (função do arquiteto de soluções).

A rigor, com relação à arquitetura alvo, ele nem mesmo deve se preocupar com produtos específicos (**SBBs**) e sim com as **categorias** de sistemas aplicativos de que a empresa precisa. Ele deve dizer "precisamos de um CRM com tais e tais características", em vez de dizer "precisamos do SalesForce, do Siebel" ou qualquer outro produto. Isso vale também para os demais arquitetos de domínio: todos eles, ao lidar com a arquitetura alvo, devem se preocupar com categorias e especificações (**ABBs**), e não com produtos específicos.

Em resumo, o arquiteto de aplicações deve ser capaz de responder, usando o repositório, às seguintes perguntas:

- ✓ Quais sistemas aplicativos possuímos hoje, como estão interligados e a quais categorias pertencem?
- ✓ Quais funcionalidades nossos aplicativos fornecem? Existe redundância de funcionalidades e, portanto, oportunidades de consolidação e racionalização?
- ✓ Quais são as interfaces existentes hoje entre os nossos sistemas e aplicações externas?
- ✓ De quais funcionalidades vamos precisar (e, portanto, de quais sistemas aplicativos) para dar suporte à arquitetura de negócio alvo desenhada para a empresa?
- ✓ De quais interfaces entre aplicativos internos e externos vamos precisar?

Arquiteto (corporativo) de dados

Assim como acontece com o arquiteto de aplicações, existe aqui uma confusão frequente que é preciso esclarecer logo de início. Arquitetura de dados não é modelagem de dados, não é administração de dados e muito menos administração de banco de dados. Ou seja, o arquiteto de dados não é um nome bonito e novo para AD ou DBA. Como o arquiteto de aplicações, o nível de granularidade com qual o arquiteto de dados trabalha é muito mais alto.

O arquiteto de dados **não** se preocupa com questões como formatos de atributos, chaves primárias e estrangeiras, formas normais e muito menos com características específicas de produtos de bancos de dados existentes no mercado.

O arquiteto de dados é responsável por responder a perguntas como as seguintes:

- ✓ Existem redundâncias em nossos dados? O que fazer com elas?
- ✓ Quais sistemas aplicativos usam e/ou manipulam quais dados?
- ✓ De onde vêm e para onde vão os nossos dados, especialmente no que diz respeito a entidades externas, tais como parceiros, clientes, fornecedores e órgãos governamentais?
- ✓ A responsabilidade por nossos dados está adequadamente atribuída às áreas de negócio correspondentes?
- ✓ Nossos dados estão em conformidade com as legislações e regulamentações setoriais a que nossa empresa está sujeita?
- ✓ De quais dados vamos precisar para dar suporte à arquitetura de negócio alvo definida para empresa?

- ✓ Como os dados serão utilizados? Quais são as tecnologias/arquiteturas de bancos de dados de que vamos precisar (**não** produtos específicos!)?

Estas informações serão necessárias para o arquiteto de infraestrutura, como veremos.

Cabe aqui mais uma observação sobre nomenclatura. A maioria das empresas brasileiras usa a expressão "arquiteto de dados" provavelmente por influência do TOGAF®. Mas existem lugares onde já se fala em "arquitetura da informação". Em tese, a descrição feita sobre as responsabilidades do arquiteto de dados poderia ser interpretada como responsabilidade de um **arquiteto da informação**. A expressão "arquiteto da informação" tem um "sabor" mais estratégico e de negócio, e é provável que mesmo o TOGAF® passe a adotar essa nomenclatura no futuro.

Aqui não podemos confundir com o também chamado arquiteto de informação da área de design (UX), cuja responsabilidade é pela organização de informações e conteúdo na interação com os usuários.

Arquiteto (corporativo) de tecnologia (infraestrutura de TI)

Seria mais adequado chamar o arquiteto de tecnologia de "arquiteto de infraestrutura de TI". A expressão "arquiteto de tecnologia" continua existindo nos *frameworks* por motivos históricos. Isso vem do tempo em que a única arquitetura que existia era a de infraestrutura, e o adendo "de tecnologia" foi adotado para distinguir esse arquiteto do arquiteto tradicional (que projeta casas e edifícios). Por essa razão, usaremos "arquiteto de infraestrutura", que consideramos mais expressiva.

Não se deve confundir arquitetura de infraestrutura com apenas hardware e comunicações. O arquiteto de infraestrutura está, sim, preocupado com essas questões, mas também com vários componentes de software, aqueles que no passado eram chamados de "software básico" ou "de suporte". Em tese, todo software que não é sistema aplicativo cai na responsabilidade do arquiteto de infraestrutura. Ou seja, o arquiteto de infraestrutura é responsável por disponibilizar a infraestrutura de TI necessária para o armazenamento dos dados e a execução dos sistemas aplicativos. Dessa forma, fazem parte de suas preocupações questões como sistemas operacionais, sistemas gerenciadores de bancos de dados, todo tipo de *middleware* e, mais recentemente, as recomendações e especificações relativas ao uso de *cloud computing* (nuvem).

O arquiteto de infraestrutura está preocupado com questões como as seguintes:

- ✓ Como é a nossa infraestrutura de TI hoje? Quais são os seus componentes e como estão interligados?
- ✓ Quais componentes de infraestrutura dão suporte a quais sistemas de aplicação e armazenamento de dados?
- ✓ De quais componentes de infraestrutura vamos precisar para atender às necessidades de aplicações e dados da arquitetura alvo de nossa organização?
- ✓ Levando em conta as necessidades estratégicas da empresa, quais tecnologias devemos utilizar para garantir que sejam atendidas? (aqui entram considerações como continuidade de negócios, largura de banda, tempo de resposta etc.)
- ✓ Quais os componentes da nossa infraestrutura devem existir *on-premises* e quais podem ou devem ser colocados na nuvem? Nossa política de uso da nuvem é consistente com as legislações e regulamentações setoriais vigentes e aplicáveis a nossa empresa?
- ✓ Existem redundâncias na nossa infraestrutura que podem ser objeto de simplificação, racionalização e padronização?

Arquiteto (corporativo) de segurança

Todos os componentes da arquitetura de uma empresa possuem requisitos de segurança. A função do arquiteto de segurança é acompanhar os demais arquitetos de domínio na identificação de riscos na arquitetura atual e na especificação dos requisitos de segurança para os componentes da arquitetura alvo. Segurança pode ser considerado um "domínio transversal" da arquitetura da empresa.

O arquiteto de segurança da informação é um oficial de segurança de alto nível. Ele ou ela é responsável por criar estruturas de segurança complexas e garantir que elas funcionem. Esses arquitetos são treinados para pensar como *hackers*. Isso é importante porque a maior parte de seu trabalho é antecipar as atividades de *hackers* que tentam obter acesso não autorizado aos sistemas.

Competências exigidas para um arquiteto de segurança da informação

O ***hacking* ético** é, portanto, uma das **competências** de um arquiteto de segurança da informação. Especialistas em segurança de rede devem aprender a pensar como *hackers* mal-intencionados. Com as técnicas e ferramentas utilizadas pelos *hackers*, esses profissionais são treinados a identificar os pontos fracos do sistema e a implementar medidas de segurança e contramedidas apropriadas. Uma parte importante disso é o teste **de penetração**.

Os arquitetos de segurança da informação geralmente precisam trabalhar fora do horário de expediente. Além disso, é importante manter-se informado sobre os desenvolvimentos mais recentes e atuais. Isso se aplica a técnicas de segurança e técnicas de *hackers*.

Especialistas em TI afirmam que os melhores arquitetos de segurança são aqueles que, antes de se tornarem agentes de segurança, foram *hackers*. Isso facilita a compreensão das práticas dos *hackers*. É imperativo que esses arquitetos tenham acesso e usem todos os sistemas de informática de uma organização e entendam bem suas fraquezas. Além disso, eles devem poder fazer recomendações que melhorem a segurança dos computadores e os mantenham atualizados. Contramedidas também devem ser desenvolvidas para proteger sistemas e impedir que um usuário não autorizado tenha acesso.

Responsabilidades de um arquiteto de segurança

- ✓ Adquirir uma compreensão completa da tecnologia e dos sistemas de informação da organização.
- ✓ Planejar, pesquisar e projetar arquiteturas de segurança robustas para todos os projetos de TI que a organização enfrenta.
- ✓ Realizar testes de vulnerabilidade, **análises de riscos** e avaliações de segurança.
- ✓ Responsável por padrões de segurança, sistemas de segurança e protocolos de autenticação.
- ✓ Desenvolvimento de requisitos de segurança para LANs (redes locais), redes de longa distância (WANs), redes privadas virtuais (VPNs), roteadores, *firewalls* e dispositivos de rede relacionados.
- ✓ Conceber infraestruturas de chave pública (**PKIs**), incluindo o uso de autoridades de certificação (ACs) e assinaturas digitais.
- ✓ Preparar-se para estimativas de custos e identificar problemas de integração com sistemas.
- ✓ Visualizar e revisar a instalação de ***firewalls***, VPNs, roteadores, tecnologias de varredura e servidores IDS.
- ✓ Testar as mais recentes estruturas de segurança para garantir que elas se comportem como esperado.

- ✓ Supervisão técnica de uma equipe de segurança.
- ✓ Definir, implementar e manter **política da empresa** e procedimentos para **salvaguardá-la**.
- ✓ Supervisionar programas de conscientização de segurança e atividades educacionais.
- ✓ Responder imediatamente a incidentes relacionados à segurança e garantir uma análise completa após o incidente.
- ✓ Atualizar sistemas de segurança, se necessário.

Como começar na carreira de arquiteto de segurança

O caminho para um arquiteto de segurança geralmente começa com tarefas de segurança de nível de entrada, como:

- ✓ Administrador de segurança.
- ✓ Administrador de rede.
- ✓ Administrador do sistema.

Isso é seguido por trabalhos em um nível intermediário, tais como:

- ✓ Analista de segurança.
- ✓ Engenheiro de segurança.
- ✓ Conselheiro de segurança.

Arquiteto de soluções

Aqui começamos a discutir os arquitetos "em projetos". Em primeiro lugar falaremos do arquiteto de soluções.

Os arquitetos de soluções são os que existem em maior quantidade nas empresas, e deve ser assim mesmo. Cada arquiteto de soluções, tipicamente, está alocado a um único ou poucos projetos, onde sua função é "fazer a ponte" entre a arquitetura corporativa e as necessidades desses projetos. É o arquiteto de soluções que, por exemplo, sugere quais componentes reusáveis da arquitetura da empresa devem ser empregados nos projetos aos quais está alocado.

Infelizmente, em muitas empresas, o arquiteto de soluções é o único arquiteto que existe. Na falta de uma Arquitetura Corporativa ou mesmo de TI, ou seja, na falta de arquitetos de domínio que olhem para a empresa inteira e estejam "fora de projetos", seu trabalho fica muito prejudicado. É frequente que os arquitetos de soluções acabem tendo que fazer o trabalho dos arquitetos de domínio, função para a qual muitas vezes não estão preparados e certamente para a qual não têm tempo sobrando. Faz parte do processo de **aumento de maturidade da arquitetura** das empresas o estabelecimento das funções de arquitetos corporativos de domínio conforme definido neste capítulo. Só assim os arquitetos de soluções poderão se dedicar totalmente àquilo que é a sua responsabilidade específica, ou seja, ser um "consultor interno" de arquitetura em cada projeto.

O arquiteto de soluções é o que precisa ter a maior visão holística vertical, ou seja, entender de todos os domínios e como estão relacionados. Afinal, nos projetos em que estiver alocado, ele deverá sugerir *building blocks* de todos os domínios. Esse tipo de arquiteto pode ser considerado também o "guardião da estratégia de TI", na medida em que seu desenho de solução deve ser orientado pelas definições e pareceres das arquiteturas baseadas em domínios.

O tamanho da organização onde esse profissional atua definirá os limites de camadas tecnológicas que seus desenhos representarão. Em médias e pequenas empresas, fatalmente precisará entender e representar uma solução até os níveis da infraestrutura. Em grandes empresas, com maior segregação de papéis, conseguirá focar apenas no desenho das aplicações e na integração entre elas.

Após 2002, com o estabelecimento do conceito de *cloud computing*, uma espécie de subdivisão da profissão surgiu no mercado: arquitetos focados em soluções *on-premises* (locais) e arquitetos focados em soluções hospedadas em *cloud* (nuvem).

Os arquitetos voltados para o *on-premises* podem conceber soluções que vão desde sistemas baseados em *mainframe* (altamente monolíticos) até soluções orientadas a contêineres (altamente distribuídas). Já no mundo das nuvens, os arquitetos podem se dedicar a aplicações de um fornecedor de *cloud*, como o IBM Cloud (antigo Bluemix), o GCP (Google Cloud Platform), a AWS (Amazon Web Services) ou a Azure (da Microsoft), sem esquecer de manter a visão do todo.

Arquiteto de software

Por fim chegamos ao arquiteto de software. Este é o mais "especializado" de todos os arquitetos (lembrando que todo arquiteto deve ser generalista).

O arquiteto de software está preocupado com a estrutura interna de um software ou sistema aplicativo. Como já dito anteriormente, sua função é definir como um determinado sistema aplicativo deve ser construído.

A crescente quantidade de software nas empresas, somada aos diversos tipos de aplicações e às diferentes formas das equipes de desenvolvimento trabalharem, fez do arquiteto de software uma das figuras mais importantes em tecnologia. Talvez a quantidade de arquitetos de software seja superior à de arquitetos de soluções. Eles precisam estar alocados em projetos que demandam muito tempo nas fases de planejamento, construção e testes.

O arquiteto de software precisa definir corretamente a tecnologia e sua implementação, mas ao mesmo tempo deve olhar para as necessidades do negócio. Apesar de ser ligado diretamente à tecnologia, comumente é um desenvolvedor sênior e deve ter a visão das demandas do negócio. Não deve implementar uma tecnologia só por causa da tecnologia, mas avaliar se a tecnologia atende à demanda do negócio e se aumenta o custo do projeto com uma solução complexa desnecessária.

A origem do arquiteto de software, como dito anteriormente, é comumente (mas não obrigatoriamente) um desenvolvedor experimentado, que provavelmente já usou diversas linguagens ou passou muitos anos adquirindo certa experiência. Contudo, não há que se confundir desenvolvedor com arquiteto! Desenvolvedores estão olhando para o código a ser elaborado – e apesar de hoje em dia até mesmo os desenvolvedores procurarem entender o negócio, sua visão está focada no código. Já o arquiteto deve olhar para o software como um todo, compreendendo sua estrutura e para onde o software está sendo direcionado.

Nosso objetivo não é exaurir as qualificações ou papéis que o arquiteto de software deve possuir, mas dar um caminho para aqueles que gostariam de um dia ocupar essa posição. Entretanto, vale ressaltar algumas características-chave:

- ✓ **Comunicação.** É essencial que o arquiteto seja comunicativo e possua condições de falar a linguagem dos negócios, falar com gestores, POs e desenvolvedores. É preciso comunicar suas ações corretamente.
- ✓ **Conhecimento técnico aguçado.** O arquiteto de software deve possuir experiência relevante em várias tecnologias e conhecer algumas outras. Apesar de cada vez termos menos documentação no desenvolvimento, é importante que o arquiteto de software seja capaz de preparar uma documentação ou apresentação técnica.

- ✓ **Responsável.** Suas decisões podem custar muito caro para uma empresa. Considerando que o erro de um desenvolvedor pode custar dias de atraso a uma estratégia de negócio, o erro do arquiteto de software pode custar anos de projeto.
- ✓ **Negociação.** O arquiteto de software interage com diversas pessoas e interesses ao mesmo tempo, e as demandas podem mudar rapidamente. Com isso, é importante o arquiteto estar pronto para negociar soluções, prazos e custos já definidos.
- ✓ **Planejamento.** É crucial que o arquiteto tenha condições de planejar a arquitetura de seu software. É preciso investir tempo no planejamento dos relacionamentos dos componentes do software, observando as boas práticas e experiências de outros projetos de sucesso.
- ✓ ***DevOps.*** O arquiteto deve considerar o trabalho em conjunto com os times e fazê-los trabalhar juntos.

O arquiteto de software está preocupado com questões como as seguintes:

- ✓ Foram identificadas as partes interessadas no software?
- ✓ O software atende precisamente à demanda do negócio?
- ✓ O software desenvolvido está flexível? Foram utilizadas as boas práticas de engenharia de software?
- ✓ Os demais softwares desenvolvidos se adaptam bem a esta versão?
- ✓ É um software complexo para testar e dar manutenção?
- ✓ Está com bom desempenho na sua execução?
- ✓ O software foi desenvolvido para poder ser reutilizado por outros processos?
- ✓ O software está acoplado com outros produtos ou prezou pelo desacoplamento?
- ✓ Foi realizada a revisão do código?
- ✓ Quais são as dívidas técnicas a serem pagas na próxima *release*?

4. O perfil do arquiteto

Gustavo Theme
Zair Ramos

Hoje o mundo vive em constante e acelerada evolução tecnológica, e as empresas precisam sobreviver neste mundo. Tais empresas lidam com um elevado volume de dados, sistemas complexos e a crescente necessidade de integração entre diferentes tecnologias. Em meio às complicações que são geradas por tudo isso, surgiu a necessidade de um profissional diferenciado e por vezes não disponível com as qualificações necessárias: o **arquiteto de tecnologia da informação**.

Só que, mais do que cuidar de sistemas corporativos e tecnologias, esse profissional é responsável por uma visão geral da empresa. Ele lida com inovação, liderança na concepção de soluções, a constante evolução tecnológica e é, atualmente, fundamental para a evolução do negócio por considerar sistemas antigos, atuais e futuros, bem como os reais requerimentos dos indivíduos que compõem a companhia.

Por tudo isso, para atuar como arquiteto de tecnologia da informação, o profissional precisa aprimorar-se para além de seu domínio tecnológico. Desenvolver habilidades que vão além dos aspectos técnicos do seu dia a dia de trabalho.

Na sequência, temos características que julgamos imprescindíveis e que são bases para a evolução da carreira dos que se interessam pela área de arquitetura.

Visão estratégica de negócio

Ter a visão estratégia de negócio da empresa é, certamente, o "calcanhar de Aquiles" de muitos que se dizem arquitetos e o que faz com que nem todos estejam aptos a atuar efetivamente nessa área.

Esse profissional sustenta a estratégia de negócios a partir de soluções de tecnologia, com o objetivo de atender às necessidades da empresa e seus colaboradores. Sendo assim, ele é um estrategista e precisa considerar as perspectivas de tecnologia da informação e de negócio.

Em corporações dos mais variados segmentos, os arquitetos enfrentam um desafio comum a todas, que é encontrar o melhor nível de convivência entre a estrutura que já existia na empresa e um sistema recém-implantado.

Existem ainda gargalos que demandam resolução quando ocorrem fusões, por exemplo. Nesses casos, é preciso escolher um sistema para manter, e por vezes trata-se de algum legado, que pode ser uma solução computacional já existente, não necessariamente antiga, que se encontra em perfeito funcionamento e atendendo às necessidades de negócio.

Mas não são só esses os desafios enfrentados. Um arquiteto pode atuar em diversos setores, seja indústria automobilística, mercado financeiro, seguradoras, redes de hotéis e outros segmentos que demandam sistemas de uso corporativo como CRM, ERP, HCM e *supply chain*, além de sistemas sintonizados para modelos de negócio específicos. A interligação destes sempre se torna imprescindível para gerar bases para tomada de decisão ou *compliance* com órgãos reguladores ou ainda decisões contábeis.

O fato é que, com o crescimento exponencial do fluxo de dados no mundo, diversas empresas estão requisitando, cada vez mais, esse arquiteto para prover a eficiência em seus sistemas ao longo do tempo, garantindo elasticidade com o melhor aproveitamento possível dos investimentos.

Generalista

Conhecer as diversas tecnologias sob diferentes aspectos, mesmo sem ser especialista em uma delas, é uma das principais características de um arquiteto, que precisa se manter atualizado em relação às novidades tecnológicas. Deve saber identificar o potencial e a efetividade de cada nova solução, bem como acompanhar sua curva de surgimento, adoção e vida útil.

Nesse sentido, é importante ter visão de uso (entender a aplicabilidade da tecnologia) e de gestão (saber como implantá-la e como mantê-la), bem como aptidão para avaliar a relação investimento x aplicabilidade de cada tecnologia disponível, uma vez que a competitividade entre companhias exige investimentos bem aproveitados.

Estar atento às novidades é algo relevante e decisivo para o arquiteto, porém, os sistemas legados jamais podem ser esquecidos ou subaproveitados. Os dados fundamentais para um negócio devem ser geridos a partir de sua origem, considerando vida útil e disponibilidade. Muitas vezes eles estão em sistemas já existentes, nos quais foram originados. Assim, conhecê-los e dominar a integração com as tecnologias recentes é vital para sua atuação.

Soft skills

Cada vez mais as empresas têm reconhecido a importância dos fatores comportamentais no trabalho, além das competências técnicas. Esse fato é ainda mais presente quando se trata de um arquiteto, que lida com uma visão ampla da companhia e precisa saber se relacionar com pessoas de diversas áreas e hierarquias, compreendê-las e atender às suas demandas, sendo capaz de extrair as informações necessárias e liderá-las sob certos aspectos para uma correta definição de arquitetura.

Visão holística e sistêmica

Antes de avançarmos, é relevante compreendermos o sentido da palavra "holístico".

Ho·lís·ti·co, adjetivo, que defende uma visão integral e um entendimento geral dos fenômenos, que considera o todo não somente como uma junção de suas partes; que busca entender os fenômenos por completo, inteiramente.

Em uma empresa, então, ter uma visão holística nada mais é do que ter uma visão do todo, reconhecendo suas partes e como cada uma contribui para atingir os objetivos do negócio. Indo além, é entender como a empresa se movimenta, como evolui e o que é preciso fazer para ajudar nessa evolução.

O problema começa porque as empresas não são organizadas assim; elas são divididas em diretorias, seções, departamentos, onde cada um é responsável por olhar e se preocupar com sua parte, e é pela parte que normalmente as áreas ou departamentos têm seus desempenhos medidos – ora, nada mais natural que se preocupem apenas com o seu pedaço.

Existem alternativas para obter uma visão holística, sistêmica, completa se a sua empresa não dispõe de um ambiente propício para isso. Não é uma receita, também não é uma visão acadêmica, é a vida como ela é.

As empresas que possuem muitas aplicações normalmente têm a necessidade de organizar como essas aplicações irão se comunicar. É um problema que, se não abordado corretamente no início, gera muito trabalho e investimento depois para consertar. Para resolver ou minimizar o problema, os departamentos de TI geralmente adotam uma área para administrar essas integrações, a Integração de Sistemas. Dada a natureza dos projetos dessa área, em pouco tempo se tem a oportunidade de desenvolver integrações com quase todos os sistemas da companhia. É uma excelente oportunidade para conhecer o ecossistema de TI.

Outra área interessante é a de gestão de projetos, onde também é possível, com algum tempo de experiência gerenciando projetos de TI, ter uma visão sobre os sistemas da empresa e o relacionamento entre eles. Apesar de ter uma visão menos técnica do que na área de integração (bom, depende de você), uma vantagem da gestão de projetos é que você se aproxima das necessidades do negócio e vai deparar com os requisitos e as novas funcionalidades que se quer criar. Com o tempo, vai entender um pouco mais sobre o negócio da empresa.

O que falamos até aqui ajuda a ter uma visão sistêmica, mas e se quisermos obter uma visão do negócio? Em muitas empresas é preciso submeter as ideias de novos projetos para definir quais devem ser feitos ou não; daqueles que serão feitos, quais devem ser feitos primeiro – para isso algumas delas adotam fóruns onde esses projetos são debatidos (existem fóruns setoriais e fóruns de tecnologia). Se possível, tente participar desses fóruns. Isso não deve consumir muito o seu tempo e vai lhe dar uma boa visão de como a empresa toma as decisões para onde seguir.

Empatia

Não vamos entrar na definição psicológica de empatia. Nosso objetivo aqui é entender que lidamos mais com pessoas do que com tecnologia e como seu comportamento e atitudes podem ajudá-lo nos resultados em um ambiente corporativo normalmente complexo.

O bom profissional de arquitetura normalmente é um bom interlocutor, não porque ele tenha uma boa argumentação, mas porque ele sabe ouvir: em uma conversa ou em um debate, você vai ouvir mais do que falar. Para assuntos mais sensíveis, procure o momento e o local mais apropriado para abordá-los.

Mas saber ouvir não significa simplesmente deixar o seu interlocutor falar sem interrompê-lo, significa ouvir para entender. Ouça com atenção e sem pré-julgamentos;

não apenas tenha real interesse no que a outra pessoa está dizendo, demonstre isso. Não se distraia durante a conversa, como, por exemplo, ficar lendo ou atender a uma ligação telefônica. Procure entender quais as reais necessidades e principalmente quais as dificuldades que podem não ter sido ditas. Ouça para entender e não para responder.

Após ouvir atentamente, teste o seu entendimento. Não fique tímido de dizer que não entendeu, peça gentilmente que a pessoa explique novamente; isso é demonstrar interesse pelo assunto. Faça suas perguntas de forma diferente em mais de um momento da conversa e veja se as respostas são semelhantes. Tente expandir um pouco mais o tema, afinal seu objetivo é ter uma visão holística, inteira e completa.

Para completar a sua visão, tente ouvir todos que podem contribuir com o assunto que está sendo abordado. Apenas para citar um exemplo, imagine que você está debatendo um problema em uma aplicação de CRM; essa aplicação possui usuários que utilizam uma interface para registrar suas ações e fazer consultas. Pode ser uma aplicação de mercado com um fabricante que possui um time de suporte, ela pode estar hospedada em uma infraestrutura, provavelmente possui um banco de dados e se comunica com outras aplicações por meio de interfaces. Todos que de alguma forma têm algum conhecimento sobre o tema em questão são potenciais fontes de informação.

Aqui vai uma dica importante: em alguns momentos da sua carreira você é o responsável por dar as respostas, por executar os trabalhos, mas conforme os assuntos vão aumentando em complexidade você vai precisar estabelecer uma rede de relacionamentos que vai ajudá-lo a realizar as entregas para a companhia. Estabeleça parcerias colaborativas, encontre valores comuns – isso quer dizer que esses relacionamentos são vias de mão dupla, são essas pessoas que vão ajudá-lo nos próximos passos da sua carreira, e elas também têm de perceber em você um parceiro de valor, com quem elas podem contar.

Comunicação oral e escrita

Grande parte do seu tempo você vai gastar com comunicação. Acredite, vale a pena investir no aprendizado e em técnicas de comunicação. Já falamos anteriormente sobre empatia e sobre as atitudes que você deve estimular. Não pré-julgue, faça perguntas para entender o problema, preocupe-se e demonstre que está genuinamente interessado no que está sendo dito. É a empatia que torna a comunicação mais humana.

Como arquiteto, a sua comunicação vai atingir diversos públicos, como, por exemplo, um público mais amplo em uma palestra para apresentar suas ideias em um auditório. Uma das coisas mais importantes para superar as dificuldades de falar em público é ter e demonstrar autoconfiança. Você provavelmente será a pessoa que mais domina o assunto naquele ambiente. Se questões com as quais você ainda não deparou ou ideias contrárias à sua surgirem, não fique irritado. Acredite em você e principalmente na mensagem que tem a transmitir.

A arquitetura geralmente desenvolve trabalhos e estudos que servem de base para decisões executivas. Esse é um público mais restrito e em muitos casos também mais difícil, e você precisará ajustar sua comunicação. Executivos de maneira geral têm uma agenda bastante restrita, você fará uma apresentação para alguém que tem um minuto para ouvi-lo. Apresente sua ideia em poucas frases, demonstre logo no início quais os ganhos e benefícios. Treine discursos curtos. Esse artifício vai fazer a diferença em suas apresentações executivas.

A linguagem oral é só uma parte da comunicação – estudos estimam que mais de 90% da comunicação é não verbal, portanto atenção com sua linguagem corporal; em muitos casos, você vai transmitir uma mensagem com o que não foi dito. Adote uma postura que demonstre que você está aberto e mantenha a autoconfiança.

A comunicação escrita para o arquiteto também é muito importante. Você vai precisar de materiais para apoiar seu discurso e estes muito provavelmente vão circular pela empresa como estratégia de divulgação das diretrizes da arquitetura.

A sua apresentação deve contar uma história e aqui vão algumas dicas de como montá-la. Comece com a descrição do objetivo do material, a que ele se pretende, o que será abordado e talvez não menos importante o que não será abordado. Introduza o assunto, descreva a situação atual e o problema a ser abordado – em se tratando de arquitetura, um desenho descrevendo os elementos envolvidos e qual o relacionamento entre eles é um bom começo. Se tiver mais de uma alternativa para a solução do problema, apresente os cenários propostos descrevendo os pontos positivos e negativos de cada um. Por fim, apresente a conclusão. Pode não parecer, mas às vezes essa é a parte mais difícil. Não deixe para apresentar a conclusão somente ao final, vá construindo-a ao longo da sua narrativa de forma que ao chegar ao final a conclusão já esteja mais ou menos pronta na cabeça do seu público.

Para dar mais consistência aos seus materiais de apoio, crie uma identidade visual para eles. Ter um modelo ajuda a elaborá-los mais rápido. Crie modelos dos elementos que você usa frequentemente (gráficos, linhas do tempo) e padronize os elementos de arquitetura que utiliza em seus desenhos. É importante manter um padrão principalmente para o seu público executivo, que não tem muito tempo disponível para entender a notação que você está utilizando a cada apresentação que é feita.

Evite textos longos. Lembre-se: o material de apoio é exatamente isso, apoio. Aquilo que será falado não precisa estar escrito, caso contrário ficará repetitivo e você vai competir com o que está sendo apresentado. Ambos perdem.

Negociação e gestão de conflitos

Existe farto material disponível sobre o assunto, muitos abordando a gestão de conflitos em gerenciamento de projetos. O mesmo ocorre sobre negociação, a maioria referindo-se a técnicas de vendas. Esses materiais estão disponíveis tanto em livros quanto gratuitamente na internet, então você pode facilmente se aprofundar nas mais diversas técnicas tanto de um quanto de outro. Todas têm seus pontos positivos e negativos e a maioria é válida, com maior ou menor grau de eficiência. Essas técnicas vão ajudá-lo, mas não é sobre elas que queremos falar aqui. O que queremos abordar é como o profissional de arquitetura se posiciona para defender a visão de arquitetura.

As arquiteturas onde estão presentes são vistas com o papel de orientação, de indicar o caminho para onde devemos ir, então acredite, você vai ser acionado para negociar conflitos com maior frequência do que imagina. Quando duas ou mais partes não chegam a um acordo na empresa, não será incomum ouvir a frase "então vamos consultar a arquitetura!". Portanto, evitar os conflitos não vai ser uma opção.

A partir daí vamos utilizar alguns conceitos e técnicas que já abordamos anteriormente. Use e abuse da sua empatia, saiba ouvir as partes, seja um ouvinte atencioso e principalmente tente enxergar todos os lados da questão. Tente não ser visto como o profissional que vai trazer as respostas, e sim o que vai fazer as melhores perguntas. Evite perguntas com respostas simples tipo "sim" ou "não"; em vez disso, faça perguntas que demandem uma explicação. Por exemplo: "descreva como o problema ocorre" ou "por que isso é feito da forma A e não da forma B?". Isso vai dar a chance para os interlocutores elaborarem mais a questão e descreverem com mais detalhes os cenários. Procure falar menos e ouvir mais.

O fator que mais conta a seu favor em uma negociação ou gestão de conflitos é que a arquitetura de maneira geral terá uma definição ou um direcionamento sobre o tema em questão. Depois de ouvir as partes, deixe claro esse posicionamento para que todos entendam que, independentemente do caminho a seguir, existe um objetivo a ser alcançado. Nem sempre o caminho para os objetivos da arquitetura é uma linha reta, então esteja preparado para fazer concessões, outra técnica importante em negociações.

Uma boa negociação termina com as partes satisfazendo suas necessidades (no todo ou em parte), mas para isso poderá ser preciso fazer concessões. Aqui é um ponto sensível: caso ocorram concessões, é preciso saber exatamente o limite até onde ceder. Além disso, é importante registrar que algum desvio no caminho será aceito, mas que ele deverá ser corrigido dentro de um prazo a ser combinado. Outro ponto importante com relação a concessões é que você deverá estar bem alinhado com sua liderança e os níveis executivos superiores. Estes devem estar cientes dos limites da negociação.

5. Montando um time de arquitetura

Gustavo Theme

Já falamos aqui dos diferentes tipos de arquitetos e de suas habilidades, uns mais técnicos outros menos, mas todos em essência são generalistas. Então, para montar o seu time de arquitetos é bom começar por profissionais que tenham essa característica em suas formações e carreiras. Times como arquitetura de segurança ou arquitetura de software podem exigir profissionais mais técnicos; entretanto, times como Arquitetura Corporativa e Arquitetura de Soluções provavelmente terão profissionais mais generalistas.

O tamanho dos times pode variar bastante dependendo do tamanho da organização ou do tamanho da TI. De maneira geral, temos visto times de arquitetura com 6 a 10 profissionais; dessa forma, é importante equilibrar os perfis e a experiência. Embora os arquitetos tendam a ser profissionais com bastante experiência e muitos gestores acreditarem que o time de arquitetura deve ser composto apenas por profissionais com essa qualificação, nós recomendamos que exista um equilíbrio. Colocar um profissional superqualificado para fazer trabalhos mais simples só vai desmotivá-lo.

Então, qual a distribuição ideal para uma equipe de arquitetura? Sugerimos que os times sejam compostos por três níveis diferentes:

- ✓ **Arquiteto Analista:** é o cargo de entrada nos times de arquitetura. Se o cargo de analista na sua organização tiver mais de um nível (por exemplo, analista 1, 2 e 3), o ideal é ter no seu time analistas com mais experiência, níveis 2 e 3, por exemplo. Esses serão os profissionais responsáveis por executar as atividades menos complexas, como os desenhos de solução de projetos mais simples ou a manutenção de um catálogo de arquitetura – não que estas sejam atividades menos importantes, mas elas não exigem tanta experiência e a curva de aprendizado para começar a executá-las é mais rápida.

- ✓ **Arquiteto Experiente:** a maior parte do seu time será composta de profissionais que já acumularam vários anos de experiência, que possuem uma visão mais completa da organização e bagagem suficiente para conduzir temas mais desafiadores, como o desenho de solução de projetos mais complexos ou a participação em processos de aquisição de ativos de TI, como, por exemplo, participar de uma contratação de soluções de software, atividade que exige bastante maturidade, pois esses profissionais estarão lidando com várias áreas da empresa, falando com muitos níveis e interagindo com fornecedores e parceiros.
- ✓ **Arquiteto Consultor:** profissionais com esse perfil são mais raros, mas extremamente importantes para os times de arquitetura. Eles tendem a apresentar uma visão completa, holística (já falamos sobre isso anteriormente), e conhecem bem tanto o negócio quanto o ecossistema de TI. São esses profissionais que vão fazer os trabalhos mais estratégicos e desdobrar a estratégia da companhia em recomendações para os níveis mais executivos de TI. Eles atuarão nas iniciativas mais estruturantes, sendo profissionais altamente independentes que quase não necessitam de gestão.

"Montei meu time de arquitetura, mas preciso crescer. E agora, contrato um profissional mais sênior ou não?" Essa resposta vai depender de vários fatores: qual o perfil da vaga que está disponível, como está a distribuição de perfis no seu time etc. Mas, de maneira geral, e aí é uma visão muito particular de quem vos escreve, minha recomendação é trazer profissionais que estão iniciando a carreira de arquiteto. Essa é uma recomendação que não é muito unânime entre os gestores de arquitetura, mas tem suas razões.

A primeira razão é que, por mais experiente que seja o profissional, ainda que ele conheça metodologias e *frameworks* de arquitetura, ele vai precisar de um tempo para entender o ecossistema da organização. Dependendo do tamanho da empresa, esse tempo pode ser de meses ou às vezes mais de um ano – ou seja, esse profissional só vai começar a render plenamente vários meses após a contratação. Trazer um profissional desses para o time pode desmotivar os arquitetos que começaram suas carreiras na arquitetura e já têm uma bagagem suficiente para alcançar o próximo nível.

A segunda razão é que essa seria uma ótima oportunidade para promover os arquitetos que já estão com você há algum tempo, formando uma visão mais completa da organização e apresentando resultados significativos – claro, se você os preparou para esse momento. Isso engaja o time, demonstra a sua capacidade de gestão e mantém a equipe motivada.

A terceira e última razão é que em muitos casos os arquitetos mais experientes estarão ocupando os últimos níveis antes dos cargos executivos ou de gestão. Então, veja, você acabou de contratar um profissional experiente, mas dada a curva de aprendizado longo esse profissional vai levar vários meses até começar a dar respostas com mais segurança. Isso significa que agora é que ele estará começando a desempenhar o papel de arquiteto plenamente e para alcançar o próximo passo na carreira talvez precise de vários anos. Não é regra, mas isso pode desmotivá-lo, ele pode não estar preparado para uma jornada longa.

PARTE III. *FRAMEWORKS* DE ARQUITETURA

6. *Zachman Framework*

Atila Belloquim
Cosme Cardoso

Os problemas que levaram ao desenvolvimento da arquitetura corporativa são conhecidos há muito tempo. De modo geral, a criação da arquitetura corporativa como disciplina é atribuída a John Zachman. Apesar de os problemas e potenciais soluções terem sido sugeridos por diversos autores ao longo do tempo, Zachman é considerado o "pai" da arquitetura por conta de seus dois artigos publicados no *IBM Systems Journal* em 1987 e 1992. Com base nesses dois artigos surgiu o *Zachman Framework*, que, por ter sido o primeiro a surgir, foi por muito tempo o modelo de referência de arquitetura mais usado no mercado.

O *Zachman Framework* é muito simples, consistindo essencialmente de uma matriz 6x6, mostrada na figura a seguir.

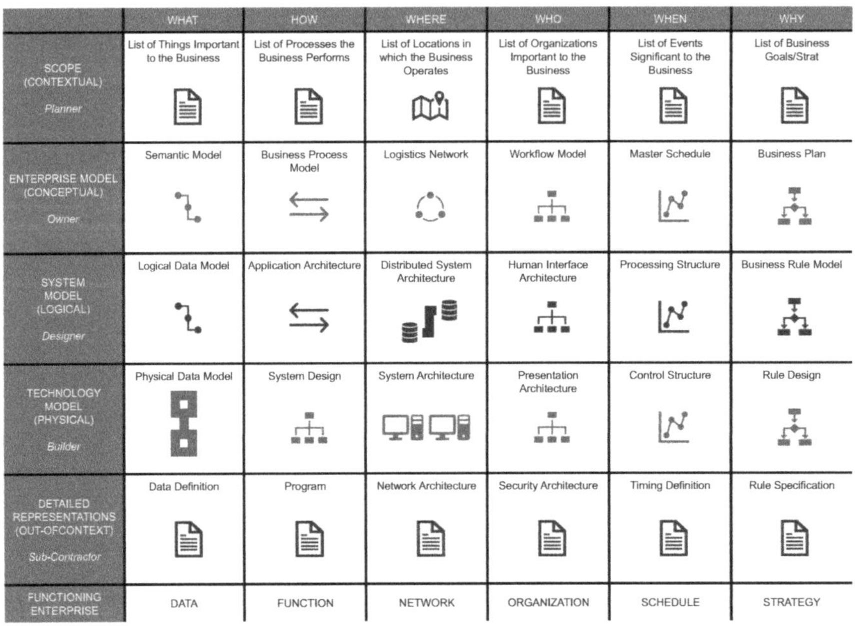

Figura 6.1. *Zachman Framework*.
Fonte: adaptado de Zachman (s.d.).

Como pode ser observado, cada coluna do *framework* corresponde a uma das perguntas 5W1H tradicionais, enquanto as linhas correspondem às diferentes perspectivas de diferentes atores na organização, sendo as linhas superiores focadas em estratégia e negócio e, conforme vamos descendo na tabela, vamos encontrando elementos cada vez mais técnicos.

Segundo o próprio John Zachman, seu *framework* pode ser visto mais como uma taxonomia ou ontologia do que como um método completo de como fazer arquitetura. A matriz mostra quais são os artefatos e/ou *building blocks* que as empresas devem documentar.

Justamente por não incluir um **método** para a elaboração da arquitetura, ou seja, por não dizer como esta matriz pode ou deve ser preenchida, o *Zachman Framework* foi considerado insuficiente para orientar a prática de arquitetura das empresas. Isso levou as organizações a buscar outros *frameworks* para preencher essa lacuna. Entre os vários *frameworks* disponíveis, o TOGAF® se tornou o favorito do mercado e passou à dianteira, tornando-se o *framework* de arquitetura mais utilizado nas organizações hoje.

Vejamos o propósito de cada uma dessas linhas:

- ✓ A primeira linha é a da perspectiva dos **executivos e planejadores estratégicos**, correspondente ao nível mais abstrato e de alto nível do mapeamento da organização. Muitas empresas interpretam a primeira linha como o local para armazenar documentação que descreve sua estratégia e a visão de negócio.
- ✓ A segunda linha corresponde à perspectiva do **gerenciamento do negócio**, ou seja, dos gerentes de linha que tocam o dia a dia da empresa. É nesta linha que são mapeados os componentes táticos e operacionais do negócio da empresa, ou seja, é aqui que é descrito o funcionamento da organização no dia a dia, sob o ponto de vista de negócio.
- ✓ A terceira linha corresponde à perspectiva do **arquiteto**, ou seja, os profissionais responsáveis pelo **desenho lógico do negócio**. Em versões mais antigas do *Zachman Framework*, esta linha correspondia ao mapeamento de **sistemas de informação**, ou seja, aplicações e dados existentes ou necessários na organização. A versão atual do *framework* responde a uma tentativa de Zachman de tornar o modelo menos focado e mais independente da tecnologia da informação (TI).
- ✓ A quarta linha corresponde à perspectiva do **engenheiro**, ou seja, dos **construtores físicos do negócio**. Em versões anteriores do modelo esta linha

correspondia ao mapeamento/descrição da **infraestrutura de TI** da empresa, e é assim que é usada em muitas empresas que adotam Zachman como base para seus modelos de conteúdo de arquitetura.

- ✓ A quinta linha corresponde à perspectiva do **técnico**, ou seja, dos **implementadores de componentes do negócio**. É possível, talvez, ver aqui parte do trabalho da arquitetura de soluções, embora essa interpretação não seja unânime.
- ✓ A sexta linha é chamada de **perspectiva corporativa,** ou seja, aquela dos **usuários da organização** como um todo. Na verdade, esta linha representa aquilo que está efetivamente e fisicamente implementado na organização. Poderíamos interpretá-la como o repositório de soluções da empresa, correspondente aos SBBs.

Pode-se argumentar que a preocupação dos arquitetos corporativos se resume às quatro primeiras linhas, já que as linhas 5 e 6 dizem respeito mais à implementação do que à arquitetura.

O *Zachman Framework* foi usado como base para a definição dos modelos de conteúdo de praticamente todos os *frameworks* de arquitetura que vieram depois dele.

Apesar de o Zachman não ser hoje o mais dominante, tendo sido substituído pelo TOGAF® e outros *frameworks*, consideramos que conhecer os seus conceitos faz parte da formação básica de qualquer arquiteto.

7. TOGAF®

Atila Belloquim
Cosme Cardoso

O TOGAF® surgiu como um *framework* para ajudar as empresas a estruturar sua arquitetura de infraestrutura, e assim foi até a sua versão 7. Quando surgiu o TOGAF® 8, os domínios de dados, aplicações e negócio foram adicionados e assim ele se tornou um *framework* de arquitetura corporativa completo. A versão atual é o TOGAF® 9.2.

O "dono" do TOGAF® é o **The Open Group®**, uma organização sem fins lucrativos que é um consórcio de empresas fornecedoras e usuárias de tecnologia da informação. O componente mais conhecido do TOGAF® é o **ADM** (***Architecture Development Method***), que é justamente o método ou processo para se fazer arquitetura que faltava no *Zachman Framework*.

As razões que levaram o TOGAF® a se tornar o "padrão de mercado" para arquitetura são:

1. o TOGAF® inclui um **método** para fazer arquitetura, ao contrário do Zachman;
2. o TOGAF® é **gratuito e aberto**, ao contrário de muitos *frameworks* proprietários oferecidos por grandes empresas de consultoria;
3. o TOGAF® é **genérico**, ou seja, aplicável e personalizável para qualquer tipo e tamanho de organização, em qualquer setor de atividade, ao contrário, por exemplo, do DODAF (*Department of Defense Architecture Framework* – criado pelo Departamento de Defesa norte-americano) e do FEAF (*Federal Enterprise Architecture Framework* – criado para o setor público federal dos EUA).

Por outro lado, existem duas principais críticas sobre o TOGAF® no formato como ele existe hoje. A equipe responsável pela evolução do modelo está ciente dessas críticas e vem trabalhando para superá-las nas suas próximas versões.

A primeira crítica é que **o TOGAF® é muito complexo e rígido**. Em um mundo onde não se fala outra coisa além de **métodos ágeis**, o TOGAF® é considerado muito "pesado".

Esta crítica é parcialmente pertinente. De fato, o TOGAF® é grande. Em formato PDF, são 700 páginas!

Além disso, ele inclui muitas coisas de utilidade relativa ou pequena para algumas empresas. Isso não é de se espantar. Em um *framework* desenhado para atender a todas as possibilidades, tipos e tamanhos de empresas existentes, é natural que algumas coisas no TOGAF® sejam úteis para alguns tipos de empresa (por exemplo, empresas de grande porte), mas de utilidade marginal para empresas menores.

Porém, como dissemos antes, um dos grandes pontos fortes no TOGAF® é a sua possibilidade de personalização. Nada impede que uma determinada empresa personalize o TOGAF® para suas necessidades, tomando dele apenas aquilo que considera necessário e ignorando (ou deixando para depois) aquilo que considera não urgente. Muitas pessoas, ao acusar o TOGAF® de "pesado", estão cometendo o erro de ignorar que o TOGAF® **foi feito para ser personalizado**, e isso está dito explicitamente no texto da sua especificação.

A segunda crítica é que o TOGAF® tem um **"sotaque" muito forte de TI**, ou seja, uma grande concentração em domínios de tecnologia da informação e um certo "buraco" em diversos aspectos do negócio para além da TI. Mais uma vez, porém, deve ser levado em conta que o TOGAF® foi feito para ser personalizado, de maneira que nada impede que uma empresa que o adote acrescente novos domínios, se entender que são necessários.

Os componentes do TOGAF®

O TOGAF® possui seis componentes:

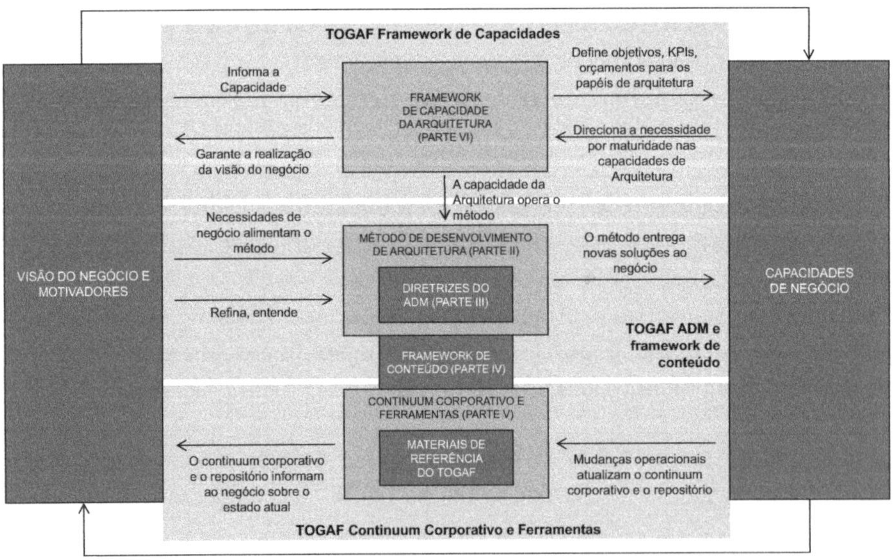

Figura 7.1. Componentes do TOGAF®.
Fonte: adaptado de The Open Group (2018).

Vejamos, resumidamente, cada um desses componentes:

Método de Desenvolvimento de Arquitetura (Parte II)

O ADM (*Architecture Development Method* – Método de Desenvolvimento da Arquitetura) é o componente central do TOGAF®. A figura que o descreve é provavelmente a mais conhecida do modelo e é muitas vezes identificada como ele.

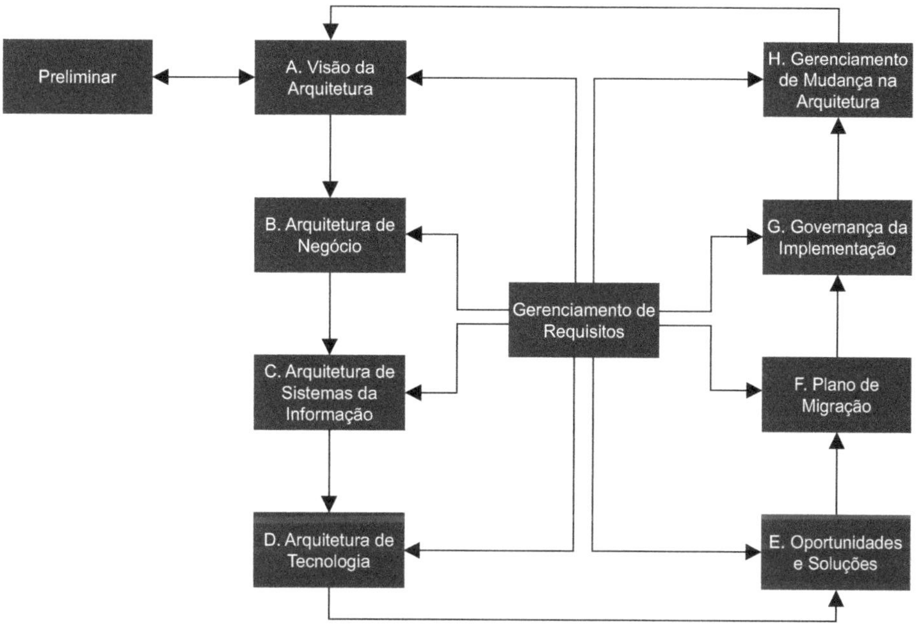

Figura 7.2. O ADM do TOGAF®.
Fonte: adaptado de The Open Group (2018).

Antes de entrarmos nas fases individualmente, alguns comentários são necessários.

Em primeiro lugar, como pode ser visto por meio da própria Figura 7.2, o TOGAF® é um método iterativo. Ele supõe que o trabalho de arquitetura será feito em ciclos ou "rodadas".

Outro ponto importante a ser destacado é que essa sequência de fases deve ser vista como uma sequência lógica, e não **cronológica**. O gerente de projetos de arquitetura pode e deve personalizar a sequência de fases de acordo com as necessidades de cada projeto e, de modo mais geral, cada empresa pode personalizar o ADM de forma mais ampla para uso em todos os seus projetos de arquitetura.

Vejamos em mais detalhes cada uma dessas fases:

- ✓ **Fase preliminar**. A fase preliminar responde à pergunta "como é que faremos arquitetura na nossa empresa?". É nesta fase que se definem as equipes de arquitetura, os papéis dos arquitetos, o *framework* a ser utilizado (que pode ser o próprio TOGAF® ou uma versão personalizada), o modelo de conteúdo, os processos de governança, as ferramentas de modelagem e tudo aquilo que é necessário para que tenhamos uma prática de arquitetura na organização. É importante observar que, apesar de o nome sugerir que a fase seja executada uma única vez, isso não é verdade. A existência da seta bidirecional na figura indica que a Fase Preliminar pode ser visitada repetidas vezes e, na prática, é desta forma que as empresas fazem **melhoria contínua** na sua prática de arquitetura. Algumas empresas, erradamente, entenderam que era necessário implementar tudo e mais um pouco em sua primeira visita à fase preliminar. Isso as levou a "patinar" na fase e não é raro encontrar empresas que ficaram vários anos sem sair da fase preliminar e não conseguiram executar nem mesmo um único ciclo do ADM por conta disso. O fato de que a fase preliminar pode ser visitada várias vezes indica claramente o aspecto de melhoria contínua que ela possui. A empresa deveria ficar na fase preliminar apenas o tempo necessário para estabelecer uma prática que permita uma rodada do ADM que entregue rapidamente valor de negócio. Poderíamos chamar isso de **mínima arquitetura viável**, tomando emprestado o conceito de produto mínimo viável (MVP).
- ✓ **Fase A – Visão da Arquitetura**. Nesta fase, a empresa, com base na sua visão de negócio e estratégia, define a **Visão da Arquitetura**, que nada mais é do que uma **descrição de alto nível das arquiteturas atual e alvo da empresa**. A fase corresponde ao planejamento de um projeto de arquitetura, de tal maneira que as tarefas tradicionais de planejamento de projetos estão incluídas nesta fase. O objetivo da fase é obter um acordo entre as partes interessadas e a equipe de arquitetura sobre o que deverá ser feito na próxima rodada do ADM e, com base nesse acordo, elaborar um **plano de trabalho** para esse projeto de arquitetura, que, como veremos, terminará na Fase F.
- ✓ **Fases B, C e D – Arquiteturas de Negócio, Sistemas de Informação e Tecnologia**. Essas três fases do ADM são praticamente idênticas, tanto em termos de objetivos quanto das atividades, entradas e saídas prescritas. A única diferença são os domínios cobertos em cada uma: a Fase B trata da Arquitetura de Negócio, a Fase C das Arquiteturas de Sistemas de Informação (Aplicações e Dados) e a Fase D abrange a Arquitetura de Tecnologia (Infraestrutura de TI). Em todos os casos, as atividades envolvem desenhar as arquiteturas atual e alvo de cada domínio e realizar a **análise de lacunas** (*gap analysis*) entre elas,

identificando as diferenças entre o que temos e o que deveríamos ter como componentes em cada domínio.

- ✓ **Fase E – Oportunidades e Soluções**. Nesta fase, as **lacunas** identificadas entre a arquitetura atual e a arquitetura alvo nas fases B, C e D (ou seja, nos vários domínios cobertos pelo TOGAF®) são consolidadas e agrupadas em **pacotes de trabalho** que se tornarão **projetos de implementação** da nova arquitetura. Nesta fase, a empresa começa a se preocupar com implementações concretas (SBB) das especificações (ABB) identificadas e elaboradas nas fases anteriores.
- ✓ **Fase F – Plano de Migração**. Nesta fase, é realizada a **análise de custo-benefício e priorização dos projetos/pacotes de trabalho** identificados na fase anterior. As atividades desta fase são essencialmente aquelas existentes em qualquer processo de **gestão de portfólio de projetos**. O resultado da fase é o **portfólio de projetos estratégicos** da empresa, que é, na realidade, o produto final (junto com o planejamento da implementação) do projeto de arquitetura iniciado na Fase A. Em outras palavras, o resultado do projeto de arquitetura iniciado na Fase A e que terminará na Fase F é justamente este portfólio de projetos necessários para a implementação da nova arquitetura idealizada na Fase A e detalhada nas fases B, C e D.
- ✓ **Fase G – Governança da Implementação**. Nesta fase, os projetos de implementação definidos na Fase F são avaliados e verificados para garantir que estão de acordo com a arquitetura alvo definida e com as normas, regras e padrões da organização.
- ✓ **Fase H – Gerenciamento de Mudança na Arquitetura**. Esta fase envolve tipicamente dois conjuntos de processos: (1) monitoramento do ambiente interno e externo e (2) gestão das mudanças na arquitetura. O **monitoramento do ambiente** visa identificar necessidades de mudanças na arquitetura o mais cedo possível. A necessidade de mudanças pode vir de desenvolvimentos no ambiente externo (legislação, concorrência, mudanças de mercado etc.) ou interno (iniciativas de gestão de ativos, simplificação e padronização, novos processos e produtos etc.) As mudanças podem ser tanto de negócio quanto de tecnologia. O processo de gestão de mudanças na arquitetura envolve tratar **solicitações de mudança**, analisando o seu impacto e sugerindo recomendações para o órgão de governança da arquitetura, tipicamente o Comitê de Arquitetura.
- ✓ **Gerenciamento de Requisitos**. Esta fase (localizada no centro da Figura 7.2) diz respeito a atividades e processos necessários para garantir que todas as fases do ADM sejam executadas com base em requisitos devidamente gerenciados e aprovados e, em caso de mudança nos requisitos, que análises de impacto sejam feitas e, caso necessário, fases anteriores do ADM sejam revisitadas.

Diretrizes do ADM (Parte III)

Esta parte do TOGAF® inclui capítulos que explicam como o ADM deve ser aplicado em situações específicas (por exemplo, para definição de uma arquitetura de segurança) e outros que mostram técnicas específicas que podem ser usadas em uma ou mais fases do ADM.

Ela serve para detalhar e orientar os arquitetos em atividades que são prescritas ao longo do ADM, mas que, por serem opcionais e para não poluir o texto do ADM, são apresentadas separadamente.

Framework de Conteúdo (Parte IV)

O próximo componente do TOGAF® que vamos analisar é o *framework* de conteúdo. Esta parte diz respeito à definição de quais conteúdos de arquitetura queremos e como devem ser organizados. Isso envolve a definição do metamodelo de conteúdo, dos artefatos arquitetônicos que deverão ser gerados pelas fases do ADM e dos entregáveis de arquitetura que deverão ser produzidos ao longo dos projetos de arquitetura.

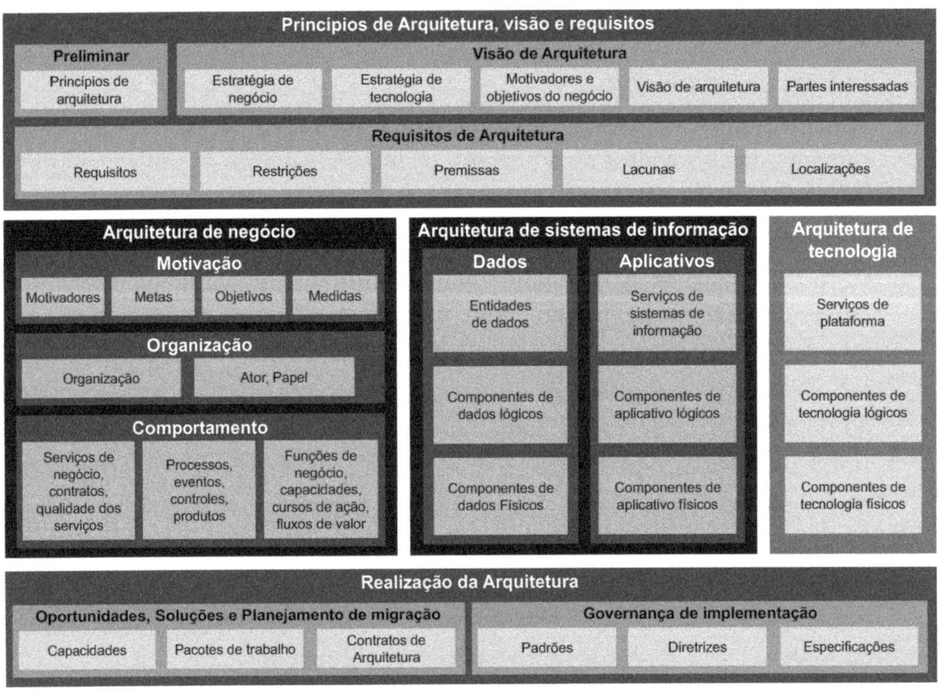

Figura 7.3. *Framework* de conteúdo do TOGAF®.
Fonte: adaptado de The Open Group (2018).

Como já declarado anteriormente, também o *framework* de conteúdo do TOGAF® pode ser personalizado conforme a necessidade da organização. Alguns conceitos propostos podem ser removidos por não serem de interesse da empresa e outros podem ser acrescentados para atender às suas necessidades específicas. Como tudo no TOGAF®, a adoção cega das definições do *framework* de conteúdo sem a devida personalização para atender às necessidades da organização é caminho certo para o fracasso no processo de adoção da Arquitetura Corporativa.

Continuum Corporativo e Ferramentas (Parte V)

Nesta parte do TOGAF®, são apresentados o *Enterprise Continuum* e são discutidas questões relacionadas ao repositório de arquitetura e às ferramentas de modelagem que podem ser usadas como apoio ao trabalho de arquitetura.

Segundo o TOGAF® (THE OPEN GROUP, 2018), "o *Enterprise Continuum* provê métodos para classificação de artefatos de arquitetura e solução, tanto internos quanto externos ao repositório de arquitetura, conforme eles evoluem de arquiteturas de fundação genéricas até arquiteturas específicas da organização".

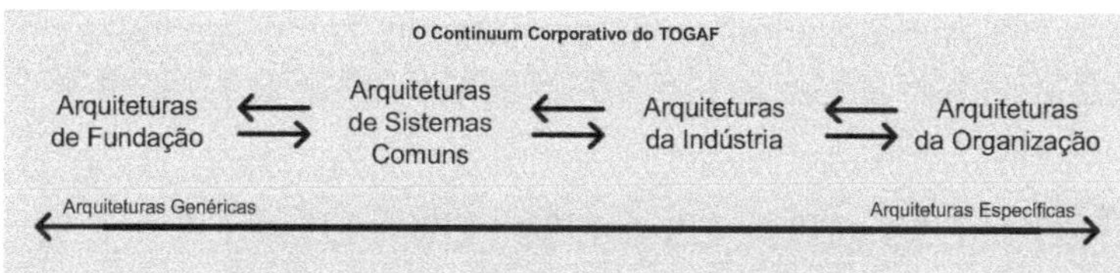

Figura 7.4. O *continuum* corporativo do TOGAF®.
Fonte: adaptado de The Open Group (2018).

O que isso quer dizer?

Basicamente que o conteúdo do repositório de arquitetura, caso seja organizado conforme os conceitos do *Continuum*, gozará do benefício de ser classificado em termos de sua potencial reusabilidade. Em outras palavras, o *Continuum* é um conceito elaborado para facilitar o reúso de ativos da arquitetura.

Framework de Capacidade de Arquitetura (Parte VI)

Nesta parte, o TOGAF® trata de questões mais organizacionais, ou seja, itens como as equipes de arquitetura, o comitê de arquitetura, os processos de governança, a maturidade da arquitetura e as habilidades necessárias para os arquitetos.

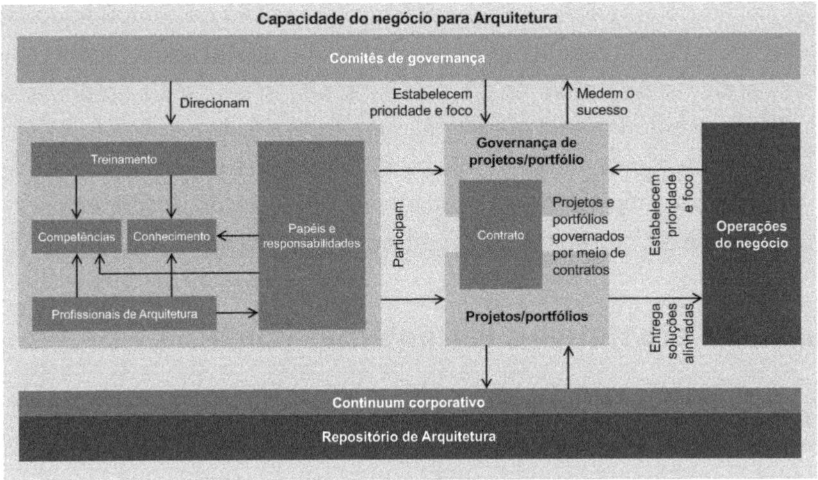

Figura 7.5. *Framework* de Capacidade de Arquitetura do TOGAF®.
Fonte: adaptado de The Open Group (2018).

TOGAF® library (biblioteca do TOGAF® –materiais de referência)

Por último, o TOGAF® inclui uma série de materiais, tais como guias e modelos de referência, que podem ajudar os times de arquitetura em seu trabalho.

Relacionamento entre as partes do TOGAF®

As descrições anteriores podem dar a impressão de que todos esses elementos são relativamente independentes. Para evitar essa impressão, tentaremos aqui mostrar como essas várias partes estão relacionadas entre si.

O núcleo do TOGAF® é o **ADM** (Parte II do TOGAF®). As **Diretrizes** (Parte III do TOGAF®) explicam como usar o ADM em determinadas circunstâncias e apresentam em detalhes técnicas que são citadas no ADM sem maior detalhamento.

O processo de arquitetura descrito pelo ADM envolve utilizar e gerar documentação de arquitetura. Os formatos, padrões, nomenclatura e exemplos desta documentação são definidos no ***Framework* de Conteúdo** e armazenados no **Repositório de Arquitetura**, podendo ser classificados em termos de reusabilidade através do ***Enterprise Continuum***.

Para que o trabalho de arquitetura seja feito corretamente, são necessários processos e estruturas organizacionais tanto para o trabalho de arquitetura em si quanto para sua governança, o que é coberto no ***Framework* de Capacidade da Arquitetura**.

8. ACE – Arquitetura Corporativa Essencial

Atila Belloquim
Cosme Cardoso

O ACE nada mais é do que uma customização do TOGAF®. Como seu próprio nome diz, ele procura focar naquilo que é **essencial** para uma prática de arquitetura, deixando de lado (ou para depois) tudo aquilo que existe no TOGAF® que mais confunde do que ajuda quem está começando.

O ACE foi criado por Atila Belloquim como consequência de sua prática de consultoria e treinamento e de sua participação na equipe de evolução do TOGAF® no The Open Group®.

O ACE difere do TOGAF® nos seguintes aspectos:

- ✓ **Simplifica** radicalmente o processo e o conteúdo sugeridos pelo TOGAF®.
- ✓ Reforça os **aspectos culturais e políticos**, que, apesar de mencionados no TOGAF®, não são muito aprofundados nele.
- ✓ Adota uma **abordagem ágil** de arquitetura, recomendando a adoção da prática de forma **iterativa e incremental**.
- ✓ Inclui **novos domínios** considerados necessários para a maioria das organizações, indo além do foco excessivo em TI existente no TOGAF®.

O ACE é composto basicamente de dois elementos: o **Método PLANTA** e o seu **Modelo de Conteúdo**. O Método PLANTA nada mais é do que uma customização simplificadora do ADM do TOGAF® e o Modelo de Conteúdo é derivado do *Architecture Content Framework* do TOGAF® e do próprio *Zachman Framework*.

O Método PLANTA pode ser visto na figura a seguir.

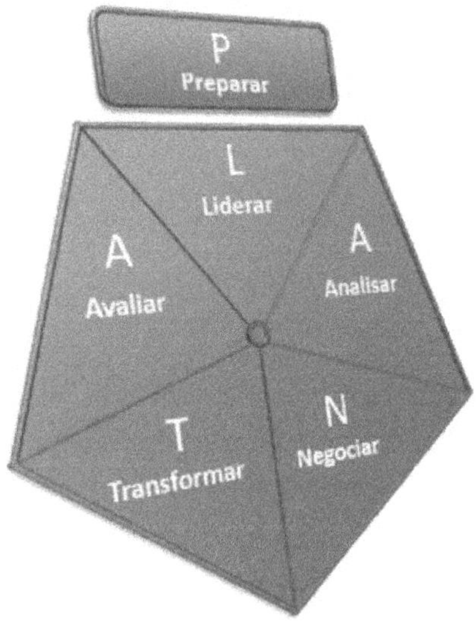

Figura 8.1. Método PLANTA.
Fonte: documentação do ACE por Atila Belloquim.

Processo: o método PLANTA

Descrevemos a seguir as fases do **Método PLANTA** e seu relacionamento com o ADM do TOGAF®:

- ✓ **Preparar**. É equivalente à Fase Preliminar do ADM do TOGAF®. Como o Método PLANTA é **iterativo e incremental**, supõe-se que esta fase será visitada mais de uma vez. No momento da adoção do ACE, esta fase será visitada pela primeira vez. Neste caso, o foco estará em estabelecer as condições básicas para se começar um trabalho de arquitetura. Isso inclui a definição da equipe, possíveis customizações no próprio ACE (processo e conteúdo), escolha de uma ferramenta inicial e estabelecimento de estruturas básicas de governança da arquitetura. Nas visitas subsequentes, esta fase será usada para realização de atividades de **melhoria contínua**, ou seja, melhorias no processo, no conteúdo e na governança, e, se for o caso, modificações ou substituição da ferramenta de arquitetura utilizada.
- ✓ **Liderar**. Esta fase equivale à Fase A (Visão da Arquitetura) do ADM do TOGAF®. O PLANTA é iterativo e incremental, e podemos ver cada rodada do ciclo como um incremento na arquitetura. Cada rodada começa sempre com esta fase.

Nela, o gerente do projeto de arquitetura (normalmente o arquiteto-chefe) exerce um papel de liderança, convocando os *stakeholders* da arquitetura e facilitando o trabalho de todos os envolvidos, com o objetivo de definir a **visão da arquitetura** e elaborar o **plano de trabalho** da rodada. A visão da arquitetura é elaborada com base na visão de negócio e na estratégia da corporação e nada mais é do que uma descrição de alto nível da arquitetura atual e da arquitetura alvo necessária para executar a estratégia e atingir a visão de negócio. Mais uma vez, sendo iterativo e incremental, a visão da arquitetura será limitada em escopo em vez de cobrir a organização como um todo. Evidentemente, é responsabilidade do arquiteto-chefe (e demais arquitetos corporativos) garantir que o escopo escolhido para a rodada e a arquitetura alvo proposta para esse escopo sejam coerentes com o resto da arquitetura da empresa, ou seja, é sua função não permitir que se perca a **visão holística**.

- ✓ **Analisar**. Esta fase consolida em uma só as fases B, C e D do TOGAF® (arquiteturas de negócio, sistemas de informação e tecnologia). Em outras palavras, são analisados todos os domínios escolhidos pela empresa para fazer parte de sua arquitetura (incluindo aqueles não listados no TOGAF®, como, por exemplo, aqueles sugeridos pelo Modelo de Conteúdo do ACE (ver a seguir neste capítulo). O resultado é uma **análise completa da arquitetura** da empresa (logicamente, limitada ao escopo escolhido na fase anterior) **em todos os seus domínios**, produzindo uma descrição da arquitetura atual, da arquitetura alvo e a análise de lacunas entre as duas.
- ✓ **Negociar**. Esta fase consolida em uma só as fases E e F do TOGAF® (Oportunidades e Soluções e Plano de Migração). Seu objetivo é **negociar o portfólio de projetos** necessário para implantar a nova arquitetura proposta na fase anterior com os *stakeholders* da arquitetura. As lacunas identificadas são agrupadas em **pacotes de trabalho**, as dependências entre eles são identificadas e os *stakeholders* priorizam a implementação destes pacotes de trabalho realizando uma **análise de custo-benefício**. O resultado da fase é o **portfólio de projetos estratégicos** da organização já priorizado com base nas necessidades do negócio.
- ✓ **Transformar**. Esta fase corresponde à Fase G do TOGAF® (Governança da Implementação). É nela que acontece a transformação propriamente dita da organização, através da execução dos projetos do portfólio definido na fase anterior, que implementam as mudanças identificadas, priorizadas e aprovadas. A principal função dos arquitetos corporativos nesta fase é, como no TOGAF®, realizar as atividades de **governança da implementação**, em especial as **avaliações de conformidade**, que é o processo através do qual é verificada a

aderência do trabalho executado nos projetos de implementação em relação à arquitetura definida e às normas e aos padrões da empresa.

✓ **Avaliar**. Esta fase corresponde à Fase H do TOGAF® (Gerenciamento de Mudança na Arquitetura). Os dois principais processos executados nesta fase são o **monitoramento do ambiente** e a **gestão de mudanças na arquitetura**. O monitoramento do ambiente consiste no acompanhamento contínuo das circunstâncias, tanto internas quanto externas, tanto de negócio quanto de tecnologia, que podem afetar a arquitetura e exigirão mudanças nela. O processo de gerenciamento de mudanças é similar aos processos já existentes com esse nome na maioria das empresas. A diferença é que, como esse gerenciamento de mudanças, na maioria das empresas, cobre apenas aspectos de tecnologia, aqui o que está acontecendo é a generalização deste processo para a empresa como um todo, especialmente o seu domínio de negócio e os demais domínios que a empresa tenha decidido colocar sob o manto da arquitetura.

Em seu esforço por simplificar o TOGAF®, o ACE não apenas aglutina algumas de suas fases do ADM como também simplifica radicalmente a lista de entradas e saídas de cada fase, mantendo apenas aqueles produtos considerados essenciais para um trabalho de arquitetura iterativo, incremental e ágil.

É importante fazermos uma observação sobre as duas últimas fases do PLANTA (**Transformar** e **Avaliar**). Assim como acontece no TOGAF®, pode ser argumentado que essas duas fases não são propriamente "fases", mas atividades contínuas. Na vida real, as empresas não param de executar seus projetos enquanto as fases anteriores do PLANTA estão sendo executadas. Da mesma forma, mudanças importantes dentro e fora da empresa podem exigir mudanças na arquitetura a qualquer momento, não esperando o início da fase para ocorrer.

Os leitores familiarizados com o TOGAF® poderão sentir falta da fase Gestão de Requisitos (o centro do ADM do TOGAF®). Embora o gráfico do PLANTA não represente essa atividade explicitamente, o método supõe que os requisitos estejam sendo gerenciados adequadamente dentro de cada uma das fases.

O Modelo de Conteúdo do ACE

A figura a seguir apresenta o Modelo de Conteúdo do ACE:

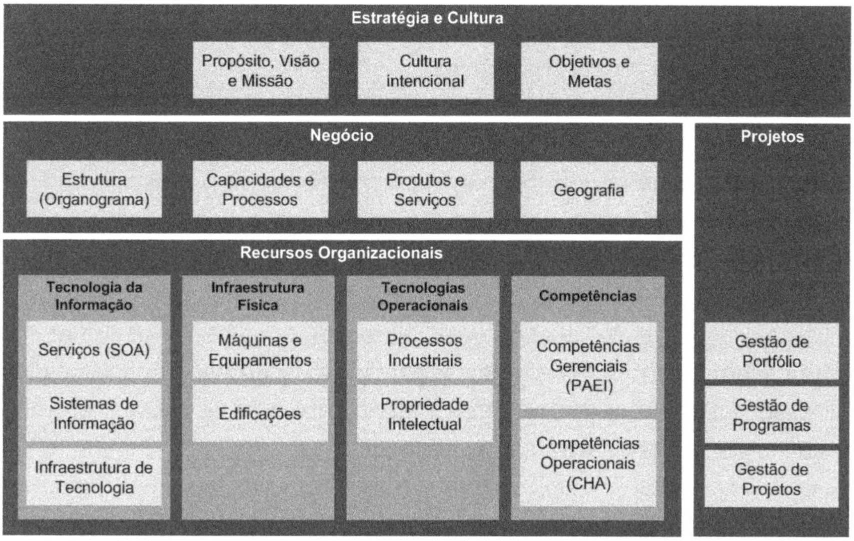

Figura 8.2. Modelo de Conteúdo do ACE (Arquitetura Corporativa Essencial).
Fonte: documentação do ACE por Atila Belloquim.

Como demonstrado na figura, o ACE inclui domínios ausentes no TOGAF® e, seguindo a linha do Zachman, **divide a arquitetura de negócio em seus componentes estratégico e operacional** (suas duas primeiras linhas).

O ACE define como **recursos organizacionais** tudo aquilo que é necessário para responder à seguinte pergunta: do que é que vamos precisar para fazer o nosso negócio funcionar tal como está definido na sua arquitetura de negócio (estratégica e operacional)?

Os domínios de tecnologia da informação (TI) do TOGAF® estão agrupados na caixa à esquerda do grupo de recursos organizacionais. Então, são acrescentados os domínios de **infraestrutura física**, **tecnologias operacionais** e **competências** necessárias por parte dos colaboradores.

A **infraestrutura física** diz respeito a recursos organizacionais tais como prédios, escritórios, máquinas e equipamentos. Felizmente, linguagens de notação da arquitetura tais como o **ArchiMate®** permitem a modelagem de elementos físicos como esses. A ideia por trás da inclusão deste domínio no modelo é que, com muita frequência, mudanças na arquitetura de negócio exigem mudanças na infraestrutura física. Uma reorganização da empresa, por exemplo, pode incluir, além de mudanças no organograma, a distribuição ou concentração física de colaboradores em locais geográficos distintos. Essas questões afetam profundamente as análises de impacto no momento de mudanças na empresa e, portanto, devem fazer parte da arquitetura e da atenção dos arquitetos corporativos.

Tecnologias operacionais são as tecnologias que a empresa possui (arquitetura atual) e precisa possuir (arquitetura alvo) para executar seus processos de negócio e desenvolver seus produtos e serviços. A inclusão deste novo domínio se deu para ressaltar a importância das tecnologias que não são TI. Ao contrário da TI, que é similar na maioria das empresas de qualquer setor, as tecnologias operacionais são tipicamente específicas do setor no qual a empresa atua. Para uma empresa de petróleo, por exemplo, inclui as tecnologias para extrair petróleo, refiná-lo e distribuir seus derivados. Para uma empresa de varejo, tecnologias de gestão automatizada de estoques, por exemplo, estão incluídas aqui.

Em empresas de serviços baseados em informação, tais como a maioria das empresas do setor financeiro, às vezes é difícil identificar a fronteira entre a tecnologia da informação e a tecnologia operacional. Nesses casos, muitas empresas optam por tratar os dois domínios como um só. O raciocínio subjacente é, evidentemente, que a tecnologia operacional dessas empresas nada mais é do que a sua tecnologia da informação.

Exemplos de conteúdo típico deste domínio são a identificação e descrição de processos industriais e elementos de propriedade intelectual que a empresa tem ou precisa ter (por exemplo, patentes).

Competências são os Conhecimentos, Habilidades e Atitudes (CHA) que os colaboradores da empresa possuem (arquitetura atual) ou precisam possuir (arquitetura alvo) para que a arquitetura de negócio da empresa possa ser executada, garantido o cumprimento da estratégia e o atingimento da visão de negócio da organização. No ACE, são divididas em duas partes:

✓ **Competências operacionais** são a descrição das competências atuais e necessárias para a organização por parte de seus colaboradores. Adota o acrônimo **CHA**, universalmente utilizado na área de administração de recursos humanos ou gestão de pessoas. Em outras palavras, as competências dos colaboradores são definidas em termos de seus **Conhecimentos** (aquilo que eles sabem), **Ha-**

bilidades (aquilo que eles sabem fazer e fazem bem) e **Atitudes** (a forma como se colocam e se comportam diante de suas responsabilidades na organização). Esse é um dos melhores exemplos de como a arquitetura corporativa cobre efetivamente a empresa inteira, uma vez que o trabalho de identificação de competências necessárias para o futuro será tipicamente realizado em conjunto com a área de gestão de pessoas da empresa. Aliás, a inclusão do domínio **Competências** no ACE nada mais faz do que trazer para dentro do modelo algo que já existe há várias décadas na disciplina conhecida como **RH estratégico**, em particular aquilo que é conhecido como **planejamento de competências**.

✓ **Competências gerenciais**. As pessoas que ocupam posições gerenciais na organização também precisam ter o seu **CHA** definido conforme o item anterior. Entretanto, o ACE inclui também um elemento importante da **Metodologia Adizes** (1993), que é a necessidade de que a empresa tenha um ***mix* de competências gerenciais** ou **estilos de liderança complementares**. A sigla PAEI indica os quatro papéis ou estilos que Adizes considera que precisam estar todos presentes nas equipes de liderança das organizações: **Produtor** (quem faz, bota a "mão na massa"), **Administrador** (que foca em questões como a execução correta dos processos, métricas etc.), **Empreendedor** (quem olha para o futuro e tem a **inovação** como forte característica), e **Integrador** (quem se preocupa com a "integração" da equipe e faz com que ela trabalhe de forma "azeitada", agindo para evitar e solucionar conflitos e motivar seus membros). O detalhamento da Metodologia Adizes está fora do escopo deste livro e para maiores detalhes o leitor deve conferir as referências bibliográficas.

Como nos demais *frameworks*, esse modelo de conteúdo vale tanto para arquitetura atual quanto para arquitetura alvo e é a comparação entre esses dois estados da arquitetura (análise de lacunas) que gera o portfólio de projetos estratégicos da organização.

Agilidade

O ACE supõe uma adoção ágil, iterativa e incremental da arquitetura na organização. Cada "rodada" do Método PLANTA deve ser tratada como uma *Sprint* com duração de 8 a 12 semanas. Em comparação com os métodos ágeis aplicados ao desenvolvimento de software, oito semanas pode parecer um tempo muito longo, mas a verdade é que arquitetura é uma disciplina complexa que, por precisar manter a visão holística, dificilmente permite que uma rodada seja executada em tempo menor sem perda dessa mesma visão.

Cada rodada do Método PLANTA, como vimos, começa com a fase **Liderar**, na qual o gerente do projeto (arquiteto-chefe) lidera os *stakeholders* da arquitetura na elaboração da **Visão da Arquitetura** para aquela *Sprint*. Tipicamente, isso envolve a seleção de um subconjunto das metas estratégicas e da visão de negócio da empresa e a escolha de um único ou uns poucos projetos que possam ser tratados do ponto de vista da arquitetura de forma holística dentro do *time box* definido.

Cultura e poder

Para garantir que os **aspectos culturais e políticos** não sejam deixados de lado, o ACE inclui atividades ao longo de todas as suas fases, mas, principalmente, na primeira fase de cada ciclo (**Liderar**), que endereçam especificamente esses aspectos.

Conclusão

Concluindo, podemos dizer que o ACE, ao simplificar o TOGAF®, pode ajudar as organizações a implantar uma prática de arquitetura de forma muito mais ágil e rápida, apresentando resultados de negócio em um horizonte de tempo que mostre efetivamente o seu valor de negócio para a organização.

9. O-AA – *Open Agile Architecture*

Antonio Plais

O *framework Open Agile Architecture* (O-AA), um padrão publicado pelo The Open Group® em setembro de 2020, é a mais nova opção de abordagem de arquitetura em busca da conciliação entre os princípios e o rigor da arquitetura corporativa com a necessidade de agilidade organizacional para responder às mudanças cada vez mais rápidas no ambiente de negócio atual. Muitas empresas adotam processos e formas de trabalho ágeis (ex.: *Scrum*) e ágil em escala (ex.: SAFe®) de maneira rasa. Os novos processos e o vocabulário ágil escondem o fato de que as empresas continuam operando em silos e governam a transformação digital por meio de uma filosofia de comando e controle. Quando isso acontece, prejudica a transformação digital e cria dissonâncias ruins para a empresa.

O padrão O-AA é dividido em duas partes:

- ✓ **Parte 1:** núcleo do O-AA, abrange os conceitos fundamentais do *framework* e introduz sua estrutura antes de explicar por que a empresa precisa conduzir uma dupla transformação digital e ágil, estabelecendo assim a base do corpo de conhecimento da arquitetura ágil.
- ✓ **Parte 2:** blocos de construção do O-AA, desenvolve os tópicos apresentados na Parte 1 com mais detalhes, incluindo capítulos sobre tópicos como estratégia ágil, organização ágil e arquitetura de software. Ela inclui conteúdo a partir das perspectivas do que a empresa faz, como desenho da experiência, mapeamento de jornada, e o que a empresa é, como arquitetura do produto e arquitetura de operações.

O padrão se baseia na ideia de que a tecnologia não é o principal inibidor da transformação ágil. A agilidade organizacional é necessária para suportar o escalamento das iniciativas de transformação além do estágio piloto, e os aspectos organizacionais são fatores-chave para o sucesso dessas iniciativas. A organização deve trabalhar de forma interdisciplinar e harmônica, eliminando os silos e fortalecendo a tomada descentralizada de decisões, para detectar os riscos e aproveitar as oportunidades mais cedo. A empresa digital precisa oferecer uma experiência de usuário (cliente, empregado ou parceiro) consistente em todos os pontos de contato, fortalecendo a sua marca e fomentando a fidelidade de seus clientes.

Agilidade do negócio é a habilidade de identificar e responder rapidamente às mudanças no mercado e no ambiente. Empresas desenvolvem a agilidade do negócio quando elas percebem as mudanças em seu ambiente mais cedo e agem sobre elas de forma decisiva e rápida. As equipes, quando alinhadas com o propósito e as metas da organização, são as mais indicadas para responder mais rapidamente às mudanças do ambiente de negócio e promover o sucesso da organização.

O escopo da arquitetura ágil

O escopo da arquitetura ágil abrange o desenho de modelos corporativos do negócio, da organização e da operação, auxiliando na tomada de decisões da alta direção e agindo como uma consultoria de gerenciamento interna. Os temas de preocupação da arquitetura ágil são mostrados na figura a seguir:

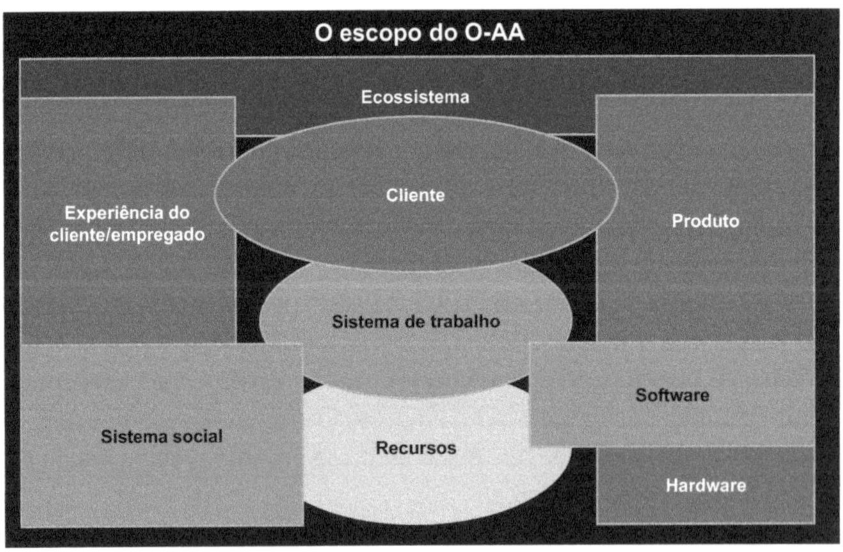

Figura 9.1. Escopo do O-AA.
Fonte: adaptado de The Open Group (2020).

A arquitetura ágil deve lidar tanto com "o que a empresa é" quanto com "o que a empresa faz". O desenvolvimento da arquitetura ágil, portanto, é feito em torno de dois eixos: o eixo função-forma (o que a empresa faz, o que a empresa é) e o eixo da perspectiva (perspectiva da experiência, perspectiva do sistema de trabalho, perspectiva do sistema técnico), como mostrado na figura seguinte:

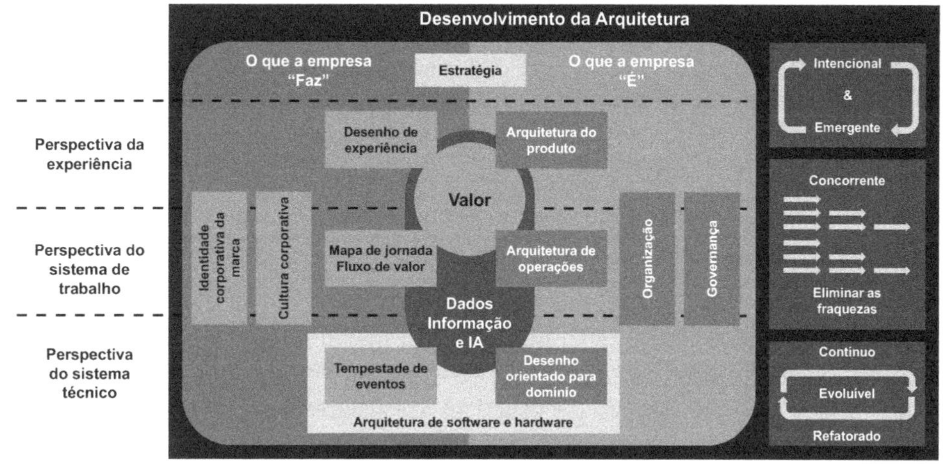

Figura 9.2. Perspectivas do O-AA.
Fonte: adaptado de The Open Group (2020).

A perspectiva da **experiência** define o valor a partir de uma perspectiva do cliente. Ela analisa o trabalho a ser feito pelo cliente, seus pontos problemáticos e ganhos. Ela também abrange a dimensão emocional da experiência, começando a partir de uma visão de fora para dentro que coloca as necessidades e os problemas do cliente no centro. O *design thinking* e a pesquisa de mercado são incorporados à disciplina de arquitetura ágil mais ampla.

A perspectiva do **sistema de trabalho** define a capacidade da empresa de entregar benefícios aos clientes de forma eficiente. Ela começa com a análise das semelhanças entre fluxos de valor; isso ajuda a identificar atividades que poderiam ser compartilhadas, contribuindo assim para arquitetar o modelo operacional.

A perspectiva do **sistema técnico** abrange as partes de software e hardware da empresa. Ela começa com a análise dos domínios de interesse da organização, tais como pagamentos, empréstimos hipotecários ou gerenciamento de identidade federado, e também inclui arquitetar o mundo físico. A disciplina da arquitetura de software faz parte da disciplina de arquitetura ágil mais ampla.

Analisar o que a empresa "é" começa pela definição das fronteiras que conectam a empresa ao seu ambiente e as partes da empresa umas às outras e ao ambiente. Isso envolve definir a sua arquitetura de produtos, a arquitetura de operações e a própria estrutura organizacional da empresa.

Analisar o que a empresa "faz" envolve domínios como o desenho da experiência do cliente e das suas jornadas de interação com a empresa, os vários mapas de fluxo de valor que trazem uma visão de fora para dentro sobre como a empresa cria valor para os seus clientes e os vários domínios de conhecimento que a empresa precisa gerenciar.

A organização ágil

A adoção de uma arquitetura ágil implica mudanças profundas na forma de organização e governança da empresa. O estilo clássico de governança por comando e controle dá lugar a uma governança mais participativa e descentralizada, baseada em equipes multidisciplinares que operam em ciclos rápidos de aprendizado e retroalimentação, com forte estímulo para a autonomia e o desenvolvimento organizacional.

Figura 9.3. Rumo à organização ágil.
Fonte: adaptado de The Open Group (2020).

Organizações ágeis promovem autonomia e alinhamento ao:

- ✓ fornecer metas e objetivos distintos para equipes autônomas e alinhá-las sem introduzir camadas de hierarquia;
- ✓ configurar mecanismos formais de compartilhamento que sincronizam atividades à medida que o número de equipes cresce;
- ✓ definir padrões arquitetônicos que facilitem a autonomia, garantindo que os componentes individuais sejam compatíveis.

A governança ágil usa as quatro alavancas a seguir para alinhar as equipes autônomas:

- ✓ **Propósito compartilhado ou "norte verdadeiro"**, definido como "a visão estratégica e filosófica de uma organização, que pode incluir metas de negócio "duras", como receita e lucros, bem como objetivos visionários "ampliados" que apelam ao coração.
- ✓ **Consciência compartilhada**, entendida como "compartilhar um entendimento fundamental e holístico do ambiente operacional e da nossa própria organização, ao mesmo tempo em que preserva os conjuntos de habilidades distintos de cada equipe".
- ✓ **Funções impositivas (ou guarda-corpos)**, entendidas como um conjunto de "diretrizes, restrições, requisitos ou compromissos que "força", ou direciona, um resultado desejável sem ter que gerenciar todos os detalhes para fazer isso acontecer".
- ✓ Ciclos de retroalimentação que ajudam a ajustar o comportamento das equipes autônomas.

As perspectivas do O-AA introduzidas na Figura 9.2 não são camadas; são pontos de vista que se traduzem nas preocupações da Figura 9.4 a seguir. As preocupações "Experiência" e "Produto" estão relacionadas à "Perspectiva da Experiência"; a preocupação "Operações" está relacionada à "Perspectiva do Sistema de Trabalho" e a preocupação "Software e hardware" está relacionada à "Perspectiva do Sistema Técnico". As preocupações são focadas em:

- ✓ **Experiência**, para atingir os clientes certos e identificar necessidades não atendidas.
- ✓ **Produto**, para fornecer a proposta de valor e a experiência ao cliente.
- ✓ **Operações**, para desenhar o fluxo de valor e o modelo operacional que desenvolve ou opera o produto.
- ✓ **Software e hardware**, para automatizar o produto e as operações que o suportam.

✓ **Organização**, para ajustar a forma da organização às funções necessárias para entregar o valor esperado para o cliente com a máxima eficácia e o menor custo.

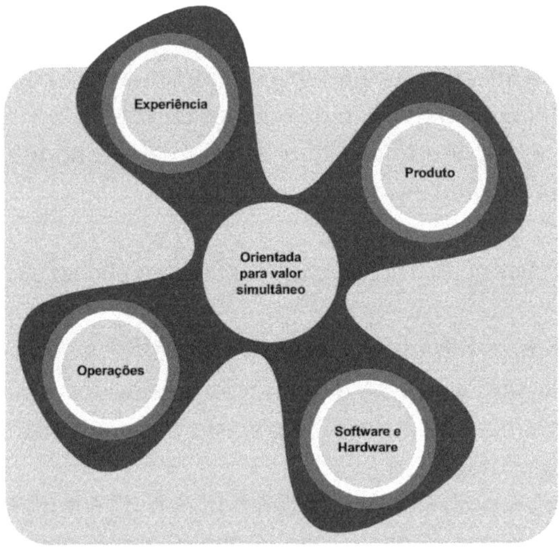

Figura 9.4. Blocos de construção do O-AA.
Fonte: adaptado de The Open Group (2020).

A arquitetura ágil exige uma profunda mudança no modelo mental da organização. Muito além da simples implementação de técnicas de desenvolvimento ágil na área de TI (ex.: *Scrum*, *DevOps*), toda a organização deve assumir uma postura ágil, o que implica que toda a empresa deve ter foco no valor entregue para o cliente, sem se descuidar dos resultados para os acionistas e investidores, e abraçando a mudança por meio do desenvolvimento contínuo da arquitetura.

Tabela 9.1. Resumo das mudanças mentais.
Fonte: The Open Group (2020).

De...	Para...
Alinhar negócio com TI	Arquitetar a empresa inteira
Visão estratificada da empresa	Segmentar a empresa
De dentro para fora	De fora para dentro
Orientada para requisitos	Orientada para valor
Priorização de recursos do produto	Priorização de resultados do negócio
Sequencial	Simultânea
Grande desenho antecipado da arquitetura	Arquitetura contínua

Os princípios da arquitetura ágil

A fim de suportar a mudança de mentalidade e a transformação da organização, o O-AA inclui um conjunto de axiomas, ou princípios, que são diretrizes ou restrições que os arquitetos ágeis são recomendados a seguir. A adesão a esses axiomas ajudará a orientar a transformação digital e ágil da empresa.

Tabela 9.2. Axiomas do O-AA.
Fonte: The Open Group (2020).

Axioma	Explicação
Foco na experiência do cliente	O foco na experiência do cliente é uma forma de fazer negócios que atende às expectativas dos clientes. Ao analisar as interações entre a empresa e seus clientes, a arquitetura ágil permitirá a entrega de uma experiência do cliente agradável e diferenciada.
Pensamento de fora para dentro	A arquitetura ágil usará métodos de marketing e desenho para descobrir como os clientes provavelmente usarão os produtos e serviços. Análise do trabalho a ser feito, mapeamento da jornada do cliente e *design thinking* são exemplos de métodos usados por empresas ágeis.
Ciclos rápidos de retroalimentação	A arquitetura ágil deve buscar ciclos rápidos de retroalimentação para verificar as suposições a respeito do cliente e do usuário, e ajustar rapidamente o valor do produto.
Orquestração de pontos de contato	A arquitetura ágil permitirá uma orquestração holística de cada ponto de contato único de uma empresa com o seu ecossistema.
Alinhamento do fluxo de valor	A arquitetura ágil deve identificar os fluxos de valor da empresa. O valor deve ser especificado a partir do ponto de vista do cliente.
Equipes multifuncionais autônomas	A arquitetura ágil segmenta a organização em equipes multifuncionais autônomas. A autonomia das equipes é um pré-requisito para a velocidade.
Distribuição de autoridade, responsabilidade e responsabilização	A qualidade da experiência e a excelência operacional exigem uma coordenação e cooperação efetivas entre as equipes autônomas. A arquitetura ágil deve equilibrar liberdade com responsabilidade e responsabilização.
Sistemas desacoplados	A arquitetura ágil deve criar novos sistemas modulares ou decompor os sistemas legados monolíticos em subsistemas e componentes desacoplados. Modularidade é importante porque: • ela reduz o tempo de desenvolvimento, pois equipes separadas podem trabalhar em cada módulo com pouca necessidade de comunicação; • aumenta a flexibilidade do produto, pois as alterações em um módulo têm pouco impacto em outros módulos.

Axioma	Explicação
Plataforma de dados modular	A arquitetura ágil criará plataformas de dados modulares usando a lógica de decomposição do domínio. Os domínios precisam hospedar e servir seus conjuntos de dados de domínio de maneira facilmente consumível.
Princípios operacionais comuns simples	A arquitetura ágil deve usar um conjunto de mecanismos simples que todos os elementos e conexões usarão.
Particionamento sobre estratificação	A arquitetura ágil particionará a empresa e seus sistemas. O particionamento deve ser orientado para o mercado no nível do negócio, orientado para capacidades no nível do modelo operacional e orientado para domínio no nível do software.
Organização espelhando a arquitetura	A arquitetura ágil deve estruturar as equipes ágeis de forma a mapear a arquitetura intencional do sistema.
Nivelamento organizacional	As organizações devem ser descritas em diferentes níveis de granularidade: grupo, entidade, equipes de equipes, equipes ágeis.
Viés para mudança	A arquitetura ágil deve acolher requisitos em constante mudança, até mesmo tarde no desenvolvimento. O modelo de arquitetura é um artefato vivo que evolui e é continuamente refinado à medida que os requisitos evoluem e a organização aprende.
Mudança de projeto para produto	Uma verdadeira equipe ágil não entrega um projeto, mas um produto. Centralidade no produto deve impulsionar a organização ágil.
Segurança por desenho	A arquitetura ágil criará um ambiente que ajuda os desenvolvedores a ter segurança em seu desenho e na sua base de código desde o início.

Os blocos de construção da arquitetura ágil

Na segunda parte do padrão, é dada especial atenção a várias técnicas e abordagens que formam os blocos de construção do O-AA:

- ✓ Estratégia Ágil
- ✓ Organização Ágil
- ✓ Informação de Dados e Inteligência Artificial (IA)
- ✓ Arquitetura de Software
- ✓ Engenharia de Software para Hardware
- ✓ Desenho da Experiência
- ✓ Arquitetura do Produto
- ✓ Mapeamento da Jornada
- ✓ Mapeamento do Fluxo de Valor *Lean*
- ✓ Arquitetura de Operações

- ✓ Tempestade de Eventos
- ✓ Desenho Orientado para Domínio
- ✓ Arquitetura Hexagonal

Levando em conta o quão recente é a publicação do padrão *Open Agile Architecture*, é esperado um período de intensa discussão em torno de seus princípios, soluções e blocos de construção. Mesmo que ajustes venham a ocorrer, suas propostas são bastante interessantes e representam um novo e importante olhar sobre o próprio conceito de arquitetura ágil e sobre como as empresas deveriam se organizar e operar no novo normal desses tempos de mudança acelerada.

10. FEAF/FEA

Gustavo Bunger

Origens

Para falarmos do ***Federal Enterprise Architecture Framework*** **(FEAF)**, precisamos primeiro conhecer o seu motivador. Em 1996, o congresso norte-americano aprovou a lei formalmente conhecida como **Lei de Reforma da Gestão da Tecnologia da Informação** (*Information Technology Management Reform Act* – ITMRA). A intenção era aproximar a gestão de TI das agências governamentais dos modelos usados na iniciativa privada ao longo dos anos até ali. Também havia a intenção de desburocratizar certos processos como o de aquisições de recursos e serviços (HOLMES, 2006).

Essa lei fora redigida pelo então deputado William F. Clinger Jr. e o então senador William Cohen, ficando conhecida mundialmente pela alcunha de Lei Clinger-Cohen (*Clinger-Cohen Act* ou ainda CCA).

Entre diversas inovações trazidas pela lei, alguns pontos merecem destaque:

- ✓ Ter um CIO (*Chief Information Office*), um executivo responsável por elaborar, gerir e responder pela estratégia para as áreas de tecnologia da informação em uma organização, neste caso pública.
- ✓ Estabelecer processos de avaliação das competências dos executivos e colaboradores das áreas de TI das agências.
- ✓ Definir os processos de investimento e planejamento do uso do capital.
- ✓ Criar uma arquitetura corporativa.

Ainda que a arquitetura corporativa tenha um alcance estratégico muito além das áreas de tecnologia da informação e comunicação, o marco da obrigação formal e legal de desenvolvê-la se deu por intermédio de uma reforma na condução da estratégia de TI nas agências governamentais. Nascia ali o conceito de Arquitetura Corporativa Federal (*Federal Enterprise Architecture* – FEA).

Em setembro de 1999, o CIO Council (um fórum de CIOs governamentais norte-americano) publicou a primeira versão do FEAF (*Federal Enterprise Architecture Framework*), um conjunto de objetos, representações e referências para que as agências federais tivessem ali sua fonte centralizada de informações, a fim de adaptá-la a cada setor governamental (WHITE HOUSE, 2013).

A fim de padronizar as mesmas abordagens e visões da arquitetura corporativa pelos (na época) mais de 300 órgãos governamentais, em 2012 o governo federal norte-americano publica o documento "The Common Approach to Federal Enterprise Architecture" (EXECUTIVE OFFICE OF THE PRESIDENT OF THE UNITED STATES, 2012), onde é estabelecida a padronização dos elementos comuns da Arquitetura Corporativa: resultados fundamentais, níveis de escopo, elementos básicos, domínios de sub-arquitetura, modelos de referência, visões presentes e futuras, planos de transição e *roadmaps* (roteiros).

Resultados fundamentais (*primary outcomes*)

São quatro áreas de gestão com impactos positivos diretos do uso da Arquitetura Corporativa.

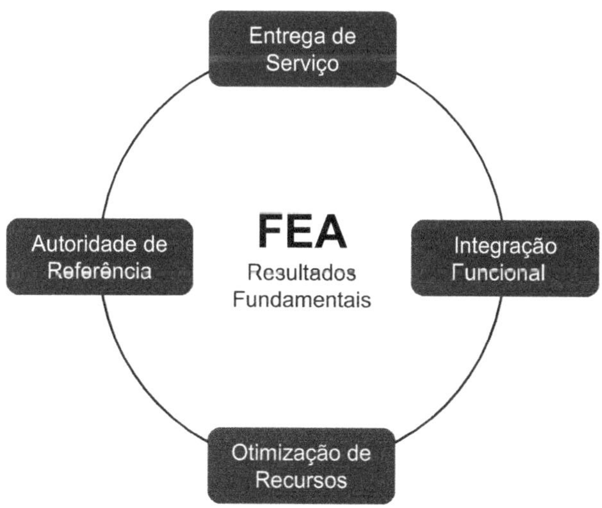

Figura 10.1. Resultados fundamentais do FEA.
Fonte: o autor.

Na **Entrega de Serviço** (*Service Delivery*), através das práticas de arquitetura, os diversos programas do governo que entrelaçam diversas agências no cumprimento de suas missões ou no atendimento aos serviços públicos externos ou internos têm sua condução bem orientada. A segunda área é a **Integração Funcional** (*Functional Integration*), que significa a interoperabilidade entre sistemas, projetos, programas, serviços, dados, parceiros e todas as iniciativas que precisam se comunicar para o atingimento de resultados a partir da sinergia das diversas agências governamentais. A **Otimização de Recursos** (*Resource Optimization*) é outro aspecto que permite identificar, prever e otimizar desde a necessidade de colaboradores até a quantidade de pontos de rede capazes de suportar um departamento em um determinado edifício. O uso do erário público em função da priorização de investimentos é um problema clássico para resolução pela Arquitetura Corporativa. E, por fim, ser uma **Autoridade de Referência** (*Reference Authority*) significa o reconhecimento da Arquitetura Corporativa como a central de referência para a documentação dos sistemas e serviços, desenhos de solução, conjunto de políticas, procedimentos e padrões a serem seguidos pelas demais áreas e ser o ponto de apoio para a gestão da organização.

Elementos básicos do *framework*

Além de garantir que todos os aspectos da Arquitetura Corporativa sejam abordados, os elementos básicos do *framework* visam ser a referência de todos os materiais de estudo derivados pelas diversas agências e das análises para tomada de decisão dos corpos executivos.

São oito os elementos básicos que compõem o *framework*:

Figura 10.2. Elementos básicos do *framework*.
Fonte: o autor.

1. Governança. Planejar os investimentos, controlar sua execução, embasar decisões, avaliar e medir processos são algumas das atribuições da governança para garantir uma Arquitetura Corporativa com completude, coerência e eficácia.

2. Princípios. São as informações que norteiam a Arquitetura Corporativa. Estes são os fundamentais:

- ✓ **Apta para o futuro (*future-ready*)**: usar as melhores práticas para gestão de recursos frente às mudanças frequentes de ambiente, permitindo a continuidade e a resposta em tempo hábil para manutenção das missões das diversas instituições federais.
- ✓ **Suporte aos investimentos (*investment support*)**: fazer com que as decisões sobre investimentos sejam sempre baseadas em soluções de arquitetura que por sua vez visam o uso adequado, eficaz e eficiente de tecnologia e recursos.
- ✓ **Serviços compartilhados (*shared services*)**: garantir a sinergia de serviços, insumos e fornecedores entre os órgãos federais norte-americanos, permitindo o compartilhamento de serviços comuns e o reúso de produtos entre agências.
- ✓ **Padrões de interoperabilidade (*interoperability standards*)**: padronizar desde conceitos até etapas de execução da estratégia.
- ✓ **Acesso à informação (*information access*)**: permitir que o acesso à informação e a manutenção da transparência sejam sempre levados em consideração tanto nas questões de acessibilidade como nas estruturas de dados, vocabulário e definições.
- ✓ **Segurança e privacidade (*security and privacy*)**: estudar os riscos, planejar contingências e aplicar as recomendações de privacidade, incorporando-as à Arquitetura Corporativa.
- ✓ **Adoção tecnológica (*technology adoption*)**: fomentar o desacoplamento dos sistemas e usar os padrões de mercado na hora de avaliá-los.

Além desses, há um conjunto de princípios de **desenho e análise** para orientar projetos: de **estratégia**, de **negócio** e de **tecnologia**.

3. Metodologia. Além de prover referências sobre os seis domínios arquitetônicos, a atual versão do FEAF conta com uma metodologia para auxiliar as agências a atualizar as informações sobre suas organizações e permitir a interoperabilidade. Da mesma forma que no TOGAF® temos o Método de Desenvolvimento da Arquitetura (*Architecture Development Method*), no FEAF temos a **Metodologia de Planejamento Colaborativo** (*Collaborative Planning Methodology* – **CPM**).

O método consiste em um ciclo de atividades onde cooperarão diversas áreas das empresas para identificar a situação atual e futura da arquitetura, permitindo que a alta gestão do governo tenha visão ampla sobre suas estruturas organizacionais, seus projetos e riscos, e tome decisões sobre investimentos e necessidades tecnológicas à frente.

O CPM consiste em duas fases e cinco etapas, conforme o diagrama a seguir:

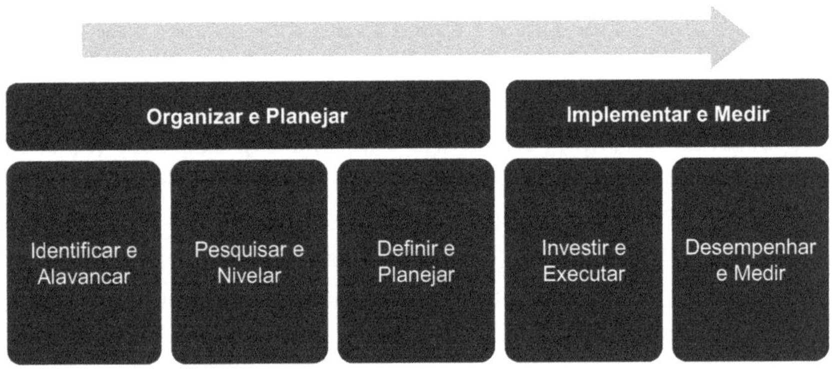

Figura 10.3, Fluxo do CPM.
Fonte: o autor.

4. Ferramentas. No intuito de armazenar desenhos, soluções, pareceres, configurações de infraestrutura, documentos estratégicos e outros tipos de informações relevantes para o dia a dia da arquitetura corporativa, são necessárias ferramentas como páginas de intranet, repositórios colaborativos, aplicativos de desenho e até mesmo subscrições de conteúdo de consultorias especializadas, dentre outros.

5. Padronização. Não só é objetivo do FEAF ter seus próprios padrões, como, para produzi-los, são necessárias a consulta e referência constante aos padrões de outras entidades, como a ISO (Organização Internacional de Padrões), NIST (Instituto Nacional de Ciência e Tecnologia) e IEEE (Instituto de Engenheiros Elétricos e Eletrônicos), entre outros. Dentro do FEAF são considerados três níveis de artefatos que ajudam a expressar e divulgar a arquitetura corporativa: no mais alto nível estão apresentações, diagramas e textos com resumos executivos que descrevem ganhos, programas, estratégias e roteiros de evolução. No nível intermediário estão documentos, gráficos, planilhas e apresentações mostrando dicionários de dados, sistemas, fluxos e catálogos. No nível inferior, mais perto da implementação, estão descritivos de interface, padrões técnicos, padrões de segurança etc.

6. Uso. Do BSP[1] para cá, as funções, os usos e os ganhos de usar uma Arquitetura Corporativa já foram amplamente debatidos e reconhecidos. Usar essa arquitetura, ganhar e manter o apoio dos níveis executivos mais elevados permite aperfeiçoá-la e consolidar sua importância nas organizações.

7. Comunicação. Informar periodicamente aos corpos executivos os resultados dos programas, planos e iniciativas através de relatórios, painéis e apresentações dos times de arquitetura.

8. Auditoria. Através da análise histórica, documental e eletrônica, a arquitetura e seus projetos correlatos podem ser analisados quanto à sua transparência, aderência às boas práticas, eficiência e eficácia, garantido o bom uso do erário público nas tomadas de decisão e condução de programas e políticas públicas apoiados na Arquitetura Corporativa.

Modelos de referência do FEA

Dentro da versão atual do *framework* (versão 2, de 2013), temos um conjunto de seis modelos de referência que agrupam e suportam domínios de conhecimento dentro da arquitetura.

Tabela 10.1. Modelos de referência do FEA.
Fonte: o autor.

***Consolidated Reference Model* (CRM)**				
Business Reference Model (BRM)	*Performance Reference Model* (PRM)	*Data Reference Model* (DRM)	*Application Reference Model* (ARM)	*Infrastructure Reference Model* (IRM)
Security Reference Model (SRM)				

Os cinco modelos de referência são permeados pelo sexto, de segurança da informação. Esse conjunto forma um Modelo de Referência Consolidado (*Consolidated Reference Model* – CRM). Para que cada agência governamental use o *framework*, ela terá de produzir diversos artefatos documentais específicos para cada um desses domínios e cuja elaboração também deverá seguir padrões de escrita e informações contidas nos documentos.

---

[1] BSP, ou *Business System Planning*, foi considerada a primeira metodologia de Arquitetura Corporativa, criada pela IBM na década de 70 e publicada para uso comercial em 1981 (MCLEAN, s.d.).

Esses modelos têm funções bem definidas e buscam sempre relacioná-las de forma orquestrada entre si.

- ✓ **Modelo de Referência de Desempenho (*Performance Reference Model* – PRM).** É o modelo que permite vincular os investimentos e atividades com a visão estratégica das agências e o governo federal norte-americano. Esse vínculo, entretanto, sempre foi considerado problemático (FEA, 2013). Com a modernização em 2010 da Lei de Desempenho e Resultados, os indicadores e relatórios passaram a ser divulgados em uma página de internet e o modelo passou a incorporar os requisitos de responsabilização da lei, ganhando robustez.
- ✓ **Modelo de Referência de Negócio (*Business Reference Model* – BRM).** O BRM é um modelo de classificação dos tipos de serviço e negócios que o governo federal norte-americano e suas agências possuem. Com o uso dessa taxonomia[2], é possível criar visões unificadas dos mesmos assuntos e relacionadas aos diversos projetos e investimentos de inúmeros departamentos.
- ✓ **Modelo de Referência de Dados (*Data Reference Model* – DRM).** A função deste modelo é padronizar, no âmbito do governo federal norte-americano, todas as entidades de dados, suas descrições, relacionamentos e categorizações em um certo de nível de abstração que permita que os dados sejam compartilhados e portanto reutilizados e ao mesmo tempo dando flexibilidade para que cada agência implemente suas estruturas particulares.
- ✓ **Modelo de Referência de Aplicações (*Application Reference Model* – ARM).** Através do ARM é possível identificar sobreposições, deficiências, sub ou super utilizações dos diversos sistemas de informação usados nas funções de negócio da Arquitetura Corporativa. Em conjunto com uma metodologia de Gestão de Portfólio de Aplicações (*Application Portfolio Management* – APM), permite encontrar diversas oportunidades de otimização de investimento, limpeza de obsolescência de aplicações e simplificação do parque tecnológico.
- ✓ **Modelo de Referência de Infraestrutura (*Infrastructure Reference Model* – IRM).** O IRM consiste em um conjunto de categorias para os elementos de infraestrutura, como servidores, redes e seus elementos, bancos de dados etc. Da mesma maneira que o ARM, permite otimizar os recursos computacionais usados nos *datacenters* sob gestão do governo federal norte-americano.
- ✓ **Modelo de Referência de Segurança da Informação (*Security Reference Model* – SRM).** Como uma área de conhecimento que permeia todo o CRM, as

[2] Taxonomia é a área de estudo da Biologia que utiliza métodos e princípios para a classificação dos seres vivos. Como denotação do termo, outras áreas de conhecimento como a ciência da informação também utilizam o termo para representar seus estudos de classificação de entidades (SBGC, s.d.).

definições do ponto de vista arquitetural para segurança da informação estão contidas no SRM. A estratégia para permitir essa costura faz uma associação entre os níveis de conceitos da arquitetura corporativa federal norte-americana com conceitos de segurança: leis e publicações federais são traduzidos em políticas; políticas específicas de departamentos são traduzidas em controles e medidas; no nível de sistemas, controles mais básicos são transformados em requisitos funcionais; e assim sucessivamente, camada a camada do mais alto nível conceitual até a implementação.

Para ilustrar a relação entre esses modelos de referências, temos a organização a seguir:

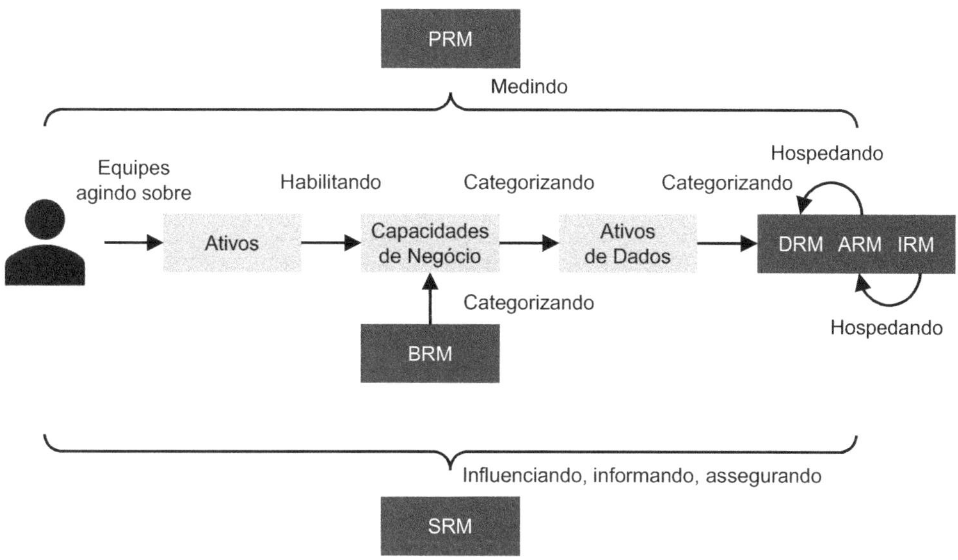

Figura 10.4. Relações entre os modelos de referência do FEA.
Fonte: o autor.

Dificuldades com o FEA

Esses modelos de referência, assim como diversos elementos do FEAF, foram alvos de críticas ao longo do seu histórico de uso. Três razões principais são destacadas (GAVER, 2010):

✓ **O uso precário de terminologias:** muitos termos ganham conotações fora de seus contextos naturais de uso, o que causa confusão sobre os conceitos e ideias por trás do *framework*.

- ✓ **Entendimento comum:** falhas no desenvolvimento de um entendimento comum entre as diversas agências federais norte-americanas, o que no médio e longo prazo reforçam a descontinuidade na adoção da Arquitetura Corporativa entre as agências do governo.
- ✓ **Falhas em distinguir o que é ou não "parte da arquitetura":** o termo arquitetura, com o passar do tempo, teve um mau uso que causou uma dificuldade de distinção entre o que é uma "arquitetura empresarial" e o que é "arquitetura técnica".

Apesar dessas críticas, o FEAF continua sendo a costura entre os objetivos das diversas agências, e os programas do governo federal e seus conceitos são usados por outros governos e até mesmo por empresas que o adotaram como referência para estabelecer suas arquiteturas corporativas (ZANIANI; VALIBEIGLOO; ASGHARI, 2008).

11. DoDAF

Gustavo Bunger

Origens

Desde 1986 o Departamento de Defesa norte-americano (*Department of Defense* – DoD), responsável por administrar todos os recursos humanos, financeiros e tecnológicos das forças armadas norte-americanas, ensejou desenvolver seus padrões de arquitetura através do *Framework* de Arquitetura Técnica para Gerenciamento de Informações (*Technical Architecture Framework for Information Management* – TAFIM).

A partir do mesmo marco regulatório que gerou o FEA – a Lei Clinger-Cohen explicada anteriormente –, o DoD elabora o *framework* de arquitetura C4ISR, cuja primeira versão é publicada em junho de 1996, e decide descontinuar o TAFIM, em um processo que durou até 1999 (OFFICE OF THE ASSISTANT SECRETARY OF DEFENSE, 1997).

O nome **C4ISR** significa Comando, Controle, Comunicações, Computação, Inteligência, Vigilância e Reconhecimento e deriva de uma série de acrônimos militares, cujo mais importante é o **C2** – Comando e Controle. A partir da agregação de outras capacidades, números e letras são combinados para facilitar a memorização.

Em dezembro de 1997 a segunda versão do C4ISR é publicada e em agosto de 2003 surge a primeira versão do *Framework* de Arquitetura do Departamento de Defesa (*Department of Defense Architecture Framework* – DoDAF).

A versão 1.5 (DEPARTMENT OF DEFENSE, 2007) estabelece o conceito de *views* (visões) no *framework* (Figura 11.1). Cada visão tem um conjunto de produtos, que, em síntese, são grupos de artefatos com representações textuais (formulários, relatórios etc.) e gráficas (diagramas, apresentações etc.) sobre os elementos de arquitetura daquela visão. Nessa versão também foram introduzidos os conceitos de arquitetura orientada a serviços (*Service-Oriented Architecture* – SOA) e o conceito de "net-centricity" (DOD, 2003), um modelo de operação em um ambiente onde infraestrutura, sistemas, processos e pessoas trabalham de forma entrelaçada e conectadas, espelhando uma nova filosofia para tempos de guerra.

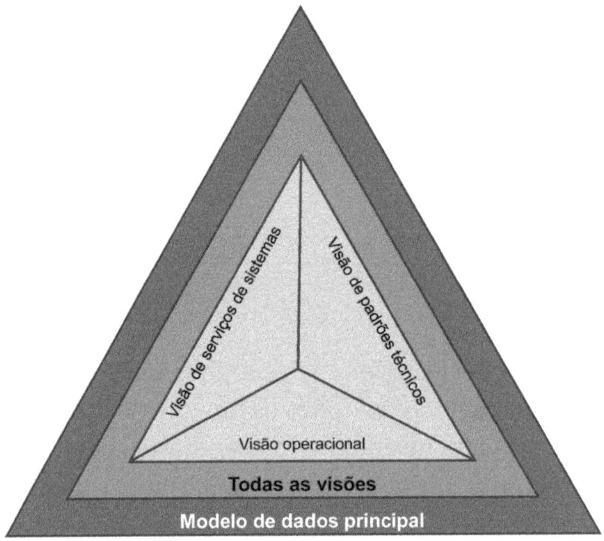

Figura 11.1. DoDAF versão 1.5.
Fonte: o autor.

- ✓ **Todas as visões (*all views*).** Representa o conjunto de descrições sobre toda a arquitetura, modelos e produtos associados a todas as visões.
- ✓ **Visão de serviços de sistemas (*systems view*).** Contém produtos que demonstram quais elementos físicos e virtuais compõem os sistemas, como são suas interconexões e como suportam as funções e atividades do DoD.
- ✓ **Visão de padrões técnicos (*technical standards view*).** Seus produtos permitem mostrar quais são as políticas e padrões, bem como as restrições e orientações aplicáveis às operações do DoD.
- ✓ **Visão operacional (*operational view*).** Congrega em seus produtos as informações sobre cenários operacionais, processos, atividades e requisitos de funcionamento do DoD.

Na versão 2.0 (CHIEF INFORMATION OFFICE OF DEPARTMENT OF DEFENSE, 2010) foram acrescentadas mais quatro visões, e o conceito de visões (*visions*) teve o termo alterado para refletir o conceito de pontos de vista (*viewpoints*). Traz ainda o conceito de **modelos** em substituição ao conceito de **produtos:**

- ✓ **Ponto de vista de dados e analítico.** Todos os modelos e produtos de dados (lógicos e físicos) saíram da visão operacional para este ponto de vista.

- ✓ **Ponto de vista de visão de programa.** Consolida através de suas descrições todo o portfólio de projetos, seus benefícios, riscos, ciclo de vida etc.
- ✓ **Ponto de vista de visão de capabilidades**[3]**.** Permite articular os requisitos de processo, tempo de entrega e implantação.
- ✓ **Ponto de vista de serviços.** Trata de atividades, serviços e entregas providos ou suportados pelo Departamento de Defesa norte-americano.

Metamodelo de dados do *framework*

Desde o início do desenvolvimento do DoDAF, havia a necessidade de permitir o intercâmbio de informações sobre conceitos arquiteturais entre diversos departamentos federais norte-americanos, instituições e nações filiadas à OTAN (Organização do Tratado do Atlântico Norte).

Nas versões 1.0 e 1.5 foi desenvolvido o CADM (*Core Architecture Data Model* – Modelo de Dados Arquitetural Principal), baseado nos padrões de notação IDEF (*Integrated Definition* – Definições Integradas, usadas na Força Aérea norte-americana no fim da década de 70) que ficaram conhecidos no Brasil e no mundo pelos famosos diagramas dos modelos de entidade-relacionamento (MER) usados na análise estruturada de sistemas.

Com a crescente necessidade de melhorar a interoperabilidade entre os *frameworks* de arquitetura dos departamentos de defesa da Austrália, do Canadá, do Reino Unido e dos Estados Unidos, surge em 2005 o IDEAS Group, uma organização responsável pela criação conjunta e manutenção de uma ontologia[4] contendo diversos conceitos, associações e atributos com significado definido e padronizado entre essas nações sob o nome de DM2 (*DoDAF Meta Model* – Metamodelo[5] do Departamento de Defesa norte-americano).

---

[3] O termo capabilidade, ainda que ausente dos atuais dicionários da língua portuguesa, foi usado aqui como um neologismo para o termo *capabilities*, oriundo do inglês. Este termo refere-se à medição do grau de habilidade que uma coisa ou indivíduo pode ter ou executar. Em gestão de processos, indica o quanto um processo é capaz de atender a um conjunto de especificações (PEINADO; GRAEML, 2007).

[4] Ontologia é uma descrição explícita de um domínio de conceitos e relações entre eles (TODESCO, s.d.).

[5] Um metamodelo consiste em um modelo de entidades onde há um nível de abstração maior do que os modelos inferiores (BEER; GICH *apud* FILION, 1993). Um metamodelo de automóvel, por exemplo, pode representar atributos que são comuns aos automóveis movidos a energia elétrica, combustíveis fósseis e a vapor, por exemplo.

De forma sucinta, esse metamodelo possui três níveis de descrições de dados: o Modelo Conceitual de Dados (*Data Model Concept* – CDM), o Modelo de Dados Lógico (*Logical Data Model* – LDM) e a Especificação de Intercâmbio Físico (*Physical Exchange Specification* – PES). Cada camada dessas vai detalhando as características das informações usadas nas descrições de arquitetura previstas pelo *framework* conforme a tabela a seguir:

Tabela 11.1. Camadas do DM2.
Fonte: o autor.

Camada	Descrição
CDM	Conceitos, descrições e relacionamentos em alto nível (atividades, recursos, capabilidades, executores, condições, projetos, visões etc.).
LDM	Informações técnicas sobre os conceitos, desambiguações e esclarecimentos sobre relações.
PES	Padrões de troca de dados na forma de um XSD (*XML Schema Definition*), o que permite o relacionamento entre os objetos da Arquitetura Corporativa do Departamento de Defesa e os diversos objetos de dados de outras organizações (autarquias, indústrias estratégicas, órgãos de nações militarmente aliadas etc.).

Complexidade e críticas

Em matéria de *frameworks* para Arquitetura Corporativa, o DoDAF se sobressai sem dúvidas pela completude, ampla documentação e quase esgotamento dos diversos aspectos que influenciam as tomadas de decisão tecnológicas pertinentes aos sistemas de uma organização, militar ou não. Entretanto, tamanha cobertura cobra os preços da alta complexidade, enorme esforço de manutenção, baixo engajamento e aplicação não tão eficaz e/ou eficiente como se esperava.

> *Ter e usar uma arquitetura bem definida é essencial para guiar e obrigar os esforços de transformação empresarial do Departamento de Defesa e mover o Departamento para longe de esforços de desenvolvimento de sistemas empresariais não integrados. Os esforços do DOD até agora para endereçar nossas recomendações anteriores destinadas a alcançar isso não foram suficientes. Especificamente, a despeito de três anos de esforço e mais de 203 milhões de dólares em obrigações reportadas, a arquitetura do Departamento de Defesa continua insuficientemente definida, e a forma como o departamento toma as decisões sobre os investimentos em sistemas empresariais permanece amplamente sem alterações. Como resultado, bilhões de dólares continuam a ficar em risco de serem gastos em mais sistemas redundantes, não interoperáveis, custando mais do que o necessário*

> *para serem mantidos e não otimizarão o desempenho e a prestação de contas. (UNITED STATES GENERAL ACCOUNTING OFFICE, 2004, p. 19, tradução nossa).*[6]

Como pudemos ver na citação de 2004 do relatório do órgão de prestação de contas do governo norte-americano, já no início da sua adoção o DoDAF era extremamente questionável. Quatro anos mais tarde (GAO, 2008), novas recomendações seriam feitas em função de modernizações de sistemas da Marinha. Finalmente, 11 anos após o primeiro relatório com recomendações (GAO, 2010) e cinco anos após a publicação da versão atual do DoDAF (CHIEF INFORMATION OFFICE OF DEPARTMENT OF DEFENSE, 2010), ainda são reportados problemas de ineficiência do *framework* com base em estatísticas de economias e despesas e pesquisas tanto dentro do DoD quanto dos órgãos que se relacionam com ele.

O futuro do DoDAF

Em um material apresentado na conferência de Arquitetura Corporativa do DoD em 2012 (OKON, 2012), o *roadmap* elaborado para o DoDAF apresentou como objetivo futuro um *Framework* Unificado de Arquitetura Corporativa para Defesa (*Unified Defense Architecture Framework* – UDAF), com melhoramentos no DM2 e padronização integrada também no âmbito da OTAN. Entretanto, até o presente momento, não foram identificadas nem publicações de novos materiais atualizando o DoDAF 2.2 nem perspectiva de atualizações.

---

[6] (...) *Having and effectively using a well-defined architecture is essential for guiding and constraining DOD's business transformation efforts and moving the department away from nonintegrated business systems development efforts. DOD's efforts to date to address our prior recommendations aimed at accomplishing this have not been sufficient. Specifically, despite 3 years of effort and over $203 million in reported obligations, DOD's architecture remains insufficiently defined, and the way in which the department makes business systems investments decisions remains largely unchanged. As a result, billions of dollars continue to be at risk of being spent on more systems that are duplicative, are not interoperable, cost more to maintain than necessary, and do not optimize mission performance and accountability.* (...)

PARTE IV.
O CONTEÚDO DA ARQUITETURA

12. Metamodelo de arquitetura

Antonio Plais

Várias definições são encontradas na literatura e na internet para o termo "metamodelo", e tantas mais são encontradas entre os profissionais e as várias comunidades de prática. Uma definição simples é dizer que um metamodelo é um modelo de um modelo, o que pouco ajuda para a sua compreensão. Uma definição mais elaborada declara que "um metamodelo é o modelo de uma linguagem de modelagem. O metamodelo define a estrutura, a semântica e as restrições para uma família de modelos" (MELLOR et al., 2004). O TOGAF® define metamodelo como "um modelo que descreve como e com o que a arquitetura será descrita de uma forma estruturada" (THE OPEN GROUP, 2018).

Essas duas definições nos permitem elaborar uma definição mais completa e aplicada ao domínio da arquitetura, e que pode ser usada ao longo deste capítulo:

> "Um metamodelo de arquitetura descreve como e com o que a arquitetura será descrita, definindo a estrutura, a semântica e as restrições para uma família de modelos de arquitetura."

Essa definição nos leva a uma outra questão: o que significa "...uma família de modelos..."? Um modelo é uma idealização simplificada de um sistema que possui maior complexidade, mas que ainda assim supostamente reproduz na sua essência o comportamento do sistema complexo que é o alvo de estudo e entendimento. Dessa forma, também pode ser definido como o resultado do processo de produzir uma representação abstrata, conceitual, gráfica ou visual de fenômenos, sistemas ou processos, com o propósito de analisar, descrever, explicar, simular, explorar, controlar e predizer esses fenômenos ou processos. Um modelo se conforma com o seu metamodelo da mesma forma como um programa de computador se conforma com a gramática da linguagem de programação em que foi escrito.

Tendo definido nosso entendimento sobre o que é um metamodelo de arquitetura, podemos discutir agora qual o seu papel e importância para o desenvolvimento da arquitetura das organizações. Ainda de acordo com o TOGAF®, um metamodelo de conteúdo fornece a definição de todos os tipos de blocos de construção (*building blocks*) que podem existir dentro de uma arquitetura, mostrando como esses blocos de construção podem ser descritos e relacionados uns com os outros.

Por exemplo, quando criando uma arquitetura, um arquiteto identifica os aplicativos, as entidades de dados manipuladas, os serviços e os processos de negócio que eles suportam, e as tecnologias necessárias para a sua implementação e funcionamento. O metamodelo de conteúdo identifica todos esses interesses, mostra os relacionamentos possíveis entre eles (ex.: atores usam serviços de negócio) e identifica os artefatos que podem ser usados para representá-los.

Ao longo do desenvolvimento da disciplina da Arquitetura Corporativa, várias abordagens foram propostas para o desenvolvimento de metamodelos para a descrição da arquitetura das organizações, em geral (mas nem sempre) associadas a metodologias e melhores práticas de trabalho para a construção dos modelos, tipicamente chamadas de *frameworks*.

Um dos mais antigos deles, e ainda hoje extremamente importante e atual, é o Zachman *Framework*, proposto inicialmente por John Zachman em um artigo seminal em 1987 (ZACHMAN, 1987) e que vem sendo evoluído ao longo dos anos. Uma característica importante desse *framework* é que ele não define como o conteúdo deve ser preenchido, armazenado ou modelado, ficando a cargo do utilizador essas escolhas. No entanto, ele se tornou a referência principal para o desenvolvimento de praticamente todos os *frameworks* que se seguiram ao estabelecer a separação entre o conteúdo "primitivo" (o que, como, onde, quem, quando e por que) do conteúdo "composto" (quem atua no quê, por que, quem atua como e assim por diante).

Além disso, ele estabelece a noção de um contínuo de abstração do conteúdo arquitetural, desde o nível mais abstrato (a perspectiva do executivo) até o mais concreto (a empresa real). Nesse contínuo, o conteúdo arquitetural deve ser coerente e estar alinhado através de todos os níveis, mesmo que o nível de abstração, de detalhamento, e até mesmo a linguagem de modelagem, possam ser diferentes para cada público-alvo e objetivo de comunicação.

Visando preencher as lacunas deixadas em aberto pelo *Zachman Framework*, inclusive quanto ao detalhamento dos elementos e conceitos que formam o seu metamodelo, o Fórum ArchiMate® do *The Open Group*® desenvolveu, ao longo dos anos, o Metamodelo de Conteúdo do TOGAF®, hoje praticamente o padrão de mercado quando falamos em arquitetura corporativa nas organizações. Ele é mostrado na figura a seguir:

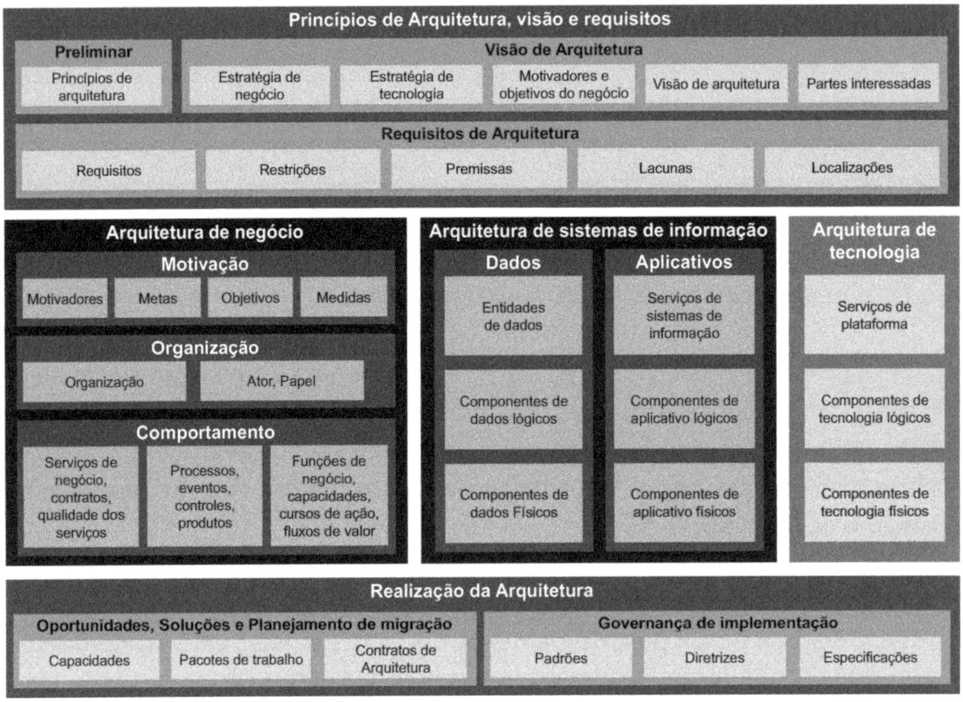

Figura 12.1. Metamodelo de Conteúdo do TOGAF® 9.2.
Fonte: adaptado de The Open Group (2018).

Os principais domínios de conhecimento da empresa capturados por esse metamodelo de conteúdo são:

- ✓ **Princípios da Arquitetura, Visão e Requisitos** pretendem capturar o contexto que envolve os modelos formais da arquitetura, incluindo os princípios da arquitetura, o contexto estratégico que fornece as entradas para a modelagem da arquitetura e os requisitos estabelecidos para a arquitetura. O contexto da arquitetura é, em geral, coletado durante as fases preliminar e de visão da arquitetura do TOGAF® ADM.
- ✓ As entidades da **Arquitetura de Negócio** capturam modelos arquiteturais das operações do negócio, olhando especificamente para os fatores que motivam a empresa, como a empresa é estruturada organizacionalmente e quais as capacidades que a empresa possui, predominantemente na Fase B do TOGAF® ADM.

- ✓ As entidades da **Arquitetura de Sistemas de Informação** capturam modelos arquiteturais dos sistemas de TI, olhando para os aplicativos e dados que suportam as operações do negócio, predominantemente na Fase B do TOGAF® ADM.
- ✓ As entidades da **Arquitetura de Tecnologia** capturam os ativos de tecnologia adquiridos que são usados para implementar e realizar as soluções dos sistemas de informação, predominantemente na Fase C do TOGAF® ADM.
- ✓ As entidades da **Realização da Arquitetura** capturam as iniciativas e os roteiros de mudança, mostrando a transição entre os estados da arquitetura, correspondendo aproximadamente às fases E, F e G do TOGAF® ADM.

Devemos observar que, como em todo *framework*, esta é uma proposta genérica de metamodelo de conteúdo, que deve ser adaptada por cada empresa de acordo com as suas necessidades específicas, e não uma norma rígida sujeita a apuração de 'conformidade' com um padrão. Como explicitamente declarado no padrão TOGAF® 9.2, "o metamodelo de conteúdo é somente uma sugestão, e ajustes adicionais devem ser realizados para atender necessidades específicas a critério dos arquitetos".

13. O repositório de arquitetura

Antonio Plais

A operação de uma capacidade de Arquitetura Corporativa produz uma quantidade enorme de informação e conhecimento sobre o estado da arquitetura atual, o seu estado futuro e as iniciativas de transformação em curso na organização. O repositório de arquitetura é o lugar onde essa produção arquitetural (expressa utilizando conceitos do Metamodelo de Conteúdo) é armazenada e mantida.

Naturalmente, as organizações precisam manter, difundir e reusar essa informação arquitetural, que constitui um dos seus maiores ativos. O repositório da arquitetura inclui as descrições dos quatro domínios da arquitetura (negócio, aplicativo, informação e tecnologia), bem como armazena como um todo o conhecimento geral, os princípios orientadores e as técnicas utilizadas no desenvolvimento da arquitetura. Longe de ser uma fonte estática de informação, o repositório deve evoluir constantemente através das transformações da arquitetura, contribuindo para a capitalização do conhecimento e facilitando a tomada de decisão fundamentada em fatos no nível estratégico do negócio.

O repositório de arquitetura ocupa uma posição central no *framework* TOGAF®, como uma ferramenta para coletar, estruturar e reusar a informação. A ideia é usar o conhecimento acumulado em ciclos anteriores do Método de Desenvolvimento da Arquitetura (*Architecture Development Method* – ADM) do TOGAF® para progressivamente constituir um ativo de conhecimento disponível para toda a organização. Por esse ponto de vista, um ciclo ADM é, ao mesmo tempo, contribuidor e consumidor de elementos do repositório de arquitetura, de acordo com as suas necessidades. A cada ciclo ADM, informação arquitetural é retirada do repositório, trabalhada em direção ao estado futuro da organização e devolvida para o repositório para disseminação e reúso.

Conforme especificado no padrão TOGAF® 9.2, as seguintes classes de informação arquitetural deveriam ser armazenadas no Repositório de Arquitetura:

- ✓ **Metamodelo da Arquitetura**, que descreve o *framework* de arquitetura adaptado para a empresa, incluindo um método de desenvolvimento e um metamodelo para o conteúdo da arquitetura.
- ✓ **Capacidade de Arquitetura**, que define parâmetros, estruturas e processos que suportam a governança do Repositório de Arquitetura.
- ✓ **Panorama da Arquitetura**, que mostra a representação arquitetural dos ativos em uso, ou planejados, pela empresa em um ponto determinado do tempo.
- ✓ **Base de Informações de Padrões**, que captura os padrões com os quais os arquitetos devem se conformar, o que pode incluir padrões da indústria, produtos e serviços selecionados dos fornecedores, e serviços compartilhados disponíveis na organização.
- ✓ **Biblioteca de Referência**, que fornece orientações, modelos, padrões e outras formas de material que pode ser alavancado para acelerar a criação de novas arquiteturas para a empresa.
- ✓ **Registro de Governança**, que guarda as atividades de governança através da empresa.
- ✓ **Repositório de Requisitos de Arquitetura**, que fornece uma visão dos requisitos de arquitetura autorizados que foram acordados com o Comitê de Arquitetura.
- ✓ **Panorama de Soluções**, que mostra a representação arquitetural dos Blocos de Construção de Soluções (SBBs) que suportam o Panorama da Arquitetura que foi implementado ou planejado pela empresa. A figura 13.1 mostra como essas classes de informação se relacionam para formar um todo coeso e de extremo valor para a organização, bem como os relacionamentos com fontes de informação externa, que devem ser avaliadas e eventualmente adaptadas para uso pela empresa.

O Repositório de Arquitetura é parte de um repositório corporativo maior, onde todo o conhecimento da empresa é armazenado. Vale reforçar que o termo "repositório" é usado aqui em um sentido conceitual: não está implícito no termo a ideia de um único local, ferramenta ou estrutura organizacional responsável pelo armazenamento e controle de todas as informações arquiteturais, mas, sim, que essas informações de alguma forma são armazenadas, organizadas e disponibilizadas para toda a organização quando necessário. Naturalmente, cada área do repositório deve definir bem os processos a serem usados para sua governança e atualização, e claramente estabelecidas as responsabilidades pela exatidão do seu conteúdo.

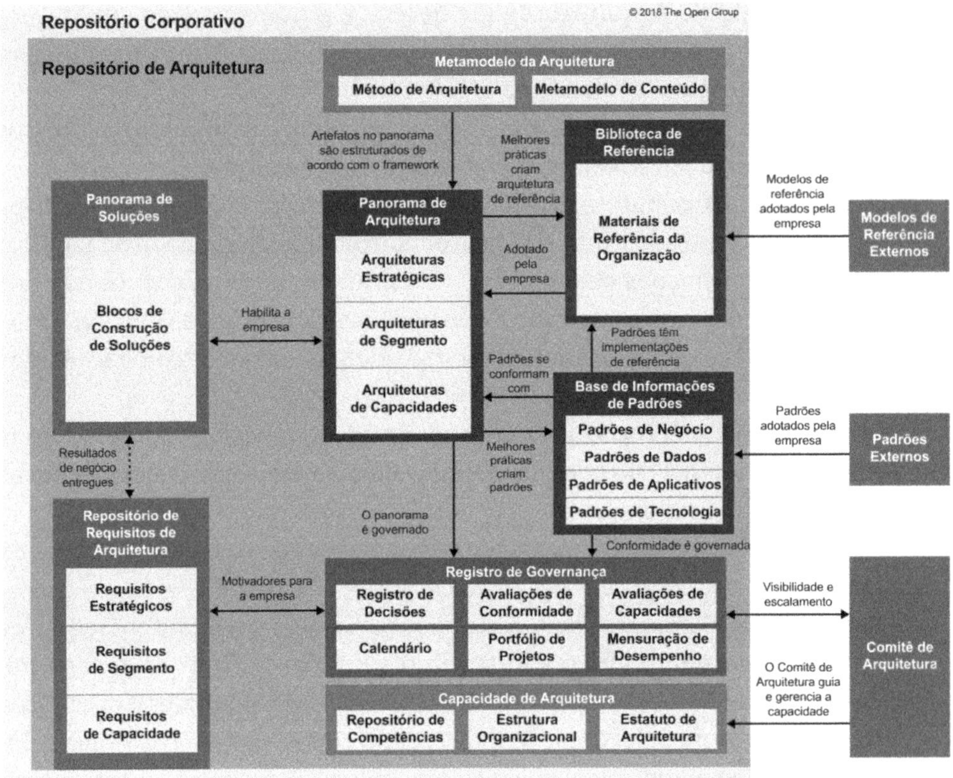

Figura 13.1. Classes de informação do repositório de arquitetura.
Fonte: adaptado de The Open Group (2018).

14. A linguagem ArchiMate®

Antonio Plais
Gustavo Bunger

As discussões sobre a padronização de conceitos de arquitetura para sistemas tiveram seu primeiro marco com as discussões do IEEE (*Institute of Electrical and Electronics Engineers*) que culminaram, em setembro de 2000, com a publicação do padrão ANSI/IEEE 1471-2000 *Recommended Practice for Architecture Description of Software-Intensive Systems* (MAIER; EMERY; HILLIARD, 2001).

Nesta norma temos a materialização de algumas abordagens válidas até hoje para descrevermos sistemas de informação e suas relações, tais como:

- ✓ Separação entre o que é arquitetura e o que é uma linguagem de arquitetura descritiva.
- ✓ Requisitos de conteúdo para entendimento dos sistemas e com isso ter subsídios para desenhar sua arquitetura.
- ✓ As primeiras definições de termos como visão, descrição e ponto de vista de arquitetura.

Com o passar do tempo, outros conceitos e propostas de *framework* foram incluídas no padrão, evoluindo até a atual norma ISO/IEC/IEEE 42010:2011 *Systems and software engineering — Architecture description* (ISO, 2017).

A linguagem ArchiMate® é parcialmente baseada no padrão IEEE 1471 e foi desenvolvida especificamente para descrever arquiteturas corporativas. No início dos anos 1980, na Holanda, uma equipe de projeto do *Telematica Instituut* (hoje *Novay*), em cooperação com vários parceiros do governo holandês, da indústria privada e da academia, desenvolveu a primeira versão da linguagem, que corresponde aproximadamente ao que conhecemos hoje como o núcleo do ArchiMate® (as camadas de Negócio, Aplicativo e Tecnologia). Em 2008 sua propriedade foi transferida para o The Open Group®, e várias versões foram publicadas desde então pelo Fórum ArchiMate® do The Open Group®. A versão mais atual do padrão da linguagem ArchiMate® é a versão 3.1, publicada em novembro de 2019.

O ArchiMate® se concentra na modelagem de alto nível tanto dentro de um domínio quanto entre domínios. Isso fornece uma maneira coerente e consistente para visualizar a arquitetura corporativa e dá aos arquitetos corporativos uma forma de fazer análises no nível da empresa como um todo. A modelagem dos detalhes dos vários domínios (processos, aplicativos, dados, infraestrutura) é deixada para outras linguagens de modelagem, como UML, BPMN e ERD (diagramas de entidade-relacionamento).

O ArchiMate® é uma linguagem de modelagem gráfica. Para além das caixas e linhas que formam as visualizações dos modelos, existem regras semânticas precisas que governam o significado dos elementos e dos relacionamentos possíveis entre eles. A linguagem possui, ainda, mecanismos de personalização tanto do seu metamodelo como das visualizações dos modelos (chamadas visões da arquitetura), separando os elementos do modelo (como armazenados no seu repositório) da sua visualização gráfica. Isso significa que novos elementos e atributos podem ser acrescentados ao metamodelo, e diferentes representações gráficas podem ser atribuídas aos elementos, sem que isso prejudique a utilização da linguagem.

Uma característica marcante da linguagem ArchiMate® é a separação dos elementos da linguagem entre elementos estruturais (ativos e passivos) e elementos comportamentais. Esses três aspectos – estrutura ativa, comportamento e estrutura passiva – foram inspirados pela linguagem natural, onde uma sentença tem um sujeito (estrutura ativa), um verbo (comportamento) e um objeto (estrutura passiva). Os elementos estruturais ativos e os elementos comportamentais são classificados, ainda, em elementos internos e elementos externos e, adicionalmente, em elementos individuais e elementos coletivos.

O metamodelo da linguagem ArchiMate® é composto, então, por quatro aspectos (colunas) e seis camadas (linhas) que permitem a modelagem completa das arquiteturas das organizações, desde as motivações para a sua existência e evolução até as iniciativas que promovem as mudanças organizacionais, passando pela modelagem do panorama atual e futuro da arquitetura, como mostrado na figura a seguir:

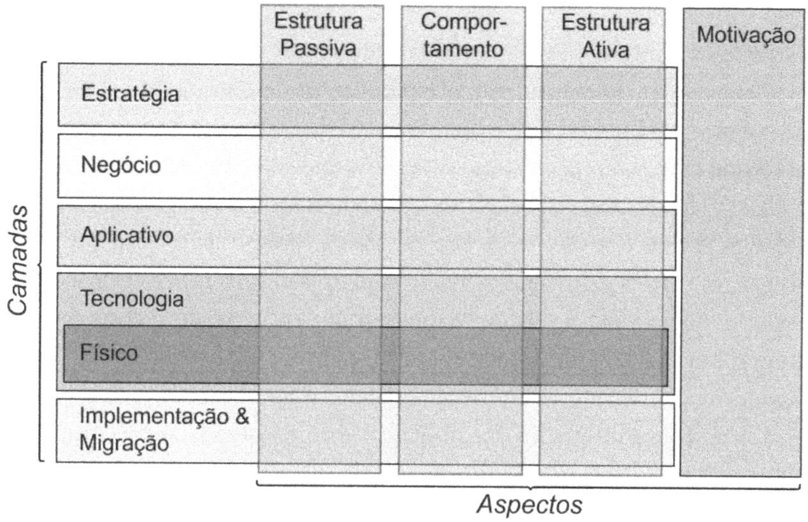

Figura 14.1. Metamodelo completo da linguagem ArchiMate®.
Fonte: adaptado de The Open Group (2019).

Esse metamodelo ajuda a classificar os vários elementos da linguagem ArchiMate® de acordo com a sua função e o seu domínio arquitetural, de forma semelhante ao *Zachman Framework*, citado anteriormente. Os aspectos e camadas do *framework* do ArchiMate® são definidos no padrão como:

Aspectos:

- ✓ **Motivação**, que representa o contexto ou o motivo por trás da arquitetura de uma empresa, contendo os elementos que, de diferentes maneiras, orientam o desenho e a operação da empresa.
- ✓ **Estrutura ativa**, que representa os elementos estruturais internos (os atores de negócio, componentes de aplicativo e dispositivos que exibem comportamento real, ou seja, os "sujeitos" da ação), e o elemento estrutural externo, chamado **interface**.
- ✓ **Comportamento**, que representa os comportamentos internos (processos, funções, eventos) desempenhados pelos atores, e o elemento comportamental externo, chamado **serviço**; elementos estruturais ativos são atribuídos aos elementos comportamentais, para mostrar quem ou o que exibe o comportamento.
- ✓ **Estrutura passiva**, que representa os objetos sobre os quais o comportamento é desempenhado; estes são normalmente objetos de informação na camada de negócio e objetos de dados na camada de aplicativo, mas eles também podem ser usados para representar objetos físicos.

Camadas:

- ✓ **Estratégia**, contendo os elementos usados para modelar a direção e as escolhas estratégicas de uma empresa, até o ponto onde o impacto sobre a sua arquitetura seja pertinente. Eles podem ser usados para expressar como a empresa pretende criar valor para suas partes interessadas, as capacidades necessárias para isso, os recursos necessários para suportar essas capacidades e como ela planeja configurar e usar essas capacidades e recursos para atingir as suas metas.
- ✓ **Negócio**, contendo os elementos usados para modelar a organização operacional de uma empresa de maneira independente de tecnologia, incluindo elementos como atores, papéis, serviços, processos e funções de negócio.
- ✓ **Aplicativo**, contendo os elementos usados para descrever a estrutura, o comportamento e a interação dos aplicativos da empresa, como componentes de aplicativo (sistemas e módulos de sistemas), interfaces, serviços, processos e funções de aplicativo.
- ✓ **Tecnologia**, contendo os elementos usados para descrever a estrutura e o comportamento da infraestrutura tecnológica da empresa, como nós, dispositivos de hardware, software de sistema (sistemas operacionais, ambientes de execução, bancos de dados) e redes de comunicação.
- ✓ **Físico**, uma extensão para a camada de tecnologia contendo os elementos usados para modelar o mundo físico, como instalações, equipamentos e materiais.
- ✓ **Implementação e migração**, contendo elementos que modelam as iniciativas de mudança, como programas e projetos, para suportar o gerenciamento de programas, portfólios e projetos.

Em contraste com o *framework* TOGAF®, que define explicitamente um domínio de informações, a linguagem ArchiMate® não possui uma camada específica para a modelagem de informações e dados. Seguindo um particionamento comum usado na arquitetura de informações, o aspecto da estrutura passiva modela os elementos de informação conceituais na camada de Negócio (objetos de negócio), os elementos de informação lógicos na camada de Aplicativo (objetos de dados) e os elementos de informação físicos na camada de Tecnologia (artefatos), associando-os através do relacionamento de realização desde o nível mais conceitual até o nível mais concreto (físico).

A linguagem ArchiMate® define um conjunto central de relacionamentos genéricos, cada um dos quais pode conectar um conjunto predefinido de conceitos de origem e de destino (na maioria dos casos elementos, mas em alguns casos também outros relacionamentos). Muitos desses relacionamentos são "sobrecarregados", ou seja, seu significado exato difere dependendo dos conceitos de origem e de destino que eles conectam.

Os **relacionamentos** na linguagem ArchiMate® são classificados da seguinte maneira:

- ✓ **Relacionamentos estruturais**, que modelam a construção ou composição estática de conceitos do mesmo tipo ou de tipos diferentes, compreendendo os relacionamentos de atribuição, agregação, composição e realização.
- ✓ **Relacionamentos de dependência**, que modelam como elementos são usados para suportar outros elementos, compreendendo os relacionamentos de servidão, acesso, influência e associação.
- ✓ **Relacionamentos dinâmicos**, que são usados para modelar dependências comportamentais entre elementos, compreendendo os relacionamentos de acionamento e fluxo.
- ✓ **Outros relacionamentos**, que não se encaixam em nenhuma das categorias anteriores, onde encontramos o relacionamento de especialização.

Na linguagem ArchiMate®, você pode derivar relacionamentos indiretos entre elementos em um modelo, com base nos relacionamentos modelados. Isso torna possível abstrair os elementos intermediários que não são relevantes mostrar em um determinado modelo ou visão da arquitetura e suporta a análise de impactos. As regras precisas para fazer tais derivações são especificadas no padrão da linguagem. No exemplo a seguir, suponha que a meta seja abstrair funções, subfunções e serviços de aplicativo no modelo. Nesse caso, um relacionamento indireto de servidão (seta espessa à direita) pode ser derivado desde "Aplicativo Financeiro" até o processo de negócio "Faturar e Cobrar" (a partir da cadeia atribuição – composição – realização – servidão), significando que o processo de negócio usa o aplicativo.

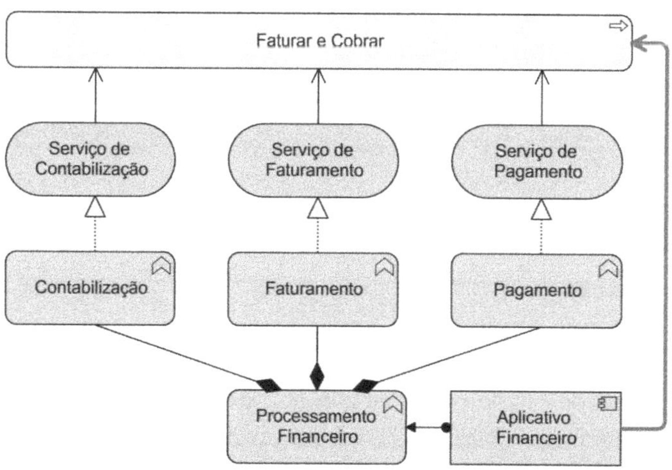

Figura 14.2. Derivação de relacionamentos na linguagem ArchiMate®.
Fonte: adaptado de The Open Group (2019).

A linguagem ArchiMate® complementa o *framework* TOGAF® fornecendo um conjunto de conceitos e relacionamentos, incluindo uma representação gráfica, que ajuda a criar um modelo integrado e consistente com as visões da arquitetura sugeridas pelo TOGAF®. A estrutura da linguagem central do ArchiMate® corresponde estreitamente às três principais arquiteturas como abordadas no TOGAF® ADM. Os elementos de estratégia, motivação, implementação e migração mapeiam aproximadamente para o restante do ADM (embora esses elementos possam também ser utilizados nas Fases B, C e D). Isso é ilustrado na figura a seguir e indica um mapeamento relativamente fácil entre as visões do TOGAF® e os pontos de vista do ArchiMate®.

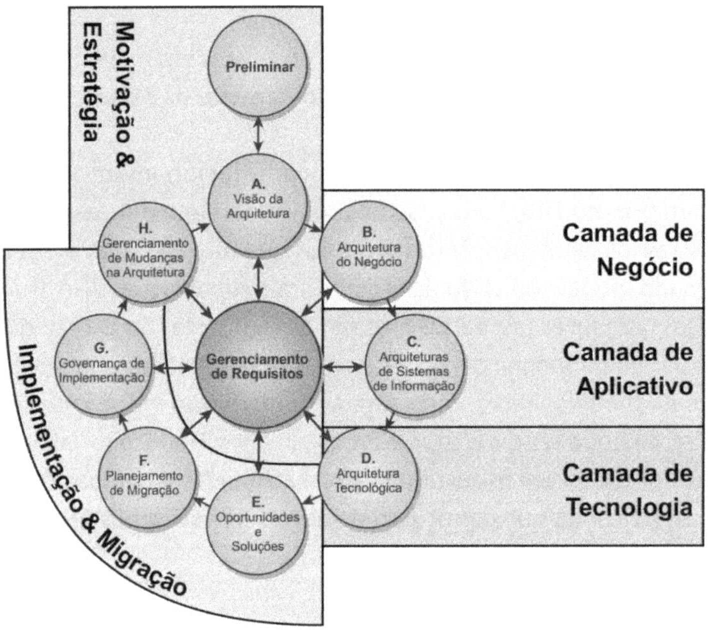

Figura 14.3. Correspondência entre o TOGAF® ADM e a linguagem ArchiMate®.
Fonte: adaptado de The Open Group (2019).

Embora os padrões TOGAF® e ArchiMate® sejam desenvolvidos de forma independente pelos membros dos fóruns de arquitetura do ArchiMate® do The Open Group®, eles compartilham muitos pontos em comum e podem ser facilmente utilizados em conjunto:

✓ Os dois padrões se complementam no que diz respeito à definição de um processo de desenvolvimento da arquitetura, no TOGAF®, e na definição de uma linguagem de modelagem da Arquitetura Corporativa, no ArchiMate®.

- ✓ Os dois padrões se sobrepõem no uso de pontos de vista e no conceito de um repositório comum subjacente de artefatos e modelos arquiteturais, ou seja, eles têm uma sólida base comum para apoiar o trabalho dos arquitetos.
- ✓ O uso combinado dos dois padrões pode suportar uma melhor comunicação com as partes interessadas, o que é, ao final, o objetivo principal da modelagem dos domínios da arquitetura corporativa.

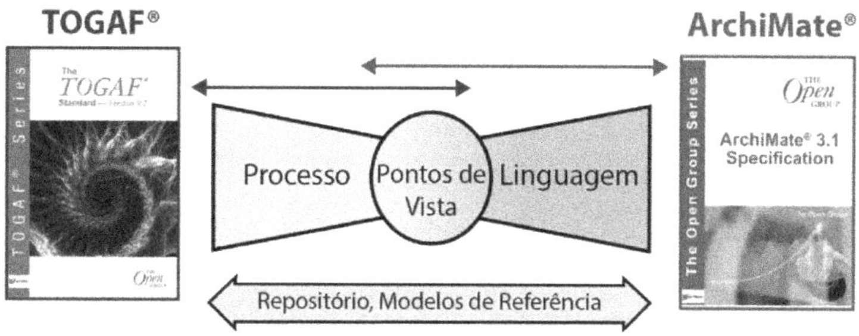

Figura 14.4. Uso combinado do TOGAF® e da linguagem ArchiMate®. Fonte: adaptado de The Open Group (2018).

Uma vez que os metamodelos dos padrões TOGAF® e ArchiMate® não são exatamente coincidentes, algum trabalho de ajuste deve ser feito para harmonizá-los e possibilitar seu uso conjunto. Nesse processo de adaptação e personalização, cabe a cada empresa decidir onde e quais modificações são necessárias, levando em consideração, ainda, as suas próprias necessidades específicas. Isso leva à construção de um metamodelo específico da empresa, que agrega conceitos e elementos de todas essas fontes. Uma proposta de harmonização genérica foi desenvolvida pelos fóruns de arquitetura do ArchiMate® do *The Open Group®* (2019), onde são analisados os elementos propostos no metamodelo do TOGAF® e indicadas as melhores correspondências no metamodelo da linguagem ArchiMate®. Uma sobreposição dos elementos do ArchiMate® sobre os elementos do metamodelo de conteúdo do TOGAF®, livremente baseado neste trabalho, pode ser visto na figura a seguir:

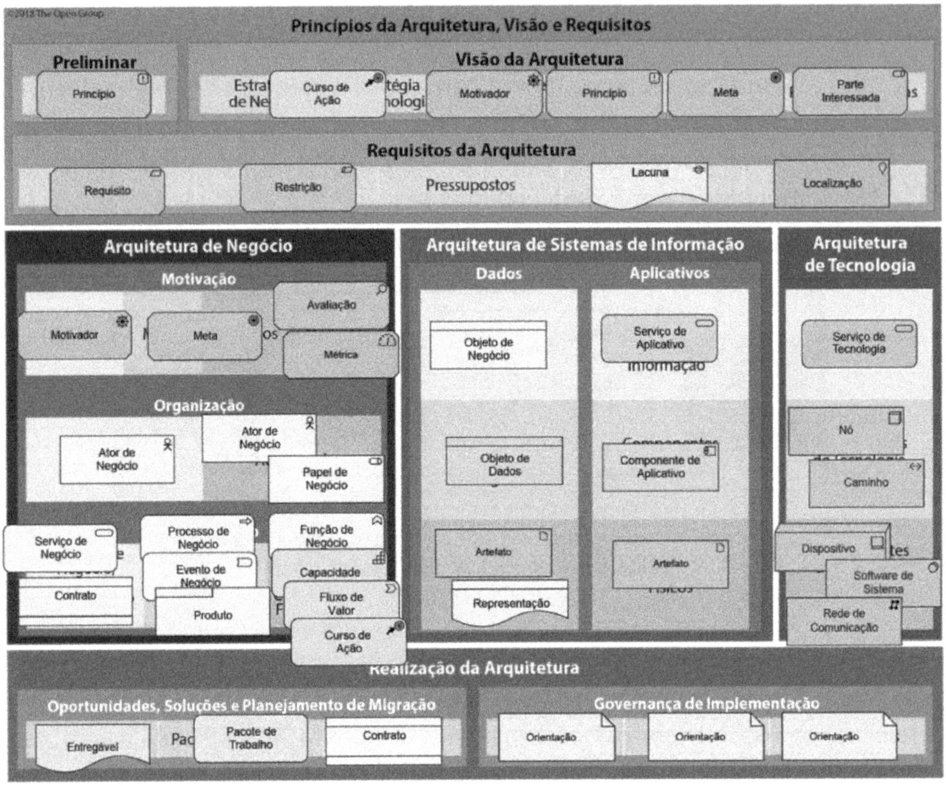

Figura 14.5. Sobreposição dos elementos do ArchiMate® sobre o metamodelo de conteúdo do TOGAF®. Fonte: o autor.

Esta figura também mostra como o metamodelo original do ArchiMate® pode ser estendido para criar novos elementos que não fazem parte do metamodelo original do ArchiMate®, no caso os elementos Métrica e Orientação.

15. Modelos de referência da indústria

Arthur Rodrigues
Antonio Plais

Embora seja um caminho natural para as empresas se diferenciarem pelas suas capacidades, é inegável que, em alto nível, as organizações pertencentes a uma mesma indústria tendem a possuir os mesmos tipos de capacidades. Além disso, alguns conjuntos de capacidades estão presentes em praticamente todas as organizações, como gestão contábil e fiscal, gestão de ativos, gestão de colaboradores, gestão de produtos e serviços, gestão de pedidos/solicitações, gestão de vendas, entre outros.

Com base nisso, muitas entidades se organizaram na forma de consórcios para mapear o conjunto geral de capacidades para determinadas indústrias, com o intuito de padronizar modelos de referência para as empresas que operam nessas indústrias. Esses *frameworks* e modelos de indústria permitem às organizações uniformizar a comunicação com os parceiros e fornecedores utilizando os mesmos domínios de informação, permitem que fabricantes padronizem os produtos e serviços gerados para aquisição e contratação pelas empresas, e que entidades reguladoras possam padronizar a comunicação das publicações sobre determinações e normas, dentre muitas outras aplicações.

Para exemplificar o uso de modelos de referência na arquitetura corporativa, serão apresentados a seguir alguns modelos para as indústrias de telecomunicações (TM Forum Frameworx) e de serviços bancários e financeiros (BIAN).

TM Forum Frameworx

O TM Forum é um consórcio formado por empresas de telecomunicações que atua em colaboração com representantes das operadoras, de fornecedores de soluções (em especial, soluções de software) e profissionais voluntários da área. Além da evolução dos modelos, também são conduzidos projetos de pesquisa e desenvolvimento, geração de relatórios de análise de mercado, implementação de projetos de referência, elaboração de documentos de padrões, dentre outros. A entidade também promove eventos para apresentação de novas soluções tecnológicas, apresentações de líderes do setor para compartilhamento de tendências e experiências, além de apresentação de novidades.

Um dos principais recursos que o TM Forum desenvolve e disponibiliza para as empresas que fazem parte do consórcio é o TM Forum Frameworx, que contempla quatro modelos de referência:

- ✓ **eTOM** – Domínios de processos.
- ✓ · **TAM** – Domínio de aplicações.
- ✓ · **SID** – Domínio de informações.
- ✓ · **Open API/*Integration framework*** – APIs e padrões de integração.

O TM Forum também possui um *framework* para arquitetura digital que encapsula os demais domínios e propõe capacidades para negócios e tecnologias digitais, além de um conjunto de métricas padrão para definição de indicadores de desempenho. Apresentaremos alguns desses modelos a seguir.

eTOM – *Enhanced Telecom Operation Model*

O eTOM representa os grupos de processos-chave de uma empresa que opera na indústria de telecomunicações, dividindo esses grupos em vários níveis de abstração, desde o nível de domínio de negócio até o nível de atividades.

Figura 15.1. Visão geral do *Business Process Framework* – eTOM.
Fonte: adaptado de TM Forum (s.d.).

TAM – *Telecom Application Map*

Representa os domínios de aplicativos típicos da indústria, fornecendo uma visão fim-a-fim da cadeia e permitindo a utilização de uma linguagem comum entre fornecedores de soluções de software e empresas de telecomunicações interessadas na sua contratação.

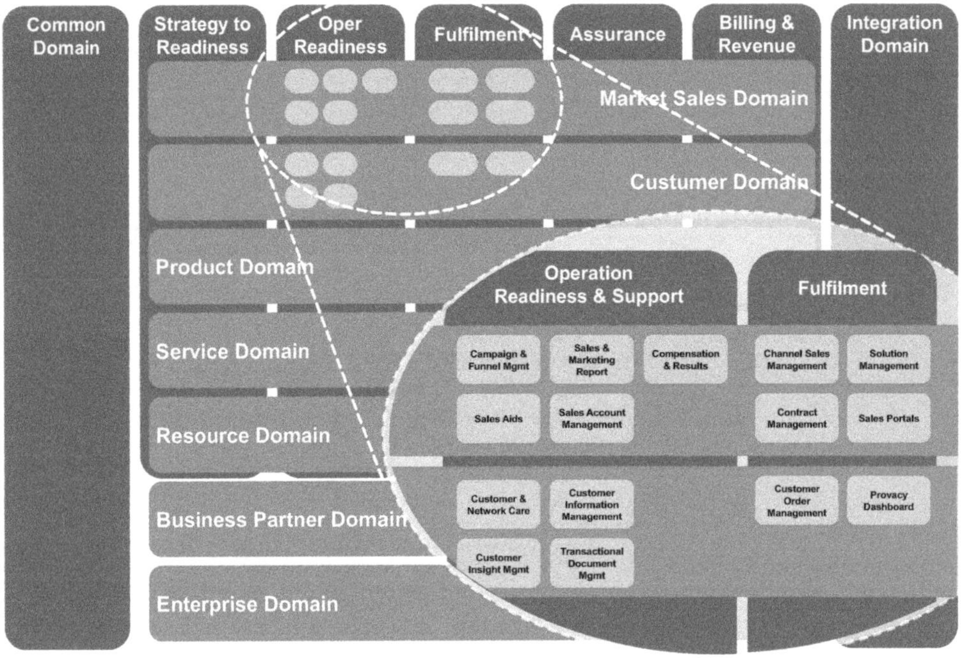

Figura 15.2. Visão geral do *Telecom Application Framework* – TAM.
Fonte: adaptado de TM Forum (s.d.).

A classificação das aplicações da organização utilizando o modelo TAM torna possível para a área de arquitetura de TI ter uma visão de possíveis sobreposições funcionais entre os vários aplicativos em uso na empresa. Muitas organizações possuem como meta a racionalização e simplificação do seu portfólio de sistemas, com consequente redução dos custos e aumento da agilidade. É comum que ao longo do tempo o panorama (ou parque de sistemas) sofra um crescimento desordenado, causado, por exemplo, pela existência de áreas de desenvolvimento interno de sistemas com estruturas separadas por linhas de negócio, com baixa integração e reúso, ou em decorrência de fusões e aquisições de empresas. Isso resulta em parque de sistemas com muitas sobreposições, pouco reúso, difícil integração e custo elevado, que deve ser reavaliado de forma constante para benefício da empresa.

Uma outra aplicação prática muito importante do TAM é na aquisição de novas soluções de mercado. O modelo de referência ajuda a classificar os blocos funcionais e serve de ponto de partida para o detalhamento dos requisitos para a solução a ser adquirida, bem como para delimitar o escopo que a nova solução deve ter, facilitando a comunicação entre a empresa e os fornecedores. Conforme mencionado anteriormente, os principais fabricantes da indústria usam esse modelo de referência para desenvolverem as funcionalidades dos seus aplicativos, tornando mais fácil comparar as várias soluções ofertadas entre si e em relação às necessidades da empresa.

Essa mesma abordagem também pode ser utilizada em projetos internos da organização, pois há muitos cenários em que uma solução foi desenvolvida internamente, sem critérios de pesquisa e desenvolvimento adequados, e acaba por incorporar funcionalidades que deveriam estar no escopo de um outro aplicativo, pertencente a outro domínio, em vez de simplesmente reutilizar a funcionalidade existente (ou que poderia ser mais bem desenvolvida) naquele aplicativo.

Por fim, a classificação do parque de sistemas utilizando o modelo de referência TAM permite também que sejam identificados domínios não cobertos pelos sistemas existentes na empresa. Como esses modelos são desenvolvidos com base na experiência e em práticas comuns da indústria, é muito pouco provável que um determinado processo ou atividade definido no modelo de referência não exista na organização, mesmo respeitando as suas peculiaridades. O que ocorre nesses casos, muitas vezes, é que os processos ou atividades definidos no modelo de referência, e sem uma correspondência direta na empresa, estão sendo executados por rotinas manuais, ou não são reconhecidos e gerenciados pela empresa, com potenciais prejuízos para a sua agilidade e eficiência.

SID – *Shared Information Data*

O SID é um *framework* de modelos de informações que representa as principais entidades de dados que permeiam as cadeias de processos e sistemas de uma empresa de telecomunicações, permitindo a padronização dos fluxos de informação, a categorização dos dados, a padronização de interfaces de acesso a informações, a interoperabilidade entre unidades organizacionais e parceiros de negócio, e provendo, novamente, uma linguagem comum para intercâmbio de informações.

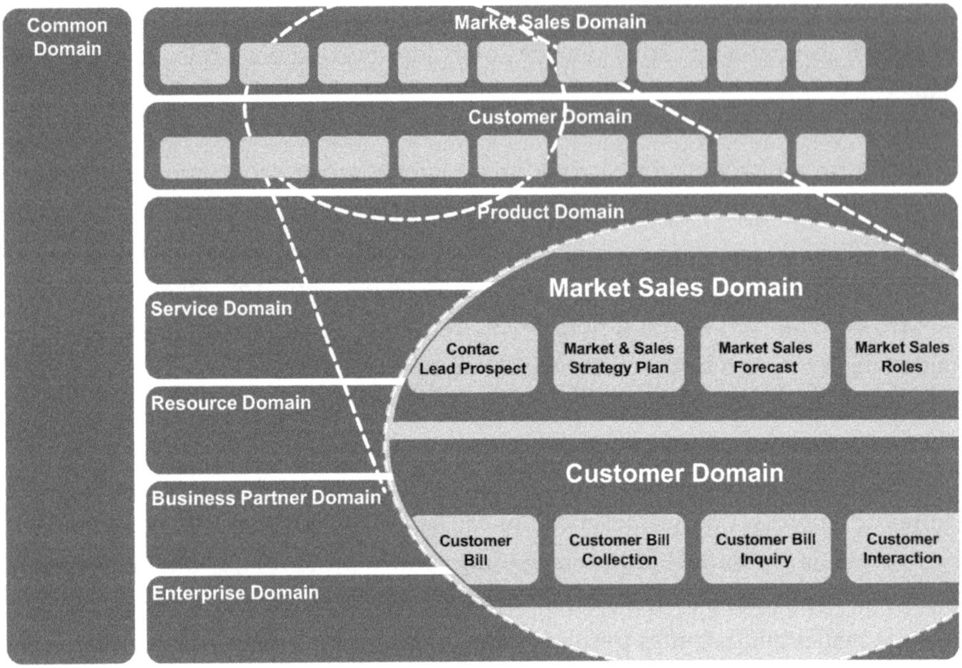

Figura 15.3. Visão geral do Information Framework – SID.
Fonte: adaptado de TM Forum (s.d.).

O modelo de referência de informações também é fundamental para a disciplina de Arquitetura de Dados. A partir dos modelos de referência, é possível desenvolver metadados, modelos de dados corporativos, dicionários de dados, glossários de termos corporativos e modelos canônicos de integração, dentre outras aplicações. Apesar de o modelo de informações ser desenvolvido em um nível bastante alto, ele serve como um ponto de partida para desdobramento e detalhamento das atividades de governança e desenvolvimento de dados.

Muitos fabricantes de software de mercado para telecomunicações desenvolvem suas soluções delimitando seus modelos de dados a partir dos domínios de informação do modelo de referência SID. O TM Forum, inclusive, certifica as implementações dos fabricantes quanto à compatibilidade com o seu modelo de referência, garantindo que a solução possui um grau adequado de cobertura e interoperabilidade de informações entre empresas da indústria.

Exemplo de aplicação prática do uso de modelos de referência

Para exemplificar uma aplicação prática do uso do Frameworx, vamos considerar um caso fictício de uma operadora de telecomunicações (Operadora 1) que deseja expandir sua atuação em serviços de banda larga para uma região na qual ainda não está presente.

Vamos considerar também que, no momento atual, a Operadora 1 comercializa o serviço utilizando a tecnologia de fibra e que na região almejada não há viabilidade para adoção dessa tecnologia devido a limitações geográficas.

Para completar o cenário, vamos assumir que já existe uma operadora local, de menor porte, Operadora 2, que comercializa o serviço de banda larga via satélite.

Ambas as operadoras decidem, então, realizar uma parceria na qual a Operadora 2 oferecerá suas capacidades de rede via satélite, bem como todo o processo de suporte técnico da rede, enquanto a Operadora 1 atuará com sua marca e todos os demais processos comerciais e de relacionamento com o cliente.

Em alto nível, o modelo a seguir representa um primeiro mapeamento de capacidades das empresas, considerando, para efeito de simplificação, apenas o conjunto de processos relacionados à ativação e ao aprovisionamento de serviços, ponto em que ambas possuem sobreposição:

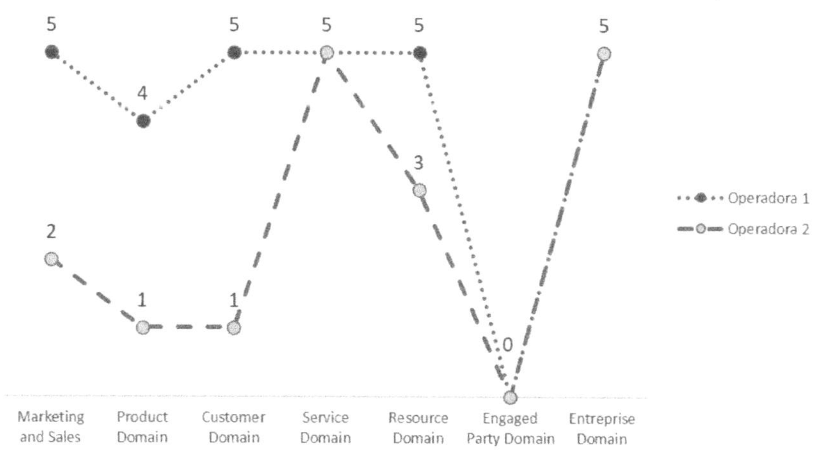

Figura 15.4 Comparação das capacidades de nível 1.
Fonte: os autores.

O primeiro modelo representa o nível de maturidade dos processos de cada uma, resultado de uma avaliação realizada por uma equipe multidisciplinar liderada pela equipe de Arquitetura Corporativa de ambas as operadoras utilizando seus mapas e repositórios para estabelecer os critérios de comparação e avaliação de nível de maturidade.

Notadamente, a Operadora 1, por ser maior, possui mais maturidade nas capacidades de operação comercial, motivo que justificou a decisão por manter a marca e os processos de vendas na Operadora 1 – ainda que as capacidades de gestão de clientes (*Customer Domain*) não sejam compatíveis.

Também se evidencia que as capacidades de ativação de serviços são equivalentes, o que facilita o processo de transformação de um pedido comercial em um pedido técnico para ativação de serviços, pelo mapeamento dos processos de gestão de serviços técnicos dos times de operações e das propriedades das plataformas.

Já em relação aos recursos (*Resource Domain*), há uma ligeira diferença, devido aos processos de aprovisionamento das plataformas, dado que para a tecnologia fibra existem muito mais plataformas para serem aprovisionadas, enquanto para o serviço via satélite não há aprovisionamento, apenas a ativação dos serviços. A operação de campo (técnicos para instalação e atendimento técnico) é similar nas duas tecnologias (exceto pela já mencionada instalação das plataformas).

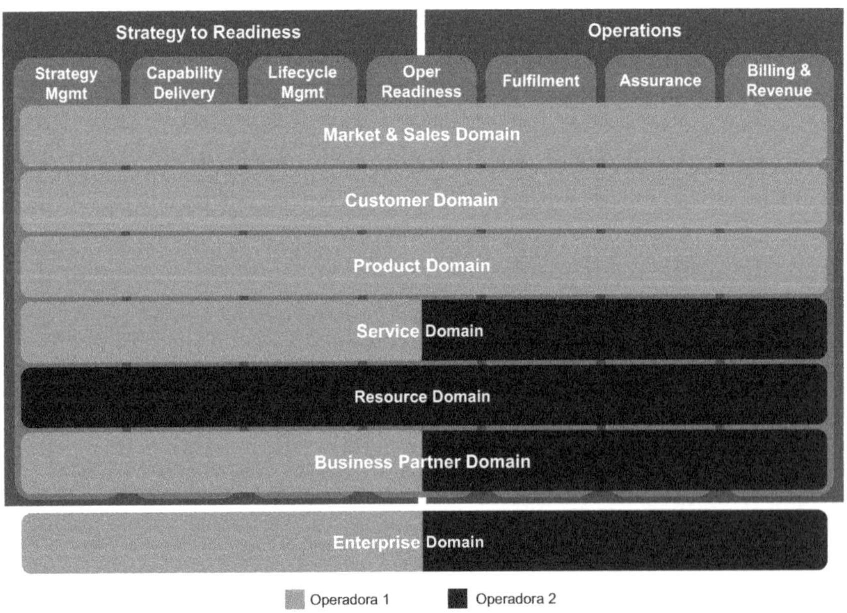

Figura 15.5. Responsabilidade pelos processos.
Fonte: os autores.

No mapa de processos eTOM (figura anterior), são divididos os processos sob responsabilidade de cada operadora. Nos casos em que os processos são atribuídos a ambas as operadoras, eles são divididos da seguinte forma:

- ✓ **Camada de serviços (*Service Domain*)**: os processos serão integrados.
- ✓ **Camada de gestão de parceiros (*Engaged Party Domain*):** serão desenvolvidos processos de parceria por ambas as operadoras, dado que precisarão gerenciar os contratos, eventos e modelos de integração entre ambas.
- ✓ **Processos corporativos (*Enterprise Domain*):** cada operadora segue com seus processos individualmente, já que não se trata de processos relacionados com a prestação dos serviços, mas de processos corporativos internos.

No modelo seguinte, já mapeando os domínios de processos de nível 2, em uma possível atuação do arquiteto corporativo, se identificam as divisões de cada grupo de processos para servir de orientação para que os responsáveis efetivos por cada processo analisem como efetivamente esses processos ocorrem em cada organização e definam as fronteiras e integrações entre eles.

Evidentemente, os profissionais especializados nos processos correspondentes é que realizarão as atividades de detalhamento desses processos, a identificação de similaridades e divergências, e a elaboração de um novo desenho de atuação conjunta. Esse trabalho gerará um conjunto de requisitos e novos mapas para o repositório de arquitetura, que servirão de base para a evolução dos trabalhos seguintes de especificação.

De forma similar, os arquitetos identificam quais sistemas suportam as capacidades de cada organização e indicam quais sistemas de cada empresa serão integrados e quais domínios de informação serão envolvidos. Os arquitetos de solução, sistemas e dados identificarão posteriormente os detalhes dessas integrações, como quais APIs, contratos de integrações, protocolos e demais especificações serão necessárias.

16. BIAN (*Banking Industry Architecture Network*)

Antonio Plais

A principal missão do BIAN (BIAN, s.d.) é fornecer um *framework* de interoperabilidade bancária, sendo uma referência mundial para as entidades da indústria, padronizando e simplificando a arquitetura *core* de serviços bancários. Além de prover um *framework* em colaboração com bancos, provedores de serviços e tecnologias, profissionais da indústria e acadêmicos, também promove iniciativas de engajamento pensando no futuro dos serviços bancários.

Um pouco diferente dos padrões do TM Forum, o BIAN é fortemente baseado em cadeias de serviços desdobradas em processos de vários níveis, sob a interpretação de que alguns desses processos podem ser automatizados por soluções sistêmicas (ao passo que o TM Forum determina um *framework* específico para o domínio de aplicações). Também possui um modelo de capacidades que são formadas pelas combinações dos conjuntos de serviços – de acordo com a especificação do *framework* – além de modelos de referência para integrações (SOA e APIs). Nos *links* a seguir você pode acessar alguns modelos de representação e capacidades, cadeias de valor e serviços do BIAN.

- ✓ BIAN *landscape*: <https://bian.org/servicelandscape-8-0/views/view_28603.html>
- ✓ *Service landscape*: <https://bian.org/servicelandscape-8-0/views/view_27832.html>
- ✓ *Value chain*: <https://bian.org/wp-content/uploads/2019/09/BIAN-M4-Value-Chain-V8_0.pdf>

O *framework* é bastante extenso e completo, e ainda conta com a vantagem de já ser desenvolvido em ArchiMate®.

Conclusão

Reiterando o que já foi dito nos capítulos anteriores, a integração dos diversos *frameworks* adotados por uma organização é uma das principais funções do Arquiteto Corporativo. Uma das fontes de referência para o desenvolvimento da arquitetura, como especificado no modelo de conteúdo do *framework* TOGAF®, são os modelos de referência externos, como os da indústria que discutimos neste capítulo.

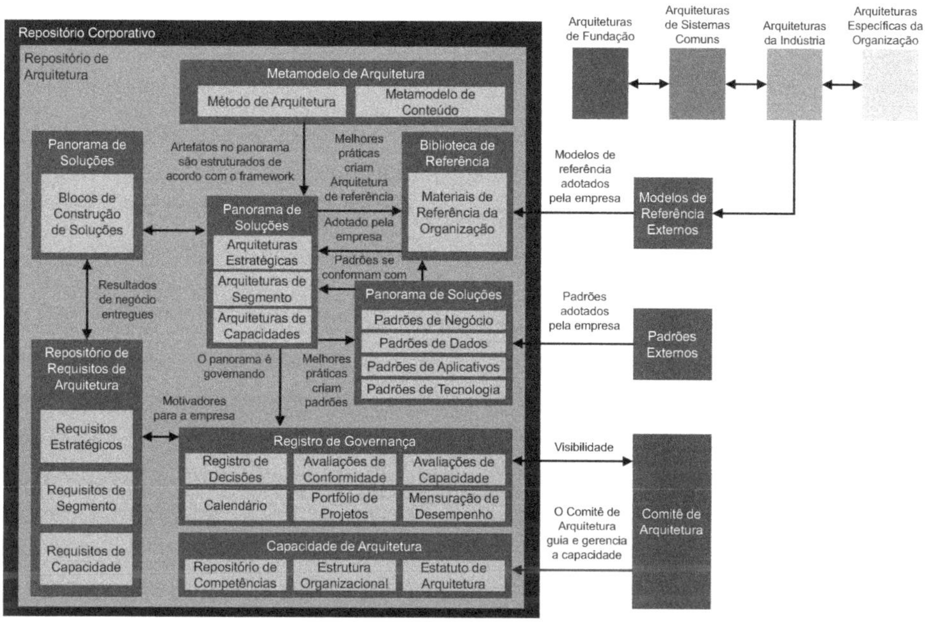

Figura 16.1. O posicionamento dos modelos de referência no *framework* de conteúdo do TOGAF®. Fonte: The Open Group (2018).

Outros padrões da indústria que podem merecer a atenção das empresas, de acordo com a sua indústria, são ACORD e PANORAMA360, para seguradoras e administradores de ativos, ISA-95, para manufatura, SCOR, para cadeias de suprimento, e outros. A adoção desses padrões facilita a classificação, o agrupamento, a racionalização e a classificação das capacidades de uma organização, permitindo a definição de blocos de construção (*building blocks*) e a delimitação dos trabalhos de arquitetura, além de garantirem a interoperabilidade com partes interessadas internas e externas à organização, ao adotar um formato comum de linguagem e representação do negócio.

Um dos princípios mais importantes da arquitetura é a **separação das preocupações**, o que, falando de forma bem simplista, determina a separação de cada elemento de acordo com sua afinidade, deixando cada coisa em seu devido lugar. Os modelos de referência são ferramentas poderosíssimas para que os arquitetos garantam a sustentabilidade e interoperabilidade das suas organizações.

17. Ferramentas de arquitetura

Antonio Plais
Gustavo Bunger
Rosana Carvalho

Todo trabalho de Arquitetura Corporativa exige o compartilhamento e a comunicação de informações sobre os objetivos da iniciativa, os estados atual e futuro da arquitetura e o roteiro para a transformação necessária para atingir esses objetivos. Sem esses quesitos atendidos, fica difícil alcançar os benefícios que a arquitetura pretende gerar.

Para compartilhar as informações de maneira mais clara e eficiente, surgiram as ferramentas de arquitetura. Elas conseguem realizar, de maneira mais profissional, o que durante muitos anos se tentou fazer manualmente nos projetos usando ferramentas de automação de escritório (documentos, planilhas, apresentações) e/ou ferramentas de desenho livre – e ainda se faz atualmente. Mais que isso, uma ferramenta de arquitetura é um instrumento de gerenciamento que permite controlar o número de documentos produzidos e que em sua maioria são descartados depois, bem como melhorar as respostas às principais questões que as áreas precisam responder, contribuindo para a redução do caos geralmente associado a mudanças organizacionais em média e larga escala.

Muitas empresas adotam tais ferramentas de escritório para a documentação da arquitetura. Um exemplo desse uso são diversas empresas que utilizam softwares de escritório – por exemplo, MS-Office – para esse trabalho, que auxiliam bastante em documentação e apresentação, porém somente até determinado nível de maturidade da arquitetura. Entretanto, depois de algum tempo, é comum que as empresas abram mão desse recurso para procurar uma ferramenta de arquitetura corporativa de fato. Dentre as diversas justificativas, está a necessidade de colaboração, reúso e criação de um vocabulário comum para produzir respostas à TI e ao negócio. O nível de maturidade também vai exigir o compartilhamento da informação em um repositório centralizado de forma a suportar o dia a dia dos arquitetos e usuários em tempo real, e assim os blocos de construção (*building blocks*) criados possam ser reutilizados para os projetos.

Uma ferramenta de arquitetura corporativa precisa oferecer um conjunto de recursos úteis para arquitetos e demais equipes de maneira que o trabalho do dia a dia se torne mais produtivo e que seja um instrumento para lidar com a complexidade inerente à transformação das organizações. Há uma série de critérios que devem ser atendidos para tal. Alguns deles:

✓ Importação de dados de várias fontes.
✓ Modelagem baseada em padrões (abertos).
✓ Repositório centralizado.
✓ Reúso de informações e blocos de construção.
✓ Publicação de modelos.
✓ Uso de *frameworks*.
✓ Customização.

Os critérios citados são apenas alguns aos quais uma ferramenta de **arquitetura orientada à empresa** deve atender para que possa trazer os benefícios esperados pelos diversos *stakeholders* na corporação.

É necessário também ser possível mapear o estado futuro que a empresa pretende alcançar. A capacidade de visualização entre o estado passado, atual e futuro é essencial para um melhor planejamento e uma tomada de decisão mais objetiva em iniciativas de transformação e adoção de novas tecnologias.

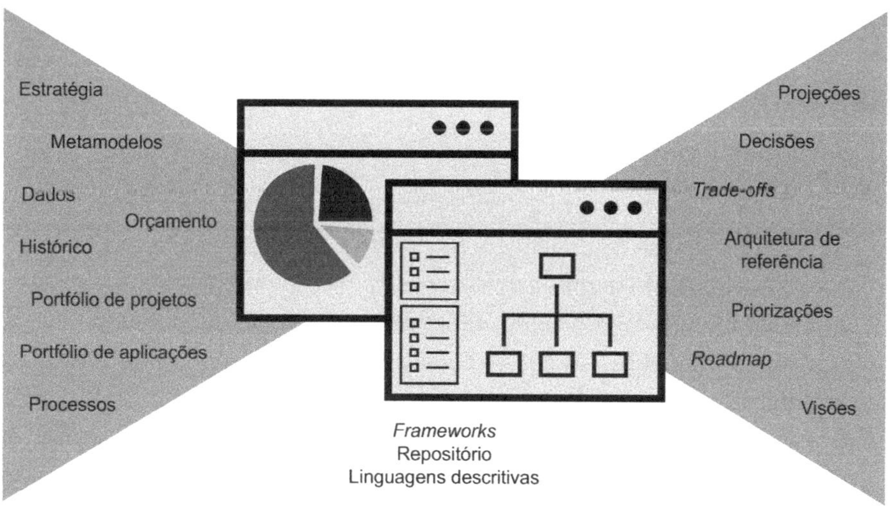

Figura 17.1. Uma visão sobre como uma ferramenta de arquitetura recebe diversas fontes de informação que lhe permitem gerar vários materiais para auxiliar a estratégia do negócio. Fonte: o autor.

Uma ferramenta de arquitetura deve fornecer um repositório de conhecimento que permita manter catálogos de sistemas, serviços, processos, informações e tecnologias, bem como suas múltiplas dependências. O metamodelo deve ser passível de configuração para que a linguagem corporativa encontre um ambiente flexível para ser administrado.

Outros requisitos importantes para uma ferramenta de arquitetura são descritos a seguir.

Usabilidade

A ferramenta deve fornecer visões das representações arquitetônicas que sejam navegáveis e que permitam a visualização de dependências desde a estratégia até a tecnologia. Deve também:

- ✓ ser multilíngue;
- ✓ ser moderna, atrativa, intuitiva e de fácil aprendizado;
- ✓ fornecer visões e relatórios para visualização e comunicação das informações;
- ✓ possibilitar navegação e *drill-down* completos;
- ✓ prover fluxos de trabalho para suportar a delegação de tarefas;
- ✓ possibilitar o uso em dispositivos móveis;
- ✓ possibilitar a informação do status dos elementos arquiteturais.

Visão estratégica

A ferramenta deve:

- ✓ possibilitar análise de dependências, desde a estratégia até a tecnologia;
- ✓ fornecer visões em mapas de calor;
- ✓ possibilitar a representação de informações por meio de matrizes;
- ✓ possibilitar a análise das arquiteturas ao longo do tempo (arquitetura atual, arquiteturas de transição e arquitetura futura);
- ✓ possibilitar a construção de painéis de controle (*dashboards*) para as várias partes interessadas da arquitetura;
- ✓ facilitar o uso de *frameworks* de arquitetura;
- ✓ possibilitar a descrição de arquiteturas em todos os níveis;
- ✓ oferecer recursos de modelagem completos de acordo com o padrão escolhido.

Operação e suporte

A ferramenta deve:

- ✓ permitir o uso de modelos de referência (Frameworx, BIAN, ACORD etc.);
- ✓ ser suportada por um banco de dados centralizado;
- ✓ oferecer possibilidades de integração com outras ferramentas;
- ✓ possibilitar a importação e exportação de dados em vários formatos;
- ✓ oferecer *upgrades*, manutenção, treinamento e suporte local do fornecedor;
- ✓ prover verificação de consistência e validações automáticas;
- ✓ prover mecanismos de *feedback* da atualização dos dados;
- ✓ oferecer recurso de gestão de acesso de usuários.

Esse conjunto de funcionalidades, se contemplado em uma ferramenta, tornará a iniciativa de arquitetura muito mais eficiente e proverá um crescimento sustentável do projeto.

Para conhecer mais as ferramentas proprietárias disponíveis no mercado, portais de pesquisa e consultoria como Gartner e Forrester são boas fontes de consulta e comparação. Importante lembrar que existem ferramentas *open source* disponíveis.

Em linhas gerais, as ferramentas de arquitetura, independentemente de qual licenciamento tenham, são críticas para auxiliar arquitetos corporativos e líderes de negócio e de TI na execução da estratégia de negócio. Entretanto, os líderes devem estar preparados e dispostos a adotar o uso dessas ferramentas e integrá-las aos seus fluxos de trabalho; caso contrário, muitas iniciativas de implementação podem se tornar um fracasso pela falta de engajamento.

Transformação empresarial: arquitetura corporativa

Acesse o link <https://open.spotify.com/episode/0dMVm90tJDUQloZFmGc9Dq?si=5723309c830c4b38> para ouvir o episódio do *podcast* da Jornada Colaborativa "Caso de sucesso do projeto de Arquitetura Corporativa da Serasa Experian com a Link Consulting", no qual a autora Rosana Carvalho narra os desafios e resultados desse trabalho, fruto de uma parceria com profissionais especializados no tema da arquitetura corporativa.

PARTE V.
ARQUITETURA DE NEGÓCIO

18. Motivação e estratégia

Antonio Plais
Arthur Rodrigues

A Arquitetura Corporativa vai muito além da simples arquitetura de TI. Ela inclui também a arquitetura de negócio, dividida em arquitetura de negócio estratégica (motivação e estratégia) e arquitetura de negócio operacional (estrutura organizacional, capacidades e processos, produtos e serviços, e localizações). O TOGAF® define quatro domínios da Arquitetura Corporativa: Negócio, Aplicativo, Informação e Infraestrutura. Na linguagem ArchiMate®, temos três camadas no *framework* central da linguagem: negócio, aplicativo e tecnologia (informação é tratada como um aspecto que permeia as demais camadas do *framework* central).

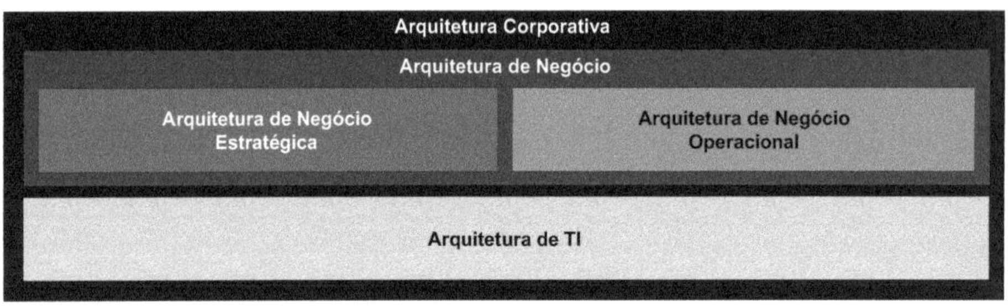

Figura 18.1. Arquitetura Corporativa e seus domínios.
Fonte: os autores.

Essencialmente, a arquitetura de negócio estratégica trata das motivações que moldam o comportamento da organização e das estratégias que ela desenvolve para alcançar seus objetivos. Ela será tratada na próxima seção. A arquitetura de negócio operacional trata da estrutura da organização (departamentos, localizações), dos processos e funções de negócio que efetivamente colocam a organização em funcionamento (comportamento), dos serviços e produtos de negócio que ela fornece para os seus clientes e das informações que ela precisa para fazer tudo isso funcionar. Metaforicamente falando, a arquitetura de negócio fornece um mapa da organização, alinhando o seu modelo operacional com os seus objetivos e estratégias. A arquitetura de negócio é, portanto, responsável por avaliar a adequação da organização atual aos seus objetivos futuros, projetar a organização necessária para atingir esses objetivos e guiar as mudanças organizacionais necessárias para levar a organização até esse novo estado.

A arquitetura de negócio como um todo é de extrema importância para a organização. Ter um mapa claro de seus objetivos, da sua estrutura e processos atuais e planejados para o futuro, e das iniciativas de mudança que mantêm a organização alinhada com suas necessidades e objetivos é essencial para que a organização se mova de forma harmônica e tenha a agilidade adequada para mudar sua direção estratégica quando a necessidade surgir (e ela certamente surgirá!).

Arquitetura de negócio estratégica

Como qualquer outro papel da organização, o arquiteto de negócio precisa ter plena consciência e domínio dos direcionamentos estratégicos da empresa para que possa atuar em conjunto com as demais áreas de forma alinhada e, assim, colaborar com o atingimento dos objetivos estratégicos por meio de uma visão holística dos elementos arquiteturais da organização e sua interoperabilidade.

Assim, o arquiteto de negócio tem como prioridade máxima o entendimento da estratégia da organização, analisando os elementos que fazem parte do seu escopo e buscando alternativas e correlações entre eles para o mapeamento de impactos e a definição de roteiros. O posicionamento estratégico da empresa é o primeiro elemento a ser analisado, pois permite ao arquiteto identificar por quais caminhos a organização pretende ou não seguir. A partir daí, o arquiteto consegue identificar quais cadeias de valor afetam financeiramente o crescimento da organização e quais podem ser objeto de otimização operacional. Analisando os detalhes dessas cadeias de valor, ele pode alinhar as iniciativas de mudança ligadas a elas com o intuito de mapear impactos positivos e negativos para a organização.

A partir da perspectiva interna, que trata de processos, capacidades e recursos, o arquiteto consegue identificar quais são as mudanças necessárias e como estas impactam no valor e nos serviços entregues para os clientes. Essa análise é fundamental para o processo de planejamento de capacidades, identificando quais processos, sistemas, recursos e demais elementos da arquitetura estão ligados a essas capacidades e, assim, analisando quais elementos precisam ser incluídos, alterados ou eliminados. Analisando esses domínios, o arquiteto mapeia o estado atual e o estado futuro da arquitetura, identifica quais iniciativas são necessárias para evoluir a arquitetura da organização em direção aos objetivos estratégicos desejados e identifica qual o impacto que novos projetos, iniciativas ou mudanças podem gerar para os objetivos estratégicos da organização, ajudando na gestão do portfólio de projetos em conjunto com o escritório de projetos.

Motivação e estratégia

Quando falamos em motivação, a primeira ideia que nos vem à cabeça remete à motivação pessoal ou coletiva, relacionada à área das humanidades e dos recursos humanos e que responde a perguntas como:

- ✓ Como motivar os colaboradores a colaborar para o sucesso da empresa?
- ✓ Como criar um ambiente motivador nas organizações?
- ✓ Como um líder inspirador pode motivar sua equipe?
- ✓ Como motivar as pessoas para aceitar e empreender a mudança?

Embora esse ponto de vista seja importante, e até mesmo fundamental para o sucesso da organização, neste capítulo vamos falar de um outro tipo de motivação, aquela que justifica a existência de uma empresa, o seu modelo operacional (estrutura e comportamento), a perseguição dos seus objetivos, a luta pelo sucesso e perenidade, e a satisfação de seus colaboradores, parceiros e clientes: a motivação do negócio e o pensamento sistêmico que coloca essa motivação em prática – a **estratégia**.

Entre muitas definições e muitos livros já publicados sobre o assunto, a definição mais simples e precisa sobre o que é estratégia talvez seja a de que "estratégia é o conjunto de atividades de uma organização que a diferencia das demais". Em outras palavras, para que as organizações definam seus rumos, decisões, atividades e recursos necessários, elas precisam desenvolver uma estratégia que oriente todo esse processo. É a estratégia definida pelos executivos seniores das organizações que permite que todos saibam a direção a seguir e entendam o que se espera de cada um.

Uma estratégia de negócio é um plano, em geral de longo prazo, por meio do qual as metas e os objetivos da organização são colocados em ação. Empresas diferentes em geral desenvolvem diferentes estratégias para atingir seus objetivos. Por meio da estratégia, recursos são procurados e empregados pela organização como meios para atingir seus fins. Por meio do acompanhamento e da avaliação do ambiente onde a empresa atua, e das perspectivas vislumbradas para o futuro, metas são estabelecidas e a estratégia pode ser alterada, levando a mudanças na forma como a empresa se organiza e opera.

Porter (1988) analisou em profundidade as fontes de vantagem competitiva das organizações e propôs três grandes linhas de ação estratégica que as empresas podem seguir:

- ✓ **Liderança em custos**: consiste, basicamente, no aumento da eficiência operacional e na redução de custos por meio da padronização de produtos e otimização de processos (especialmente pela automatização); importante notar que não necessariamente isso implica em aumentar as receitas da empresa, mas, sim, muitas vezes, apenas aumentar a sua margem de lucro através da redução dos custos.
- ✓ **Diferenciação**: busca por produtos e serviços que "encantem" os clientes e os tornem altamente desejáveis, por meio do desenvolvimento de capacidades (funções) que as diferenciam e distanciam dos concorrentes, de forma a gerar maiores receitas e margens mais altas.
- ✓ **Foco**: diferentemente das estratégias anteriores, que buscam atingir o mercado como um todo, a estratégia de foco procura atuar de forma muito competente em um nicho específico de mercado, eventualmente aliado a uma estratégia secundária de liderança em custos ou diferenciação apenas naquele nicho.

Importante frisar que essas estratégias não são excludentes. Empresas com estratégia de liderança em custos, por meio da "otimização operacional", precisam gerar diferenciais que as distingam de outras empresas no seu mercado com estratégia similar, sob o risco de entrarem em uma espiral destrutiva de redução de custos, qualidade, preços e margem.

Empresas com estratégia de diferenciação não podem se descuidar da eficiência operacional, sob o risco de transferir para os clientes custos que eles não estão dispostos a assumir. Empresas com estratégia de nicho podem ser superadas por empresas de massa na medida em que seu mercado de nicho cresce e passa a atrair outros concorrentes (a entrada das grandes cervejarias no mercado de cervejas artesanais é um bom exemplo disso).

Todos esses conceitos também se aplicam às organizações sem fins lucrativos e, por que não, governamentais, pois também elas precisam estabelecer estratégias para obtenção de recursos a longo prazo que sustentem suas atividades, e para orientar como seus usuários serão atendidos (por exemplo, uma ONG focada em proteção ambiental atuará em todas as regiões ou em um região específica? Enfrentará os vários tipos de ameaça ao meio ambiente ou terá foco em uma disciplina específica?). Pode parecer estranho pensar em estratégia para esses setores, mas também eles sofrem com a carência de recursos, e a luta por verbas e apoio financeiro pode ser tão ou mais feroz que a luta pela conquista de participação em um mercado comercial.

Por fim, também é imprescindível reforçar que, em seu posicionamento estratégico, as organizações definem quais conjuntos de atividades, recursos e planos serão desenvolvidos para prover um serviço de valor diferenciado para um conjunto específico de clientes e consumidores. Portanto, por meio do posicionamento estratégico da empresa, são definidos princípios, metas, direcionamentos e requisitos para atingimento dos objetivos estratégicos, bem como são realizadas avaliações de comparação da situação atual frente à situação desejada para identificação de recursos necessários, capacidades a serem evoluídas, resultados e entregáveis esperados, iniciativas de mudança (programas e projetos) e restrições existentes. Todos esses elementos serão usados para orientar a evolução da arquitetura de negócio operacional da organização, como veremos mais à frente.

Planejamento ágil

Em face da crescente velocidade de mudança no mundo atual, muitos se perguntam se o pensamento estratégico clássico ainda se sustenta e traz benefícios para a empresa. O sentimento geral parece ser: se tudo vai mudar, por que me preocupar com o planejamento das nossas ações? Nada poderia estar mais equivocado! O planejamento estratégico não tem por objetivo "congelar" o futuro ou ser uma camisa de força para a inovação da empresa. Ele procura avaliar a capacidade da empresa para operar e obter sucesso no seu ambiente atual, e orientar sua evolução de acordo com as mudanças detectadas nesse ambiente.

Marc Lankhorst (LANKHORST; MATTHIJSSEN, 2016) afirma que "as organizações sempre tiveram que se adaptar a um mundo em mudança, mas o ambiente turbulento de hoje é mais demandante do que jamais foi. A 'Empresa Digital' requer inovação contínua, o que significa que as organizações estão em um permanente estado de movimento. Ao mesmo tempo, elas precisam manter o controle. Elas têm que lidar com pressões regulatórias, restrições financeiras e o risco de perturbar suas operações rotineiras enquanto implementam mudanças significativas".

Conciliar a velocidade de mudança do mundo atual com a necessidade de controle que garanta que a mudança está sendo feita na direção correta é o imperativo que mantém a relevância do planejamento estratégico. A grande mudança diz respeito à aceitação da mudança como elemento indissociável do processo de planejamento estratégico, à redução do horizonte de planejamento (de vários anos para, muitas vezes, alguns meses) e à postergação do detalhamento desses planos para o momento mais próximo possível de sua implementação, o que permite lidar com eventuais mudanças que possam ocorrer no ambiente e nos objetivos da organização. Nós chamamos isso de **planejamento ágil**.

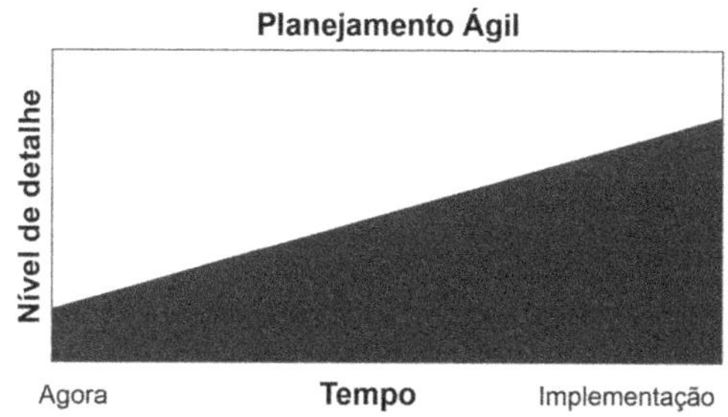

Figura 18.2. Evolução do planejamento estratégico no tempo.
Fonte: os autores.

Princípios, metas e motivadores de negócio são entradas sugeridas pelo *framework* TOGAF® (THE OPEN GROUP, 2018) para a Fase de Visão da Arquitetura do ADM. Eles fornecem o contexto para o trabalho de arquitetura, descrevendo as necessidades e as formas de trabalho utilizadas pela organização. Entender o ambiente em que a empresa opera, quais os objetivos de negócio que a empresa está buscando e como os elementos concretos da empresa (organização, processos, regras, sistemas etc.) precisam ser reconfigurados é fundamental para que a arquitetura da organização seja direcionada corretamente.

Os mapas estratégicos

Para esquematizar os diversos elementos e camadas que envolvem a estratégia das empresas, diversos modelos e técnicas de mapas estratégicos foram desenvolvidos ao longo do tempo. Nas próximas seções faremos uma breve introdução a alguns deles, escolhidos em função de sua ampla utilização e importância para o entendimento e a evolução da estratégia das organizações.

Análise das cinco forças de Porter

O modelo de cinco forças de Porter (PORTER, 1998) é uma ferramenta adequada para avaliar como as forças presentes no ambiente podem afetar a capacidade de sobrevivência e sucesso de uma empresa a partir da análise de cinco aspectos:

- ✓ **Força dos fornecedores:** avalia o poder relativo dos fornecedores em relação à empresa, analisando fatores como grau de concentração do mercado fornecedor, escassez dos insumos, dificuldade de substituição de insumos ou fornecedores, comportamento de preços e oferta do mercado fornecedor, entre outros.
- ✓ **Ameaça de novos entrantes:** avalia o grau de dificuldade (ou facilidade) para a entrada de novos participantes no mercado da empresa, avaliando fatores como barreiras legais (patentes, legislação), acesso a canais de distribuição, economia de escala, desenvolvimento de tecnologia e métodos de produção, acesso a insumos, entre outros.
- ✓ **Rivalidade na indústria:** avalia o grau de competitividade no ambiente de negócio da empresa, analisando fatores como número de concorrentes, concentração de mercado, diferenciação de produtos, barreiras de saída, entre outros.
- ✓ **Força dos compradores:** avalia o poder relativo dos compradores em relação à empresa, analisando fatores como concentração do mercado comprador, facilidade de substituição do produto, ligações contratuais, capacidade para influir na imagem ou reputação da empresa ou de seus produtos, ou influenciar o nível de preços aceitável para o produto, entre outros.
- ✓ **Ameaça de substitutos:** avalia a possibilidade de os produtos da empresa, e do próprio mercado como um todo, serem afetados pelo aparecimento de novos produtos substitutos que atendam às necessidades dos consumidores de forma mais eficiente e/ou econômica ou representem uma nova alternativa para atender a essas necessidades de forma disruptiva e (aparentemente) inesperada.

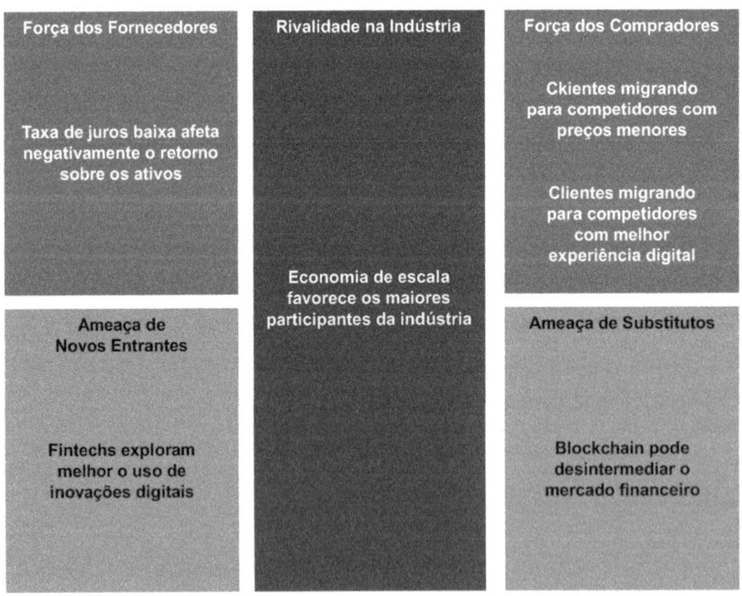

Figura 18.3. Exemplo fictício de análise das cinco forças de uma seguradora.
Fonte: os autores.

Análise PESTEL

Esse é um tipo de análise que identifica e avalia vários aspectos do ambiente externo da empresa, podendo haver variações em relação ao número e à natureza dos aspectos analisados. PESTEL (ou PESTAL) (WIKIPÉDIA, s.d.) é uma dessas variações e avalia os seguintes aspectos:

- ✓ **Político:** diz respeito a decisões e políticas governamentais que podem afetar os negócios da empresa;
- ✓ **Econômico:** diz respeito aos aspectos de política econômica, como taxas de crescimento, de juros, de câmbio, de inflação, políticas econômicas e tributárias, ciclos econômicos etc. que podem influenciar decisões de investimento e de alocação de recursos.
- ✓ **Social:** diz respeito a fatores como comportamento do consumidor, hábitos de consumo, cultura, estilos de vida, distribuição etária e sistema de crenças e valores que podem influenciar a aceitação da marca e dos produtos da empresa.
- ✓ **Tecnológico:** diz respeito a fatores como inovação tecnológica, ferramentas e métodos de produção que podem transformar de forma radical uma indústria ou segmento de negócio.
- ✓ **Ambiental (*Environmental*):** diz respeito a fatores como sustentabilidade e meio ambiente, relações de trabalho, respeito à diversidade, combate à discriminação e outros que atraem cada vez mais a atenção dos consumidores e da sociedade como um todo.
- ✓ **Legal:** diz respeito à crescente onda regulatória em curso em praticamente todos os países e mercados, envolvendo a proteção ao consumidor, proteção às informações pessoais, combate à corrupção, proteção da concorrência, segurança alimentar, diversidade e direitos individuais.

É interessante notar que a avaliação do ambiente usando a análise PESTEL deveria ser realizada de forma contínua, dado que o ambiente está em constante mudança e os vários aspectos estão em contínua interação, influenciando-se uns aos outros e tornando a análise extremamente complexa e fluida. Dever-se-ia, também, evitar uma análise enviesada das condições ambientais, concentrando-se primeiramente no levantamento dos dados factuais sobre o ambiente (embasados em evidências sólidas e comprováveis), para só então partir para a análise de seus efeitos sobre a empresa, que pode ser mais bem feita através da análise SWOT, apresentada na sequência. A seguir, um exemplo de análise PESTEL para uma instituição financeira.

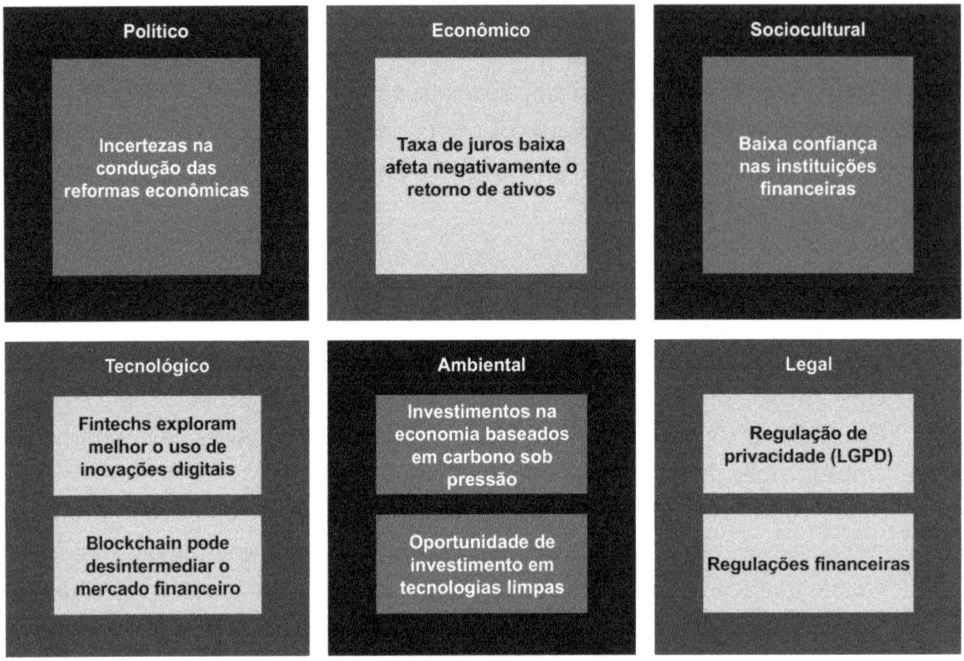

Figura 18.4. Exemplo fictício de análise PESTEL de uma seguradora.
Fonte: os autores.

Análise SWOT

A análise SWOT (*Strengths, Weaknesses, Opportunities and Threats*) (WIKIPÉDIA, s.d.) ou FOFA (Forças, Oportunidades, Fraquezas e Ameaças) é uma ferramenta muito conhecida nos domínios da estratégia e do marketing, e procura avaliar o ambiente de negócios da empresa a partir de duas perspectivas: interna (forças e fraquezas) e externa (oportunidades e ameaças). A análise SWOT em geral tira proveito das descobertas das análises PESTEL e das cinco forças de Porter para selecionar os elementos de avaliação, concentrando-se naqueles com maior impacto na empresa e classificando-os de acordo com o seu efeito nos negócios. Uma vez identificados os fatores de avaliação e o seu efeito na empresa, é possível identificar nos vários quadrantes de intercessão (Forças/Oportunidades, Forças/Ameaças, Fraquezas/Oportunidades, Fraquezas/Ameaças) estratégias visando aproveitar os fatores positivos (forças, oportunidades) e minimizar os fatores negativos (fraquezas, ameaças), como pode ser visto no exemplo a seguir:

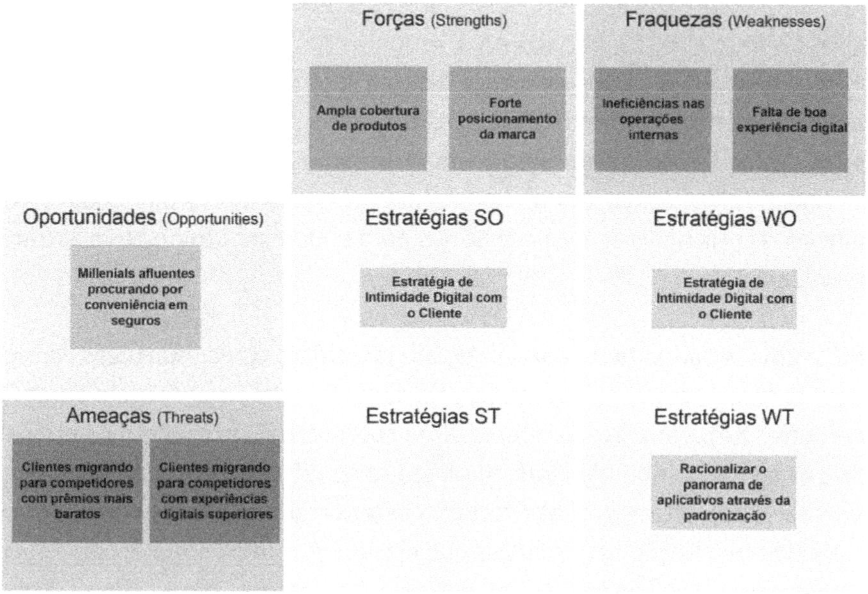

Figura 18.5. Exemplo fictício de análise SWOT de uma seguradora.
Fonte: o autor.

Business Model Canvas

Uma poderosa e famosa ferramenta para mapeamento de uma organização é o *Business Model Canvas* (BMC) (OSTERWALDER; PIGNEUR, 2010).

Figura 18.6. *Business Model Canvas*.
Fonte: adaptado de Pereira (2016).

O BMC permite identificar os principais fatores e recursos aplicados, parcerias, processos mais importantes, público-alvo, modelos de relacionamento e canais para geração de valor. Para estabelecimento de uma estratégia é possível identificar, por meio dos elementos do modelo, quais os principais elementos da cadeia de valor da organização. Também é possível identificar inconsistências (como canais *versus* segmentos de clientes, custos *versus* receita, processos *versus* parcerias) e, assim, reconhecer as principais ações necessárias para endereçar um objetivo estratégico para evolução.

O BMC é uma ferramenta fundamental para identificar como mudanças no modelo de negócio da empresa (representado pelo *canvas*) afeta o seu modelo operacional (sua arquitetura). Para isso, é interessante representar no modelo os elementos atuais e os elementos desejados/futuros em cores diferentes ou criar dois modelos representando os estados atual e futuro. Posteriormente, essas diferenças podem ser avaliadas em relação às mudanças que elas provocam na arquitetura, e decisões mais fundamentadas (que levem em consideração o esforço necessário para abraçar o novo modelo de negócio) podem ser tomadas.

Business Motivation Model

O *Business Motivation Model* (BMM) (OMG, 2015) é um padrão mantido pelo *Object Management Group*, tendo a versão 1.3 sido publicada em 2015. O padrão contém:

- ✓ Um conjunto de conceitos para definir planos de negócio. Eles são associados em uma estrutura que é independente de metodologia; ela pode suportar uma ampla gama de abordagens para a criação e manutenção de um modelo de motivação de negócio para a empresa, sendo particularmente forte para suportar os processos motivados pelas mudanças no negócio.
- ✓ Papéis nessa estrutura para três conceitos essenciais do modelo operacional da empresa: processos de negócio, regras de negócio e unidades organizacionais. Eles estão fora do escopo do padrão, mas são colocados em posição de destaque por serem os elementos de ligação entre as estratégias e os cursos de ação resultantes do processo de planejamento estratégico, e os elementos na estrutura operacional da empresa responsáveis por tornar essas estratégias uma realidade.

O padrão BMM não define nenhuma metodologia, linguagem, notação ou ferramenta que deva ser usada para auxiliar a sua aplicação. Seu metamodelo é extremamente direto e simples; os conceitos possuem basicamente um identificador e uma definição, e os relacionamentos praticamente não possuem restrições e são em sua maioria opcionais. Um documento publicado pelo The Open Group® (WALTERS; PLAIS, 2017), que discute como o BMM pode ser modelado por meio da linguagem ArchiMate®, declara que "os elementos de motivação identificam os fatores que influenciam a direção atual e futura da empresa, e modelam as determinações resultantes estabelecidas pela equipe de liderança da empresa. Como tal, esses elementos são de importância significativa para a Arquitetura Corporativa e fornecem as justificativas e razões por trás dos planos de implementação correspondentes".

A ideia predominante no desenvolvimento do BMM é que uma empresa tem uma "razão para existir", expressa através de sua **missão** e **visão**. Levando em consideração essa missão e visão, existem fatores **influenciadores** relevantes para a organização que estão sujeitos a **avaliações** que, como resultado, levam a **fins** que são perseguidos mediante a utilização de alguns **meios**. Os **meios** são realizados pelos elementos da Arquitetura Corporativa. Interessante notar que, diferentemente da maioria das abordagens de gerenciamento estratégico, o BMM coloca ênfase também na governança da estratégia, através das **diretivas**, que orientam e restringem a execução dos cursos de ação e as operações da empresa. O BMM se encaixa na coluna "por que" do *Zachman Framework*.

O padrão menciona explicitamente as unidades organizacionais (estrutura do negócio), os processos de negócio (comportamento do negócio) e as regras de negócio (lógica do negócio) como elementos externos ao modelo de motivação de negócio, mas intimamente ligados a ele. A figura a seguir mostra uma visão geral informal do metamodelo do BMM (a visão formal completa, disponível em OMG (2015), usa a notação UML):

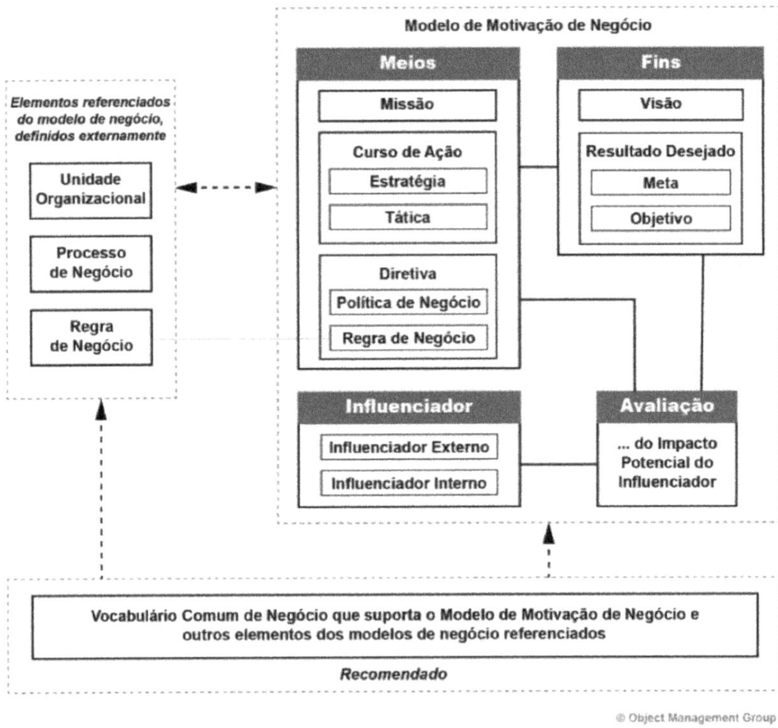

Figura 18.7. Metamodelo informal do BMM.
Fonte: adaptado de OMG (2015).

Um terceiro elemento importante nessa figura, e que também está fora do escopo do padrão, é a recomendação para que exista um **vocabulário comum de negócio** que estabeleça uma linguagem comum e coerente através de toda a empresa, evitando-se, assim, falhas na implementação das estratégias de negócio por causa de eventuais erros de comunicação e compreensão entre os colaboradores. É importante indicar, também, que as regras de negócio pertinentes ao modelo de motivação são puramente de negócio e relevantes do ponto de vista corporativo. As regras de negócio aplicáveis especificamente a processos, aplicativos e outros ativos são definidas e gerenciadas nos modelos operacionais da arquitetura da organização.

As principais ideias por trás do desenvolvimento do BMM são listadas a seguir:

- ✓ **Perspectiva do negócio:** todos os elementos do modelo de motivação são vistos a partir de um ponto de vista de negócio.
- ✓ **Motivação:** uma empresa não deveria operar e evoluir de forma randômica. Quando a empresa executa um processo ou aplica uma regra de negócio, ela deveria saber exatamente por quê.

✓ **Reação à mudança:** o que uma empresa faz não é guiado pela mudança em si, mas pela reação que ela tem em relação a alguma mudança. Avaliar a força e a direção da mudança no seu ambiente de operação é fundamental para que a empresa possa reagir da forma mais eficaz possível, assim obtendo vantagem para si ao longo do processo.

Separação de preocupações

✓ **Fins e meios** – Fins representam onde a empresa quer chegar, em contraposição aos meios que ela usará para fazer isso. Meios podem ser mudados sem mudança nos fins; o inverso não é tão comum.

✓ **Mudanças causadas pelos influenciadores e a avaliação do seu impacto** – O impacto e o sentido das mudanças podem ser avaliados de forma diferente por pessoas diferentes; o que para uns é uma ameaça, para outros pode ser uma oportunidade.

✓ **Avaliações e decisões** – Avaliações levam a decisões expressas em políticas e regras de negócio da empresa. Deve ser possível alterar as decisões rapidamente se as avaliações se provam incorretas.

✓ **Cursos de ação e políticas de negócio** – As políticas de negócio devem fornecer orientação para a proposição e implementação dos cursos de ação (estratégias) da empresa, eventualmente restringindo quais cursos de ação são aceitáveis para a organização.

✓ **"Como" e "quão bem"** – Cursos de ação definem como os recursos da organização são configurados; as medidas sobre quão bem eles são utilizados estão definidas nos objetivos que eles suportam. Objetivos podem ser mudados sem que isso signifique mudança nos cursos de ação adotados pela organização.

✓ **Decomposição** – Resultados esperados, cursos de ação e políticas de negócio podem ser decompostos para diferentes níveis da organização, de forma que escolhas feitas nos níveis superiores da empresa possam ser desdobradas para os níveis inferiores (do nível corporativo para o nível de unidade de negócio, por exemplo).

✓ **Métricas** – O BMM não tem um conceito específico para medidas de desempenho (KPIs, CSFs, OKRs), que são incluídas no modelo como objetivos mensuráveis.

Como mencionado anteriormente, o BMM não define nenhuma linguagem adequada para a modelagem das motivações da empresa. O aspecto de motivação da linguagem ArchiMate® (THE OPEN GROUP, 2019) foi inspirado no BMM, com algumas simplificações. Dessa forma, é muito fácil desenvolver modelos que atendam ao padrão BMM usando a linguagem ArchiMate®, como descrito em Walters; Plais (2017) e mostrado na figura a seguir:

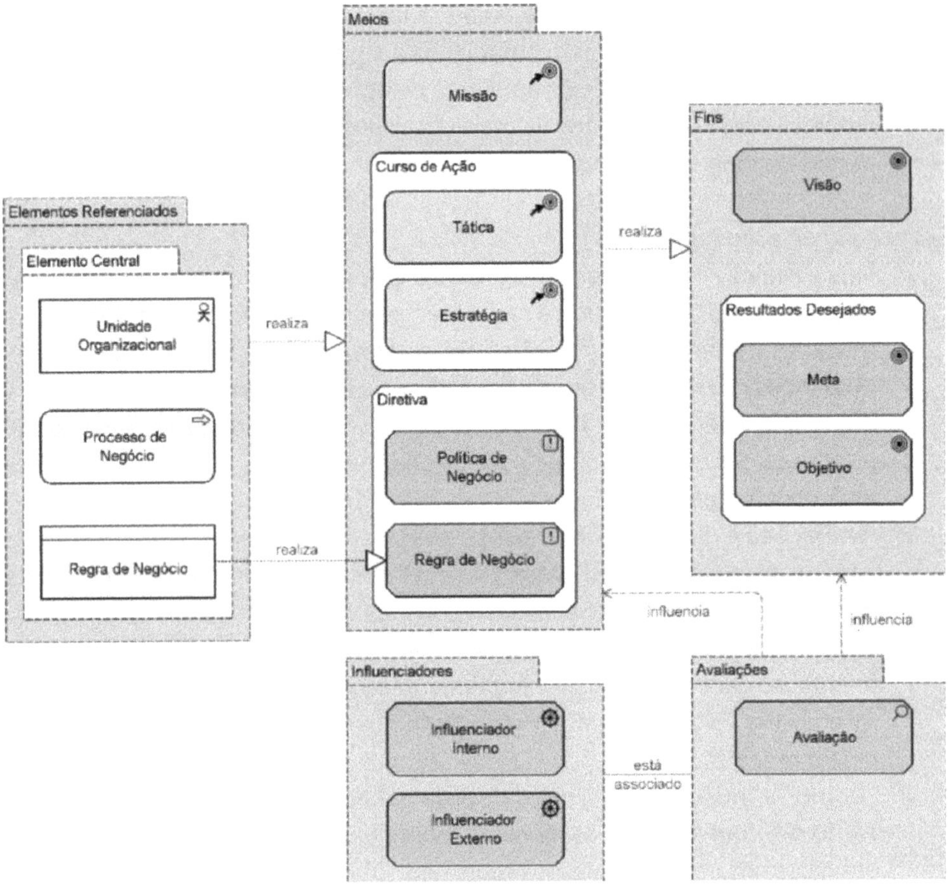

Figura 18.8. O BMM modelado por meio de elementos da linguagem ArchiMate®.
Fonte: adaptado de Walters; Plais (2017).

Para desenvolver um BMM de uma organização, é necessário, antes, elicitar todos os elementos envolvidos (influenciadores, avaliações, fins e meios) de forma bastante completa, visando criar um quadro de referência que possa, efetivamente, suportar o desenvolvimento da arquitetura da empresa.

Balanced Scorecard (indicadores de desempenho balanceados)

O mapa estratégico (*Strategy Map*), também conhecido como *Balanced Scorecard*, proposto por Norton e Kaplan (1996), é uma metodologia de medição de desempenho que procura reduzir a dependência da avaliação de criação de valor da empresa em relação a aspectos puramente financeiros e de curto prazo. Ao incluir fatores de avaliação mais "suaves", como a satisfação do cliente e o desenvolvimento organizacional da empresa, o BSC incentiva uma abordagem mais holística para a avaliação das decisões estratégicas, balanceando as decisões de curto e de longo prazo e as decisões financeiras e não financeiras. O BSC é um aliado poderoso da arquitetura de negócio, na medida em que reconhece a importância da melhoria contínua dos processos (e, por extensão, dos sistemas que os suportam) e do aprendizado e da melhoria contínua da organização, tema que é uma das pedras angulares da própria Arquitetura Corporativa. O *Balanced Scorecard* pode ser representado esquematicamente como na figura a seguir:

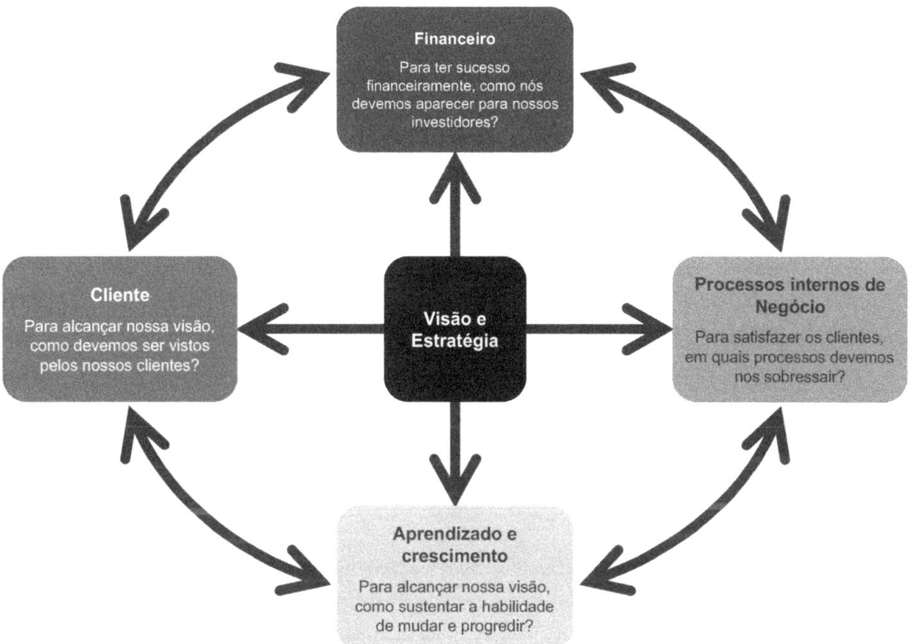

Figura 18.9. *Balanced Scorecard*.
Fonte: Wikimedia Commons (2008).

As metas e os objetivos da organização são divididos em quatro grandes blocos ou perspectivas:

1. **Financeira (*Financial Perspective*)**: representa as grandes diretrizes estratégicas para a geração de resultados de longo prazo para a organização, podendo ser classificadas em diferenciação para crescimento (*Growth Strategy*) e para otimização operacional (*Productivity Strategy*). Por meio dessas diretrizes a empresa define as metas que se traduzirão em resultados financeiros.
2. **Cliente (*Customer Perspective*)**: representa as formas pelas quais a organização gera valor para seus consumidores por meio de cadeias de valor e serviços.

É pela geração de valor que os consumidores optam por utilizar os serviços da organização, justificando a existência de todo o conjunto de recursos e processos empregados para operar o negócio.

3. **Interna (*Internal Perspective*)**: representa o conjunto de processos e capacidades que sustentam a cadeia de valor da empresa. Importante destacar que é principalmente nesta camada que acontecem tanto a diferenciação como a otimização da organização, entregando serviços aos consumidores. Também se deve ressaltar que esta perspectiva engloba os processos operacionais, os processos internos e, de certa forma, também os processos de eventuais parceiros (cadeia de valor estendida). Sistemas de informação, recursos de infraestrutura e maquinário também fazem parte desta perspectiva, uma vez que também realizam processos e capacidades da organização.
4. **Aprendizado e crescimento (*Learning and Growth Perspective*)**: aqui são representados os recursos humanos, que são o motor efetivo das organizações. Por mais automatizados que sejam os processos de uma organização, sempre existem recursos humanos operando os processos, gerando entrada de informações, tomando decisões, interagindo com os consumidores, tratando das rotinas internas e atuando nas iniciativas (programas e projetos) para criação de novas capacidades e processos para gerar valor para os consumidores e otimizar a operação. Destacam-se aqui, também, os aspectos culturais das organizações, importantes para entender seu conjunto de crenças e as abordagens adotadas para configurar seus recursos e traçar suas estratégias.

Um exemplo mais detalhado de um mapa estratégico, contendo algumas metas e métricas associadas a duas estratégias (produtividade e crescimento), está disponível no *link* <https://www.valuebasedmanagement.net/images/strategy_map_kaplan_norton.pdf>.

Strategy canvas

O *Strategy Canvas* (KIM; MAUBORGNE, 2004) é um mapa estratégico que permite representar grupos de capacidades para comparação entre organizações, bem como comparar capacidades atuais com capacidades desejadas de uma organização.

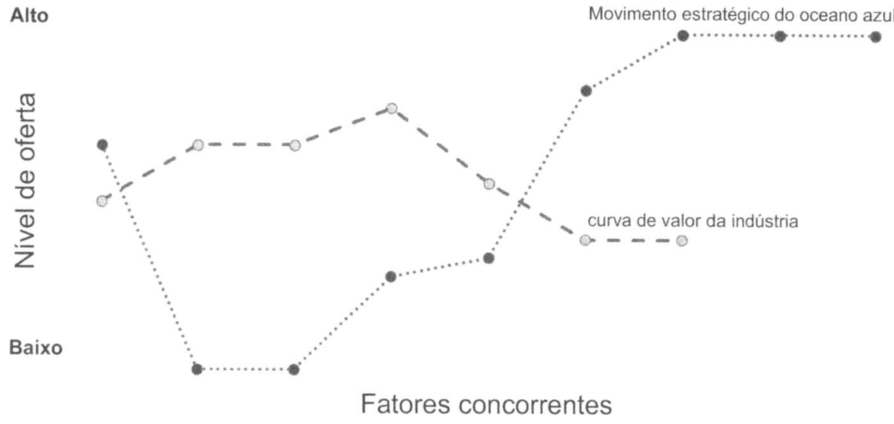

Figura 18.10. ***Strategy Canvas.***
Fonte: adaptado de Blue Ocean (s.d.).

Cada um dos pontos representa uma capacidade em uma determinada classificação (valor oferecido, maturidade etc.). Quanto mais distinto o conjunto de capacidades de uma organização, mais diferenciada de seus concorrentes (ex.: estratégia de diferenciação).

A imagem a seguir representa uma aplicação típica dessa ferramenta de avaliação estratégica:

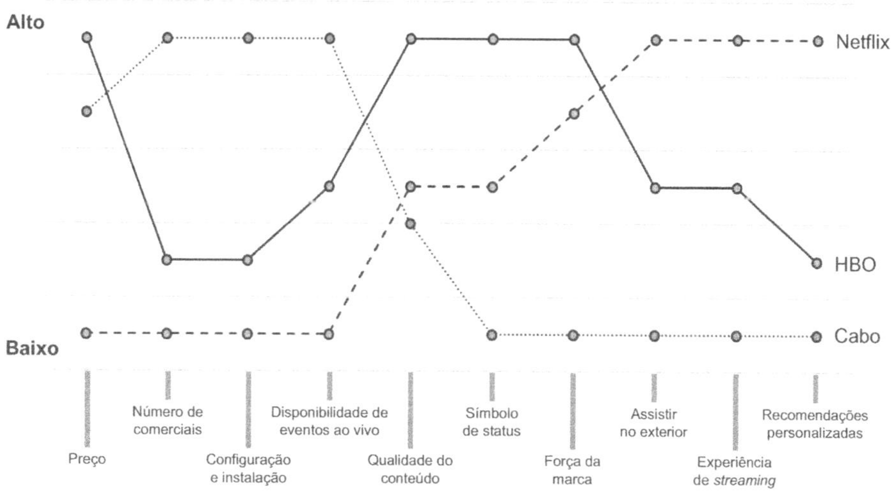

Figura 18.11. ***Strategy Canvas.***
Fonte: adaptado de Strategy for Executives (s.d.).

Segundo os autores, quanto mais próximas forem as representações de duas organizações, maior a concorrência e maior a probabilidade de estarem competindo por preços, em uma perseguição contínua pela otimização operacional. Na comparação de estágios atuais e futuros, é possível definir níveis de maturidade (ex.: de 1 a 5) e identificar quais capacidades demandarão mais esforços (iniciativas) para atingimento do estado futuro (objetivo).

Conclusão

As mudanças nas organizações são frequentemente realizadas por meio de programas divididos em diversas fases, que abrangem vários anos, e se espera que sejam atingidos certos objetivos de negócio como resultado dos vários projetos (multidisciplinares). Em tais projetos, produtos e serviços novos ou melhorados são realizados, ou a estrutura interna do negócio, aplicativos de software, ou infraestrutura tecnológica, é redesenhada. Um programa de mudanças assume que importantes decisões serão tomadas em consonância com a visão de longo prazo, a missão e a estratégia que a empresa possui. Essas decisões devem ser consistentes, e devem ter em conta a situação atual da empresa. Isso é viável apenas se tais decisões forem baseadas em algum tipo de esquema organizacional propositadamente desenhado e organizadamente desenvolvido. A arquitetura de negócio pode cumprir esse papel de esquema de orientação, ao documentar o estado atual e futuro da organização, e os roteiros de mudança entre os dois estados, cobrindo tanto as perspectivas de curto como de longo prazo para o planejamento estratégico.

19. Capacidades, fluxos de valor e processos de negócio

Antonio Plais

Capacidades

Como declarado várias vezes ao longo deste livro, a Arquitetura Corporativa, e, por extensão, a arquitetura de negócio, tem como objetivo proporcionar o alinhamento entre a estratégia e a operação da empresa, e servir como guia durante a jornada contínua rumo a um estado desejado futuro. O ambiente de negócios atual está cada vez mais dinâmico, e as empresas precisam mudar e se adaptar a essas novas condições com uma velocidade nunca vista para se manterem competitivas e ágeis.

Cada vez é mais comum iniciativas de mudança serem atropeladas por novas alterações de rota e estratégia antes mesmo de produzirem os resultados esperados. As inúmeras iniciativas de mudança iniciadas, em andamento e (com sorte!) finalizadas, requerem, além do já mencionado alinhamento, um bom entendimento e comunicação sobre quais são as deficiências e os pontos fortes da empresa, onde investir e melhorar, onde desinvestir e apenas manter o estado atual das coisas. Com estruturas organizacionais, modelos e processos de negócio cada vez mais fluidos e difíceis de analisar estrategicamente, os conceitos de capacidades e recursos têm ganhado cada vez mais atenção dos líderes e estrategistas empresariais.

Como declarado em The Open Group (2018b), "capacidades de negócio fornecem uma abstração da realidade do negócio de uma forma que ajuda a simplificar as conversas entre as partes interessadas". Definir os componentes (papéis, processos, informação e ferramentas) que suportam uma capacidade fornece o contexto de negócio para a configuração desses componentes. Criar um mapa de capacidades de negócio para a organização promove um maior entendimento comum do negócio". Determinar as capacidades de uma empresa, ou seja, o que ela é capaz de fazer (e quão bem ela o faz), e os recursos de que ela dispõe para fazê-lo, ajuda a tomar decisões estratégicas mais fundamentadas e, portanto, com maiores possibilidades de sucesso.

Uma capacidade de negócio descreve o que uma empresa deve ser capaz de fazer para criar valor para seus clientes e acionistas, mas não descreve os detalhes sobre como fazer isso. Ela encapsula processos, pessoas, tecnologia e informação (os recursos) necessários para fazer isso e é, em geral, definida no nível da organização, sendo única; em outras palavras, as capacidades são definidas de forma independente da estrutura organizacional da empresa e não são atribuídas a nenhuma unidade organizacional/departamento específico (ao contrário das funções de negócio, que são sempre associadas a uma ou mais unidades organizacionais). Uma capacidade necessária para uma empresa pode, na prática, ainda não existir e ter que ser criada e desenvolvida até o nível de desempenho desejado para suportar as metas estratégicas da empresa.

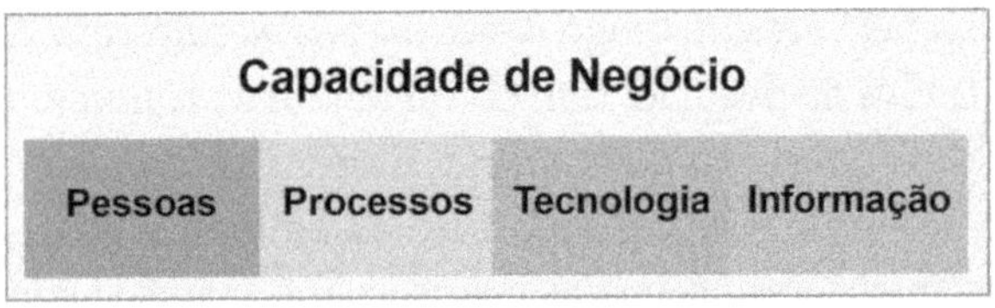

Figura 19.1. Componentes das capacidades de negócio.
Fonte: o autor.

Capacidades de negócio são os elementos fundamentais para o **planejamento baseado em capacidades**, "uma abordagem que foca no planejamento, construção e entrega de capacidades para a empresa" (THE OPEN GROUP, 2018), que pode ser usado para focar os investimentos da organização naquelas capacidades que são importantes para atingir seus objetivos estratégicos. Esses investimentos, em geral, são direcionados para melhorar um ou mais dos componentes das várias capacidades da empresa, através de programas, projetos e iniciativas de melhoria. O planejamento baseado em capacidades atua em forte cooperação com o gerenciamento de portfólios e programas, principalmente durante os ciclos de priorização e avaliação dos projetos, fornecendo um alinhamento claro entre os resultados que eles entregam e os incrementos (melhorias de desempenho) que eles proporcionam para as capacidades.

O planejamento baseado em capacidades é uma atividade cíclica e contínua. Em consonância com as técnicas e ferramentas apresentadas anteriormente, mudanças nas condições do ambiente, nos objetivos estratégicos ou a falha em atingir os objetivos esperados podem levar a empresa a empreender um novo ciclo de planejamento, como proposto em Aldea et al. (2016):

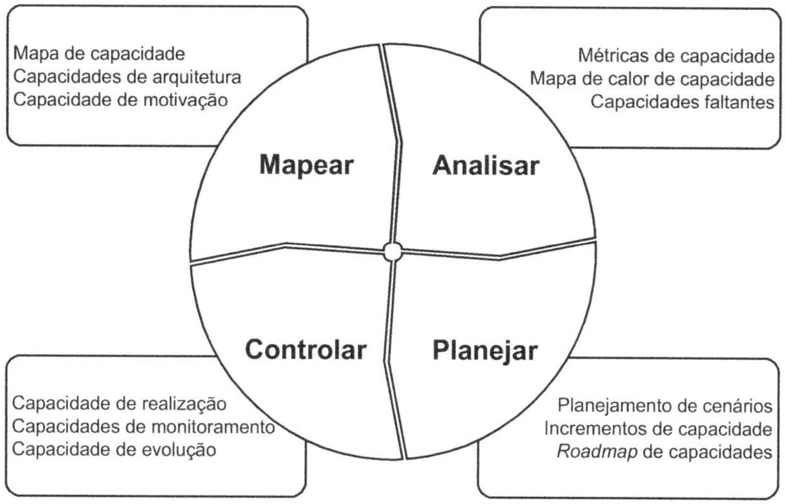

Figura 19.2. Visão geral das atividades do planejamento baseado em capacidades. Fonte: adaptado de Aldea et al. (2016).

A figura mostra uma visão geral das quatro atividades principais do planejamento baseado em capacidades e os principais resultados esperados em cada uma delas.

- ✓ **Mapear (*Map*)**: identificar, descrever e relacionar as capacidades da organização, ligando-as às suas motivações (metas estratégicas) e sua implementação (recursos, competências, informação, processos etc.). Isso pode ser feito em vários níveis de agregação/decomposição, mas geralmente não são usados mais de três níveis de profundidade.
- ✓ **Analisar (*Assess*)**: identificar as métricas relevantes (derivadas dos objetivos estratégicos) e pontuá-las, identificando as capacidades que estão abaixo/acima do desejado ou as capacidades faltantes com base nos objetivos de desempenho derivados da estratégia da organização. Além disso, identificar capacidades similares (duplicadas) existentes em diferentes partes da organização, mas que são, na realidade, a mesma capacidade (talvez, com nomes diferentes).
- ✓ **Planejar (*Plan*)**: planejar os incrementos de capacidade ao longo do tempo e alocar os recursos necessários para isso, o que requer a estreita colaboração entre o gerenciamento estratégico, o planejamento de programas e portfólios e a Arquitetura Corporativa.
- ✓ **Controlar (*Control*)**: identificar o nível de desempenho das capacidades implementadas, comparar com o nível necessário para atingir os resultados e revisar e avaliar como as capacidades foram implementadas em relação ao uso de ativos, pessoas, processos, tecnologia etc.

As organizações podem usar **mapas de calor de capacidades** como uma representação de alto nível das métricas associadas às capacidades. Com base nos valores atribuídos a essas métricas, podem ser criados códigos de cores que mostrem de forma bastante intuitiva a situação atual ou futura das capacidades da empresa.

É importante observar, no entanto, que a decisão por investir na criação ou melhoria de uma capacidade deve estar alinhada com os objetivos estratégicos da organização. Se uma capacidade com baixo desempenho não tem relevância para o atingimento das metas da empresa, talvez não exista justificativa para investir na sua melhoria. Assim, qualquer análise do desempenho das capacidades da empresa e da proposição de incrementos de desempenho deve estar subordinada à avaliação da contribuição das várias capacidades para os objetivos estratégicos da empresa.

Fluxos de valor

> *Valor é o reconhecimento de que algo é merecedor; a importância ou utilidade de alguma coisa. Dentro do contexto da Arquitetura de Negócio, é importante pensar em valor no sentido mais genérico de utilidade, vantagem, benefício ou conveniência, ao invés da perspectiva contábil ou financeira relativamente mais estreita, que define valor como o valor material ou monetário de algo. Exemplos de valores não monetários incluem coisas como a entrega bem-sucedida de um produto ou serviço, a solução de um problema do cliente de forma oportuna, ou o acesso a informação atualizada que proporcione melhores decisões. (THE OPEN GROUP, 2019b).*

> *Criação de valor é o objetivo primário de qualquer entidade de negócio. Criar valor para o cliente ajuda a vender seus produtos e serviços, enquanto cria valor para os acionistas (proprietários, mantenedores etc.), na forma de aumento no valor das ações (ou do patrimônio e lucro da empresa), e garante a viabilidade futura de capital de investimento para fundear as operações. (REFERENCE FOR BUSINESS, s.d.).*

Várias abordagens para a análise do valor gerado por uma empresa para os seus clientes e proprietários foram propostas ao longo das últimas décadas. **Cadeias de valor** foram introduzidas por Michael Porter (1988): "a cadeia de valor desagrega a empresa em suas atividades estrategicamente relevantes para entender o comportamento dos custos e as fontes potenciais de diferenciação (competitiva)". Com o seu foco primário nos custos das atividades e nas margens geradas, a perspectiva da cadeia de valor tem como objetivo principal compreender como o valor econômico é gerado, como mostrado a seguir:

Figura 19.3. Cadeia de valor de Porter.
Fonte: adaptado de Porter (1988).

No entanto, esse modelo não possui uma estrutura de detalhamento para modelar, decompor e analisar como um negócio combina suas várias capacidades para produzir um resultado útil para as suas partes interessadas. Essa é a principal razão para criação e desenvolvimento do conceito de **fluxo de valor**, que fornece uma visão de alto nível de ponta a ponta do sistema de produção de valor da empresa por meio da sequência das atividades principais da empresa que são habilitadas pelas suas capacidades. Na figura a seguir, um exemplo de fluxo de valor (por meio de um modelo ArchiMate®) mostra as várias etapas de criação de valor em um fluxo de valor que suporta a alta gerência na tomada de decisões bem fundamentada. O modelo mostra, ainda, as capacidades necessárias para realizar cada etapa do fluxo de valor.

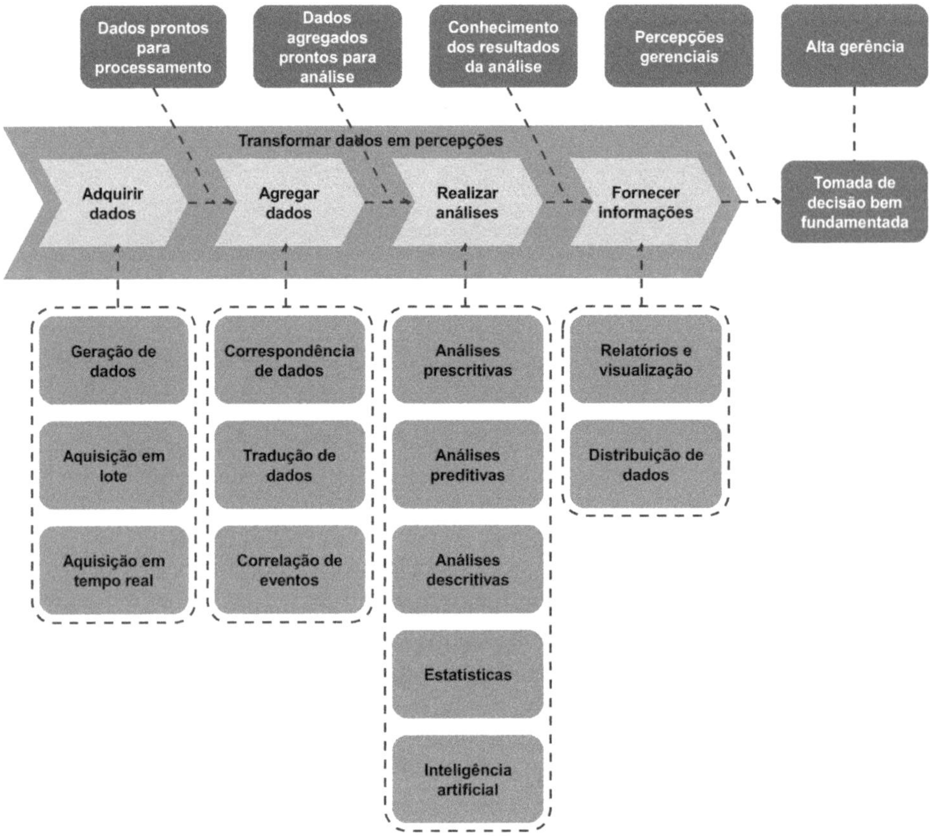

Figura 19.4. Exemplo de modelo de fluxo de valor.
Fonte: o autor.

Esse modelo permite avaliar o impacto e a importância das capacidades da empresa na realização dos seus fluxos de valor, e identificar as capacidades que devem ser criadas ou evoluídas para aumentar o valor para o seu consumidor final (eventualmente, usando mapas de calor para isso). Essas percepções podem, então, servir de entrada para o planejamento de capacidades descrito antes e para o desdobramento dos incrementos de capacidade nos recursos e elementos da arquitetura que os realizam.

Processos e regras de negócio

De acordo com o principal corpo de conhecimento em gerenciamento de processos, o BPM CBOK (ABPMP, 2013), "processo é uma agregação de atividades e comportamentos executados por humanos ou máquinas para alcançar um ou mais resultados... destinado a entregar valor para os clientes".

Da definição anterior percebemos alguns elementos-chave no gerenciamento de processos:

1. **Resultado**: todo processo tem um objetivo de negócio declarado e que define o seu resultado. A qualidade e a eficácia de um processo são sempre medidas em relação ao seu resultado, ou seja, quão bem o resultado do processo atende a uma necessidade e quão bem os recursos utilizados para atingir esse resultado foram usados.
2. **Valor**: o resultado de um processo deve ter valor para o seu recebedor. Para o recebedor do resultado do processo as atividades realizadas para a entrega do resultado não são importantes e não lhe dizem respeito. Do ponto de vista do cliente, o processo é uma grande caixa-preta que deveria esconder os detalhes do seu funcionamento; apenas o resultado é importante e pode ter valor para o cliente.
3. **Ponta a ponta**: um processo compreende todas as atividades desde a solicitação do cliente até a entrega efetiva do seu resultado. Aqui, é importante notar que o cliente de um processo pode tanto ser interno à organização (processos de suporte) como externo (processos primários). Por outro lado, ver o processo pela perspectiva ponta a ponta de entrega de um resultado de valor para o cliente evita que a empresa se perca no gerenciamento de processos que não agregam valor para o cliente.
4. **Orquestração de atividades**: um processo agrega as atividades necessárias para realizar o resultado e, mais do que isso, determina a sequência em que essas atividades são realizadas. A sequência, e mesmo a ocorrência, dessas atividades é determinada, muitas vezes, por decisões tomadas ao longo do processo, baseadas nas regras de negócio estabelecidas pela organização. Falaremos sobre decisões e regras de negócio mais à frente.

De forma geral, tudo o que acontece dentro da empresa é parte de um ou mais processos, e os processos são responsáveis pela criação ou realização dos produtos e serviços que a empresa entrega para seus clientes. Como tal, o correto e eficiente gerenciamento dos processos de negócio é uma capacidade fundamental para qualquer empresa minimamente organizada. O sucesso de uma organização e a criação de valor para todas as partes interessadas é, em grande parte, dependente da forma como a empresa organiza seus processos.

Processos, em última análise, são os responsáveis pela realização das capacidades da organização, pela utilização dos seus recursos, e pela entrega das etapas de criação de valor dos seus fluxos de valor. Sem processos de negócio eficazes e alinhados com os objetivos estratégicos, é pouco provável que uma empresa possa sobreviver e prosperar em um mercado competitivo e mutante como o atual.

As atividades agregadas em um processo podem ser realizadas por vários atores, papéis ou unidades de negócio, o que significa que processos são, por natureza, multifuncionais e podem atravessar toda a estrutura funcional e organizacional da empresa. Lidar com as dificuldades inerentes a essa multifuncionalidade é uma das maiores preocupações do gerenciamento de processos de negócio. Estabelecer uma visão da empresa baseada nos seus processos horizontais ponta a ponta, e não na sua estrutura funcional, é a chave para obter sucesso nessa empreitada.

> *A qualidade que é entregue ao cliente em um processo depende da qualidade de todas as tarefas executadas no processo. Muitas vezes, existem problemas ou estrangulamentos entre as tarefas, sistemas e departamentos. Olhando para os processos horizontalmente, várias tarefas no processo podem ser observadas em relação umas às outras, do cliente para o cliente. Tarefas não são isoladas; algo sempre está antes e algo sempre acontece depois. Além disso, o cliente, para quem, em última análise, estamos realizando o processo, de repente se torna visível em todas as tarefas ao longo da cadeia". (MATTHIJSSEN, 2019)*

Uma vez que boa parte dos processos nas empresas, hoje, é automatizada através do uso de tecnologia de informação e dos canais eletrônicos de comunicação, existe uma armadilha frequente no desenvolvimento dos processos de uma organização, que é colocar a tecnologia à frente do negócio. Isso significa que a empresa primeiro escolhe uma solução tecnológica (ex.: um pacote ERP, um aplicativo de CRM na nuvem, ou um atendimento robotizado baseado em mecanismos de inteligência artificial) e, então, desenvolve os seus processos em torno dessa solução, até o ponto em que a própria solução se torne um problema para a empresa. Ajustar os processos da empresa a uma solução de TIC pode ser um imperativo ditado por questões de padronização, esforço ou custo, mas isso não deve ser razão para que a TIC tenha primazia sobre o negócio na definição do processo mais adequado para atender às necessidades dos seus clientes. A figura a seguir mostra isso:

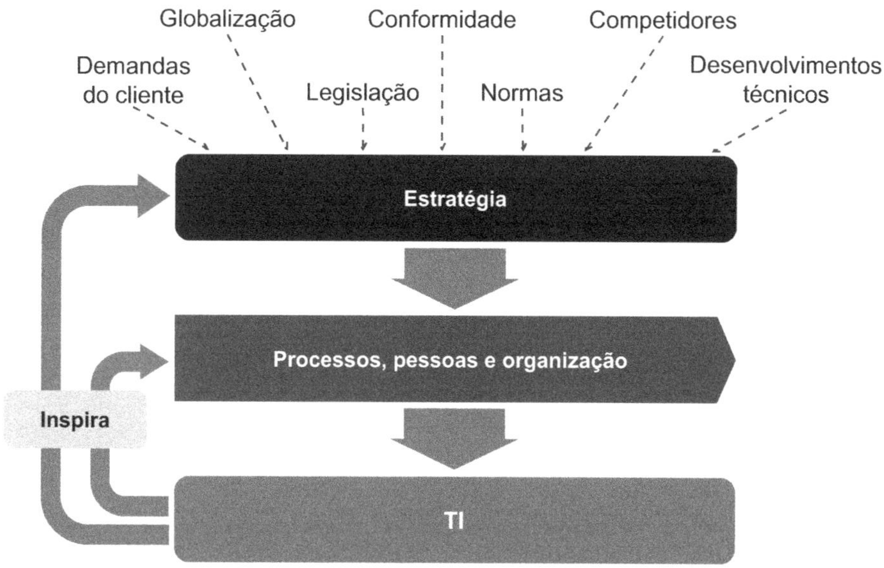

Figura 19.5. A primazia do negócio sobre a TIC.
Fonte: adaptado de Matthijssen (2019).

Como mostrado na figura, a TIC tem um papel fundamental na entrega de valor para os clientes, através da automatização dos processos de negócio da empresa. Além disso, é responsabilidade da área de TIC informar e inspirar a estratégia e o negócio em relação às possibilidades de uso das novas tecnologias para lidar com as pressões do ambiente. Entretanto, essas possibilidades e inspirações deveriam ser incorporadas às estratégias, processos, cultura e organização da empresa antes de se materializar em novas soluções e sistemas de TIC (recomendamos uma leitura atenta do Capítulo 18 deste livro).

Entendidos o conceito geral, o posicionamento e os benefícios da visão de processos para a entrega de valor para o cliente, é hora de discutirmos com um pouco mais de detalhes como trabalhar com o gerenciamento e a modelagem de processos. Sempre que falamos em processos temos a tendência a pensar apenas, e diretamente, nas atividades que compõem o processo e na sequência em que essas atividades deveriam ser realizadas. No entanto, para que um processo possa efetivamente atender às necessidades e aos propósitos dos clientes e da organização, é necessário olhar para os processos a partir de um ponto de vista mais amplo, que inclui o ambiente onde esse processo existe e opera. Roger Burlton (2001) propõe um modelo de análise de processos que foca em quatro aspectos importantes para uma análise ampla dos processos: Entrada (*Input*), Diretrizes (*Guides*), Saída (*Output*) e Facilitadores (*Enablers*). Esse modelo é mostrado, de forma simplificada, na figura a seguir:

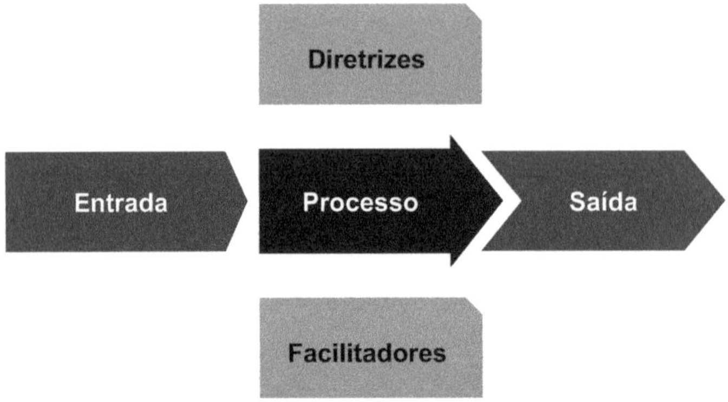

Figura 19.6. Modelo Entrada-Diretrizes-Saída-Facilitadores.
Fonte: adaptado de Matthijssen (2019).

- ✓ **Entrada**: tudo aquilo que é necessário para a execução do processo, desde materiais físicos até informações, por exemplo, e que de alguma forma sofrerá transformação para resultar em uma saída.
- ✓ **Saída**: representa o resultado da transformação das entradas realizada pelo processo. Em síntese, e de forma simplificada, processos transformam entradas em saídas.
- ✓ **Diretrizes**: diretrizes, ou regras de negócio, orientam e estabelecem as condições para a realização do processo, seus objetivos de desempenho, restrições legais e de recursos, e qualquer outra condição ou restrição (requisitos) a que o processo deva atender. Diretrizes podem ser genéricas, como princípios de qualidade de atendimento, ou específicas, como os critérios de definição de alçada de aprovação de um pedido, por exemplo.
- ✓ **Facilitadores**: é tudo aquilo que é necessário para suportar a realização do processo, mas não é transformado no processo. Isso inclui, por exemplo, pessoas, instalações, equipamentos, sistemas, competências etc. Sem a existência dos facilitadores não há como o processo ser executado. Uma classe especial de facilitadores são os atores do processo, ou seja, aqueles elementos (humanos ou tecnológicos) que efetivamente realizam as atividades do processo.

Por fim, vamos falar um pouco sobre a modelagem de processos e decisões. Sem prejuízo para outras possíveis abordagens e linguagens de modelagem de processos (ex.: fluxogramas, IDEF0, BPEL, EPC, entre outras), o padrão atual de fato para a modelagem de processos é o *Business Process Model and Notation* (BPMN) (OMG, 2011), e para decisões e lógica do negócio o padrão é o *Decision Model and Notation* (DMN) (OMG, 2019), ambos publicados pelo *Object Management Group* (OMG). Os dois padrões foram projetados para funcionar em conjunto, sendo o BPMN adequado para modelar a sequência e os caminhos alternativos que o fluxo de atividades dentro de um processo pode tomar, enquanto o DMN modela a lógica de decisão que governa esses fluxos alternativos. Os dois padrões têm como objetivo final a construção de modelos executáveis de processos, ou seja, processos automatizados. No entanto, com algumas simplificações, ambos têm também servido como instrumento de modelagem de processos manuais ou híbridos (parte manual, parte suportada por sistemas).

Apresentar esses dois padrões em maiores detalhes foge ao escopo deste livro. Os leitores interessados podem consultar as especificações dos padrões (OMG, 2011; OMG, 2019) ou os vários livros escritos sobre o assunto ao longo dos últimos anos (recomendamos Silver (2011) e Silver (2018)). A visão geral que apresentaremos a seguir, no entanto, deveria ser suficiente para instigar aqueles interessados na disciplina do gerenciamento de processos e decisões a buscar conhecimentos mais aprofundados a respeito desses assuntos.

O BPMN é uma linguagem gráfica para a descrição de processos, baseada em diagramas. Ela adquiriu a preferência da comunidade de processos em função da sua portabilidade entre ferramentas de modelagem e gerenciamento de processos (BPMS – *Business Process Management Systems*) e motores de execução de fluxos de trabalho (BPEE – *Business Process Execution Engine*), e da sua flexibilidade, que permite ser usada e entendida pelo pessoal de negócios e pelo pessoal técnico, até o nível da execução do processo. Mantido pelo OMG e suportado por praticamente todos os grandes fornecedores de ferramentas, o BPMN possui uma enorme base instalada de aplicações reais e uma oferta inigualável de profissionais qualificados na linguagem. A principal entidade promotora do uso do BPMN é a ABPMP (*Association of Business Process Management Professionals*), que fornece literatura, treinamentos e exames de certificação na linguagem.

Embora a especificação completa da linguagem defina uma quantidade significativa de elementos e suas variantes, diagramas BPMN podem ser construídos usando-se um conjunto relativamente limitado de elementos básicos:

- ✓ **Raias**: representam a atribuição de responsabilidade pela execução das atividades nelas contidas a papéis ou unidades organizacionais (ex.: departamentos). Raias podem ser agrupadas em Piscinas, que representam o processo como um todo. Piscinas podem representar, também, entidades externas ao processo.
- ✓ **Objetos de fluxo**: eventos, tarefas e portais (*gateways*) são os elementos centrais da linguagem BPMN. Eles indicam o início, fim ou interrupções no processo,

as atividades que são executadas e os possíveis desvios no fluxo das atividades (formando vários caminhos cabíveis de execução do processo). Existem vários tipos de eventos, tarefas podem ser de vários tipos e ser decompostas até o nível de atividades básicas, e os portais também possuem vários tipos.

✓ **Objetos de conexão**: fluxos, fluxos de mensagem e associações conectam os vários objetos de fluxo e artefatos.

✓ **Artefatos**: são elementos decorativos ou que significam objetos fora do escopo da linguagem BPMN, como objetos de dados, armazenamento e mensagens.

Um exemplo de modelo de processo BPMN é mostrado a seguir:

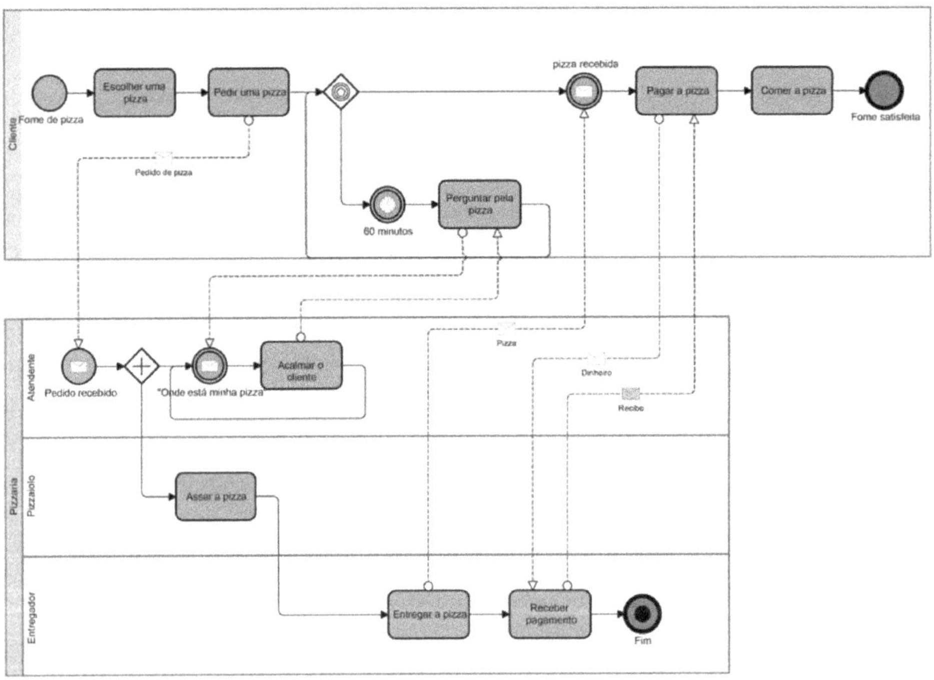

Figura 19.7. Exemplo de processo BPMN: pedindo uma pizza para o jantar. Fonte: o autor.

O DMN é uma linguagem gráfica para a descrição da lógica de negócios da empresa, ou seja, a lógica e as condições que estão por trás das decisões da empresa, através de, principalmente, diagramas e tabelas de decisão. A disciplina do gerenciamento e modelagem de decisões é bastante recente (veja Von Halle e Goldberg (2019) para mais informações sobre a origem da modelagem de decisões), e o próprio padrão DMN é pouco conhecido no mercado, embora venha ganhando corpo e interesse em várias indústrias, principalmente de serviços financeiros, seguros e serviços públicos.

O principal diagrama definido pelo padrão DMN é o Diagrama de Requisitos de Decisão (DRD – *Decision Requirements Diagram*), que é reunido em um domínio de tomada de decisão por meio de um Gráfico de Requisitos de Decisão (DRG – *Decision Requirements Graph*). Um DRD modela as decisões, áreas de conhecimento de negócio, fontes de conhecimento de negócio, dados de entrada e serviços de decisão, usando elementos definidos como segue:

- ✓ **Decisão**: identifica o ato de determinar uma saída (a decisão) a partir de várias entradas (os fatos), usando uma lógica de decisão que pode referenciar um ou mais Modelos de Conhecimento de Negócio.
- ✓ **Modelo de Conhecimento de Negócio**: identifica uma função que encapsula conhecimento de negócio, como regras de negócio, tabelas de decisão ou modelos analíticos.
- ✓ **Dado de Entrada**: identifica informação (dados) que é usada como entrada para uma ou mais Decisões.
- ✓ **Fonte de Conhecimento**: indica uma autoridade sobre um Modelo de Conhecimento de Negócio ou Decisão. Fontes de conhecimento são úteis para estabelecer quem ou o que (ex.: regulações legais) é a fonte primária da lógica de negócio descrita no modelo de decisão.
- ✓ **Serviço de Decisão**: indica decisões reusáveis que podem ser invocadas durante o processo de tomada de decisão (ex.: uma fórmula para cálculo de juros).

Para exemplificar como os modelos BPMN e DMN se complementam, apresentamos um exemplo simplificado, envolvendo um processo de aluguel de automóvel que contempla duas decisões para determinar a elegibilidade do cliente e para calcular o valor do aluguel. O diagrama BPMN a seguir mostra como esse processo poderia ser modelado sem o uso de modelos de decisão. Note que é necessário um certo esforço para separar as tarefas que efetivamente produzem algum resultado daquelas que apenas expressam a lógica (regras) do negócio.

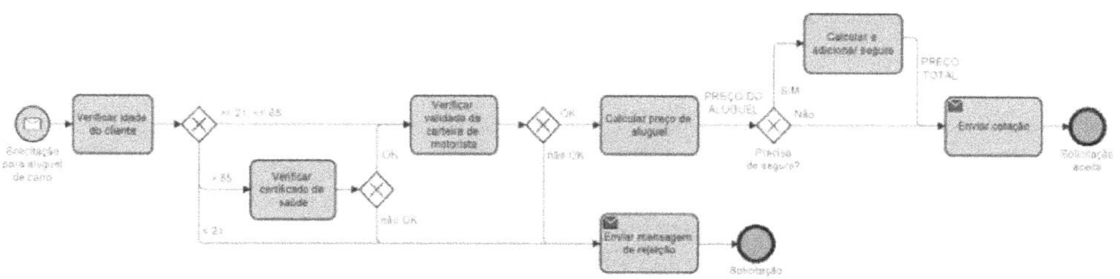

Figura 19.8. Diagrama BPMN para um processo de aluguel de automóvel.
Fonte: o autor.

As decisões e as regras de negócio correspondentes, mostradas neste diagrama, são:

- ✓ **Elegibilidade do cliente**: todo cliente deve possuir uma carteira de motorista válida; clientes abaixo de 21 anos não são aceitos; clientes acima de 65 anos devem possuir certificado de saúde válido.
- ✓ **Cálculo do preço**: para determinar o valor da locação, é necessário adicionar o valor do prêmio do seguro ao valor da diária, se o cliente desejar.

O diagrama a seguir mostra o mesmo processo, mas agora substituindo a modelagem BPMN dessas regras de negócio por tarefas de decisão:

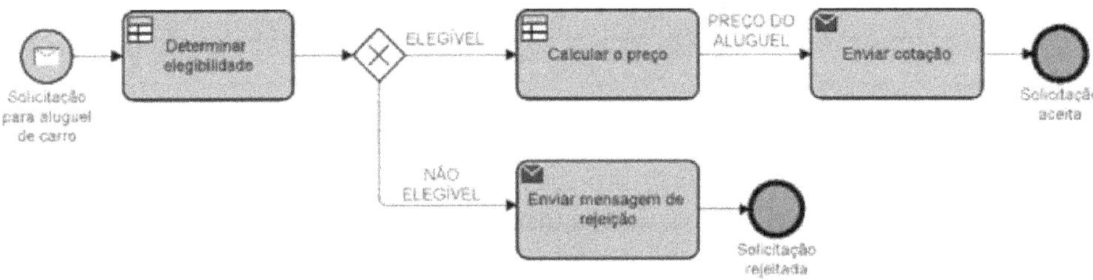

Figura 19.9. Diagrama BPMN para um processo de aluguel de automóvel.
Fonte: o autor.

Imediatamente fica claro como o diagrama é simplificado, e fica também evidente quais são as tarefas de decisão (onde a lógica de negócio será aplicada) e quais são as tarefas de ação (onde o resultado do processo é produzido). Isso nos permite, por exemplo, trabalhar de forma muito mais efetiva para a melhoria desse processo, pois fica evidente onde devemos trabalhar visando a eficiência das tarefas de ação (fazer mais rápido e melhor) e a eficácia das tarefas de decisão (fazer as coisas certas).

A seguir mostramos o DRD para a decisão sobre a elegibilidade do cliente, mostrando que precisamos de três dados de entrada (idade do cliente, carteira de motorista válida e certificado de saúde) e que a decisão é baseada em um documento que estipula as condições para o aluguel do veículo.

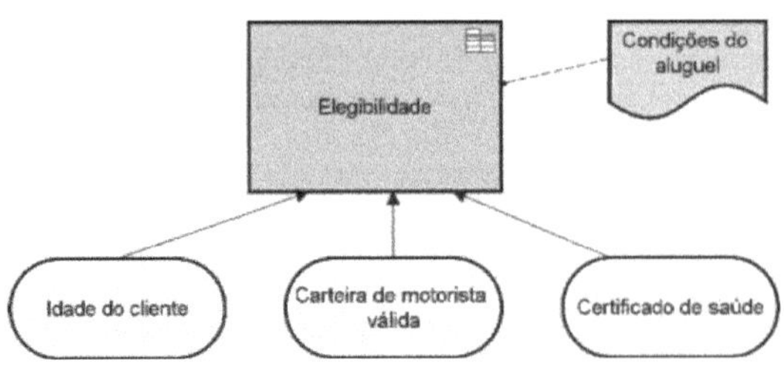

Figura 19.10. Diagrama DRD para a decisão de elegibilidade do cliente.
Fonte: o autor.

O detalhamento da lógica (regras) de negócio que nos permite tomar uma decisão sobre a elegibilidade do cliente pode ser feito através de uma tabela de decisão como a mostrada a seguir:

Elegibilidade

A	Idade do cliente	Certificado de saúde	Carteira de motorista válida	Elegibilidade
1	in [21; 65]	–	is yes	*ELEGÍVEL*
2	> 65	is *yes*	is *yes*	*ELEGÍVEL*
3	> 65	is *no*	–	*NÃO ELEGÍVEL*
4	< 21	–	–	*NÃO ELEGÍVEL*
5	–	–	is *no*	*NÃO ELEGÍVEL*

Figura 19.11. Tabela de decisão DMN para a elegibilidade do cliente.
Fonte: o autor.

A seguir é mostrado o DRD para o cálculo do preço final do aluguel:

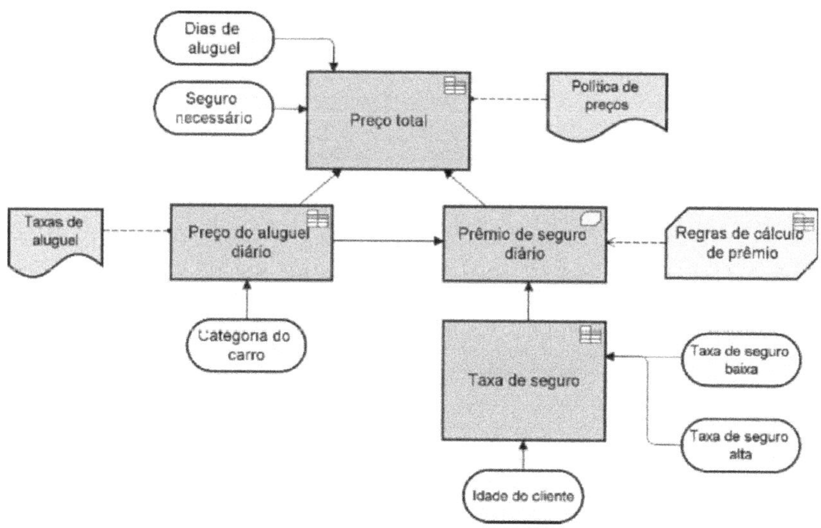

Figura 19.12. Diagrama DMN para o cálculo do preço final da locação.
Fonte: o autor.

Usar os padrões BPMN e DMN em conjunto traz muitas vantagens para a análise e o gerenciamento dos processos de negócio. Ao tornar clara a separação entre as tarefas que geram valor para o resultado final daquelas que tratam da lógica do negócio, os diagramas de modelagem dos processos são simplificados, e a melhoria dos processos é facilitada. Além disso, o uso de modelos de decisão facilita a atribuição de responsabilidades pelo desempenho e pela eficácia das decisões da empresa, e facilita o uso de motores de execução de decisões (DEE – *Decision Execution Engines*), o que por sua vez dá mais agilidade e flexibilidade à automatização dos processos. Vale a pena mergulhar nessa nova era do gerenciamento integrado de processos e decisões!

PARTE VI.
ARQUITETURA DE SISTEMAS DE INFORMAÇÃO

20. Arquitetura de dados

Gustavo Bunger
Leandro Coelho

Uma das grandes expressões modernas no mundo da informática é a que menciona que "dados são o novo petróleo". Atribuída ao matemático Clive Humby em 2006, essa frase vem sendo reinterpretada ao longo dos anos, mas sem perder a mensagem principal: dados têm (muito) valor (SILVA, 2009). A "explosão" dos dispositivos sensoriais (IoT) e o processamento massivo e paralelizado (*grid computing*) sobre grandes volumes de dados (*big data*) têm servido de alicerce para a chamada "transformação digital", que precisa de mais dados do que nunca, viabilizando o uso comercial de modelos de inteligência artificial, processamento de linguagens naturais, *bots*, aprendizado de máquina e outras capacidades modernas.

Apesar das massivas "ofertas" modernas de dados, há um aspecto que, se não cuidado, desacredita qualquer processamento feito em cima deles: a qualidade dos dados. Essa qualidade passa por diversas instâncias de estudo, planejamento e gestão, tais como a governança, as aplicações envolvidas, a coleta e a distribuição de informações, a segurança e, finalmente, mas não menos importante, a **arquitetura dos dados organizacionais**.

É a partir desse cenário complexo que a figura do arquiteto de dados surgiu, com o objetivo de orientar projetos e desenhar soluções que permitam transformar da maneira mais objetiva e correta dados em sabedoria (ROWLEY, 2007).

O que é arquitetura de dados?

Arquitetura de dados é o conjunto de componentes de dados que, juntos, estabelecem visões sobre os dados e suas relações no contexto de uma organização. Em última análise, são representações de como os dados são processados, armazenados e consumidos por pessoas ou aplicações.

> *A arquitetura de dados tem como objetivo o entendimento das peças mais importantes, dentro de um ambiente arquitetural de sistema. Ela oferece em variadas visões as diversas camadas de dados de uma empresa, visando o seu melhor entendimento e uso. (BARBIERI, 2019)*

Essa representação de como os dados são organizados dentro de uma organização é agrupada em diferentes níveis de abstração. Normalmente as representações de dados começam pelo nível mais alto de abstração, onde temos macro assuntos sendo mapeados, até chegarem aos menores níveis de abstração, onde os dados são tratados com maior detalhe.

Uma ótima forma de pensar nessa abstração sem falar muito "tecniquês" é analisar os níveis de detalhamento que cada mapa geográfico traz e as diferentes informações que podemos obter.

Ao analisarmos o mapa do Brasil, este nos dará uma visão geral de como o país está posicionado no continente, suas fronteiras, sua costa e a visão macro das unidades federativas que compõem o país, ou seja, são informações úteis, mas ainda de alto nível.

Agora se resolvermos passar a virada de ano no bairro de Copacabana, no estado do Rio de Janeiro, esse mesmo mapa não será muito útil.

Nesse caso, será necessário utilizarmos um mapa que nos forneça informações mais detalhadas do bairro, como nome de ruas, distância do hotel até a orla, estações de metrô mais próximas, distância do aeroporto, restaurantes, entre outras.

Na arquitetura de dados não é diferente: iniciamos com uma visão de mais alto nível, ainda no nível estratégico, tratando os macroassuntos da organização e com pouco detalhamento. Dando continuidade ao desenho arquitetônico, são produzidos os artefatos de abstração intermediária, com maior detalhamento que o nível anterior, até chegar no nível de maior detalhamento dos seus atributos.

Perfis da arquitetura de dados

CDO – *Chief Data Officer*

Com a notoriedade do tema citada na introdução, não poderia faltar uma sigla associada ao "C-Level": CDO. Esta função tem as seguintes atribuições:

> *O termo e a profissão são relativamente novos, apareceram há cinco anos, e são poucas as pessoas que sabem do que se trata. O Chief Data Officer (CDO), nome em inglês para o diretor executivo de dados, é o encarregado de transformar bites em novos produtos, negócios e serviços. (MUNDO CARREIRA, 2014)*

Conforme pesquisas recentes (NVP, 2019), houve um aumento significativo da existência da função nas empresas, mas ainda longe de ser um padrão. A própria função em si do CDO vem sendo debatida, com a chamada versão 4.0:

> *O CDO 1.0 foi focado exclusivamente no gerenciamento de dados. O CDO 2.0 começou a adotar a análise. O CDO 3.0 liderou e participou bastante da transformação digital. Esta quarta versão do CDO é focada em produtos e na gestão de lucros e perdas, em vez de apenas ser responsável pela condução de projetos e programas de D&A. (ADEUS, 2019)*

Reforçando a visão dos dados como viabilizadores para novas aplicações, já se discute a função de CAO (*Chief Analytics Officer*), responsável pelas aplicações que utilizam técnicas de inteligência artificial, predição e assemelhados.

> *A simbiose entre CAO e CDO poderá apontar para uma direção de novos produtos, até então não percebidos, alavancando o papel dos dados como ativos organizacionais. (BARBIERI, 2019)*

Na ausência de um CDO, as organizações podem seguir uma trajetória visando a quebra de silos com a criação de "comitês informacionais". Esses comitês podem iniciar com a presença das áreas de desenvolvimento, segurança da informação e operações – comumente, áreas de TI – e posteriormente ampliar os participantes em direção às áreas não TI. Nesse comitê podem ser levados os projetos que envolvam DW, BI, *big data*, *data mining* etc. e a partir dessas discussões surgirão orientações, decisões e acordos que se tornarão referência do tema na companhia.

Arquiteto de dados

No contexto de dados, o arquiteto de dados foi um dos papéis que mais tiveram que agregar novos conhecimentos e habilidades em um curto período de tempo.

No centro de suas atividades está a elaboração e sustentação da arquitetura corporativa de dados; a implementação e integração da arquitetura de dados com as demais arquiteturas da empresa; além de propor soluções que agreguem real valor ao negócio.

Na figura a seguir temos a relação de conhecimentos e habilidades necessárias ao desenvolvimento deste papel, sendo as colunas com mais importância à esquerda e as colunas com menor relevância à direita no quadro *hard skills*.

Figura 20.1. *Hard skills* x *soft skills*.
Fonte: o autor.

Arquitetura corporativa de dados

Quando a arquitetura é constituída por elementos que são utilizados em várias áreas de negócio e em várias aplicações distintas, nomeamos esse conjunto de **arquitetura corporativa de dados**. Um exemplo desse tipo de elemento seria uma base de endereços ou de localização que é utilizada por praticamente todas as aplicações em uma organização.

Administrador de dados

O administrador de dados atualmente também é chamado de arquiteto de dados, mas sua atuação tem um contexto mais operacional. Esse profissional é responsável pela camada física dos modelos de dados, de forma a manter os modelos de dados consistentes e impedindo redundância de estruturas de dados, estabelecendo padrões de qualidade de modelagem assim como os padrões de nomenclatura de metadados adotados pela companhia.

Administrador de banco de dados

Profissional responsável por manter as estruturas físicas do banco de dados – de modo geral, mantém as tabelas nos bancos de dados, ficando sob sua responsabilidade todas as atividades relacionadas a essas estruturas, como a criação, alteração e exclusão dessas estruturas. Outro viés de atuação desse profissional é a gerência tecnológica de todo o ecossistema em que se encontra o Sistema Gerenciador de Banco de Dados (SGBD), a fim de mantê-lo sempre com alta disponibilidade de acesso, estável e em plena capacidade de processamento de demandas.

Arquitetura corporativa x arquitetura corporativa de dados

Arquitetura Corporativa é a disciplina que se propõe a mapear todos os componentes de uma organização e como eles se relacionam entre si, e a partir desse mapeamento direcionar as transformações no ambiente organizacional.

Os componentes que formam a Arquitetura Corporativa estão organizados em quatro grandes grupos: Aplicações, Tecnologia, Processos e Dados.

Podemos considerar que a arquitetura corporativa de dados é a parte da Arquitetura Corporativa responsável pelo conjunto de componentes de dados na companhia.

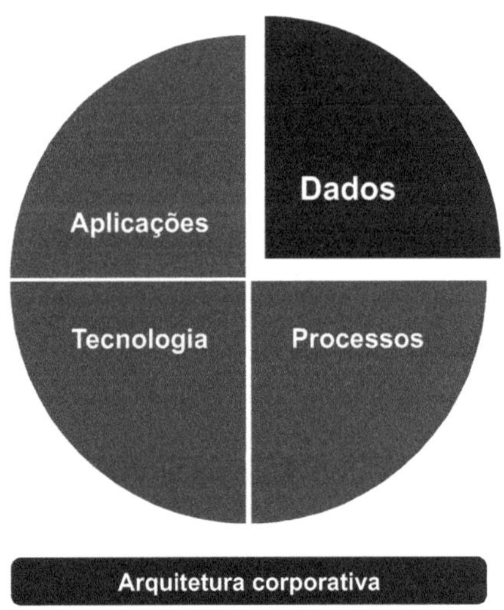

Figura 20.2. Arquitetura corporativa com destaque para dados.
Fonte: o autor.

Níveis da arquitetura corporativa de dados

Tratando especificamente da arquitetura corporativa de dados, podemos dizer que esta é formada por componentes organizados em níveis de hierarquia.

São três os níveis hierárquicos:

- ✓ **Nível Estratégico**: representa a visão estratégica que a empresa possui em relação aos dados. De modo geral, deve haver um alinhamento das estratégias empresariais com as estratégias de dados.
- ✓ **Nível Tático**: podemos afirmar que o nível tático é a representação dos componentes de dados de forma conceitual e lógica, dando forma às definições estratégicas. Ainda de forma agnóstica, as tecnologias representam a visão atual e futura em termos de dados da companhia.
- ✓ **Nível Operacional**: é a representação dos componentes de dados sendo implementados nos meios físicos. Ou seja, aqui são implementados os modelos físicos de dados, os metadados técnicos, as tecnologias de armazenamento, seus mecanismos de integração de dados, entre outros componentes físicos de dados.

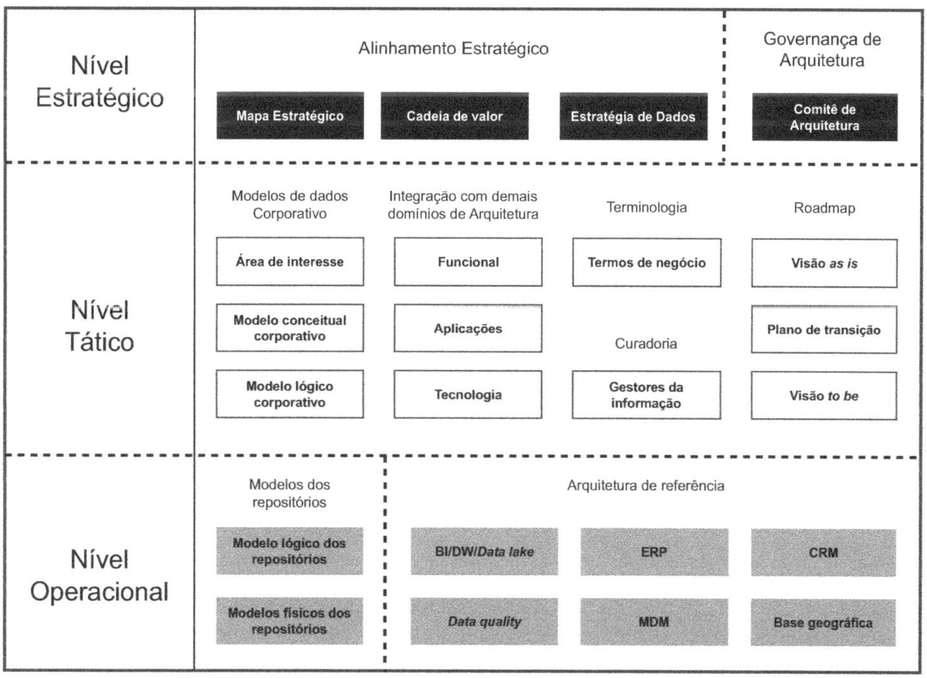

Figura 20.3. Escopos de atuação.
Fonte: o autor.

Componentes da arquitetura corporativa de dados

- ✓ **Alinhamento estratégico.** Representado pelas informações do âmbito estratégico da empresa, tais como: missão, visão, objetivos estratégicos, cadeia de valor e macroprocessos. Essas informações não são criadas pela gestão de dados, porém toda arquitetura corporativa de dados deve estar alinhada com essas informações.
- ✓ **Governança da arquitetura de dados.** Estabelece mecanismos e processos de controle do ambiente formado pela arquitetura de dados. Um exemplo desses componentes seria, por exemplo, a criação de um comitê de arquitetura de dados.
- ✓ **Modelos de dados corporativos.** Os modelos de dados corporativos estão divididos em três camadas e são construídos seguindo uma abordagem *top-down*. Primeiro, a camada por área de interesse, seguida pelo modelo de dados conceitual e, por fim, a terceira camada, que seria o modelo lógico de dados.
- ✓ **Modelo de área de interesse.** Representa os grandes conceitos de dados de uma organização e é o modelo de dados corporativos de mais alto nível. O processo de construção do modelo de área de interesse deve ser realizado de forma criteriosa e com as informações fluidas das áreas de negócio, tendo em vista que toda a arquitetura corporativa de dados terá como base o modelo de área de interesse. Vale ressaltar que um modelo por área de interesse deve possuir entre 12 e 20 conceitos de dados. A seguir, um exemplo básico de modelo por área de interesse.

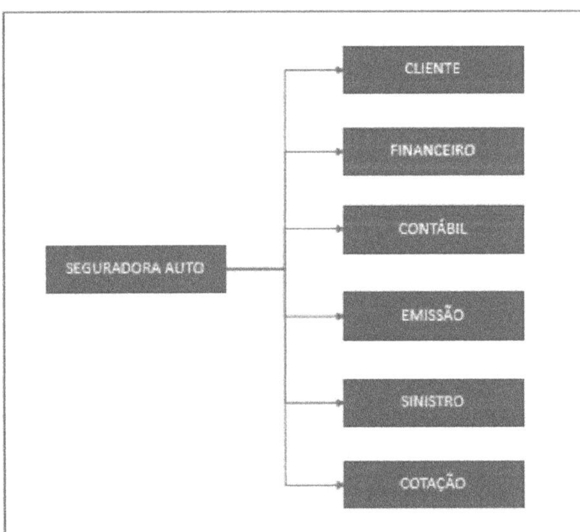

Figura 20.4. Exemplo de construção de áreas de interesse.
Fonte: o autor.

✓ **Modelos conceituais de dados.** Cada área de interesse deve ser mais bem detalhada por um ou mais modelos conceituais de dados, integrados na mesma área ou em áreas diferentes.
  - Os modelos conceituais têm como finalidade capturar requisitos de informação e regras de negócio sob o ponto de vista do negócio.
  - Os modelos conceituais não precisam especificar seus atributos.

✓ **Modelos lógicos de dados.** Os modelos lógicos de dados conferem um detalhamento maior ao realizado na camada dos modelos conceituais. Apesar do detalhamento, esses modelos permanecem independentes de qualquer necessidade específica de um projeto, aplicação ou tecnologia.

✓ **Integração com demais domínios da arquitetura.** Determina como a arquitetura de dados realizará integração com outros grandes domínios da arquitetura corporativa, como Funcional, Tecnológico e Aplicações.

✓ **Terminologia.** Disponibiliza informações dos termos corporativos do negócio e dos termos comuns em gestão de dados.

✓ **Curadoria.** Mantém a matriz dos gestores da informação *versus* os domínio de dados pelos quais são responsáveis na organização.

✓ ***Roadmap.*** Determina a visão atual da arquitetura de dados, a visão de futuro e os passos necessários para realizar a evolução da arquitetura.

✓ **Modelos dos repositórios.** Representa os modelos lógicos de dados das aplicações, assim como seus modelos físicos de dados. Funções:
  - Entender as necessidades de informação da empresa.
  - Desenvolver e manter o modelo corporativo de dados.
  - Analisar e alinhar o modelo conceitual de dados com outros modelos de negócios.
  - Definir e manter uma arquitetura de tecnologia de dados.
  - Definir e manter uma arquitetura de integração de dados.
  - Definir e manter uma arquitetura de *analytics*.
  - Definir e manter uma taxonomia e padrões de nomes (*namespaces*) de dados para a empresa.
  - Definir uma arquitetura de metadados.

Desafios da arquitetura corporativa de dados

Implementar a arquitetura de dados apoiada pela governança de dados

O primeiro grande desafio da arquitetura de dados está na necessidade de realizar sua construção orientada pela visão de negócio.

O guia DAMA-DMBOK destaca uma sinergia entre a disciplina de governança de dados e a arquitetura de dados, sendo a governança de dados a encarregada de eleger os representantes ou curadores de dados das áreas de negócio, denominados de **gestores de dados de negócios**, para que, dessa forma, toda a arquitetura de dados seja criada a partir dos insumos de negócio fornecidos pelos gestores de dados de negócio.

O envolvimento da área de negócio na construção da arquitetura corporativa de dados gera:

- ✓ uma arquitetura que reflete fielmente a organização;
- ✓ maior engajamento das áreas de negócio;
- ✓ reforço da cultura de que a área de negócio é a proprietária dos dados.

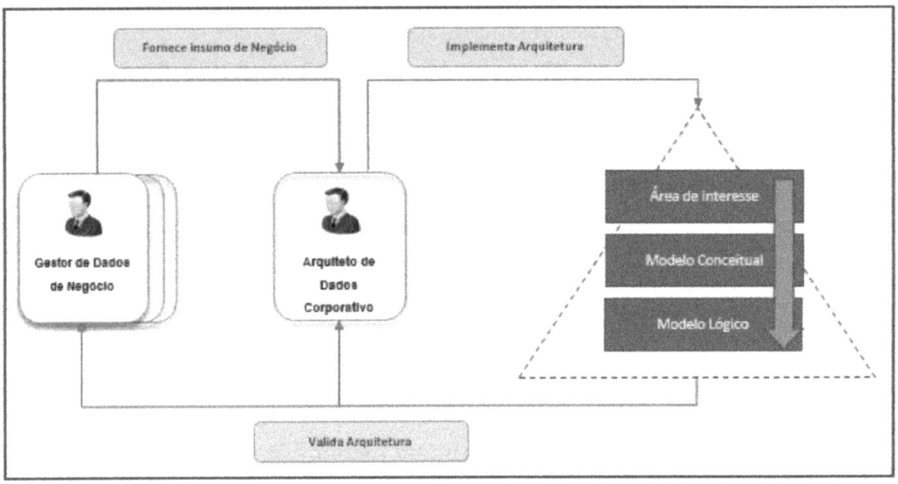

Figura 20.5. Governança de dados com DAMA-DMBOK.
Fonte: o autor.

Ser o direcionador de grandes projetos de dados

Estamos vivendo um período em que todas as iniciativas dentro de uma empresa têm que provar seu valor a cada dia. Atualmente não basta dizer que tal iniciativa ou área é importante; sua relevância tem que ser comprovada de maneira efetiva. E com a arquitetura de dados não seria diferente, por mais que os arquitetos acreditem que realizaram um excelente trabalho na construção de todos os modelos de dados. Se essa arquitetura não provar seu valor, estará condenada à perda de prioridade e por consequência perda de investimentos.

A única maneira da arquitetura de dados demonstrar sua importância é apoiar e até mesmo direcionar as grandes iniciativas de dados nas organizações. Como isso pode acontecer de maneira prática?

- ✓ **Na escolha de um novo ERP.** Praticamente toda empresa de médio a grande porte utiliza ERP para cuidar da parte administrativa. E, na hora de escolher um ERP, como saber se os domínios de dados atendidos pelo ERP são os mesmos tratados pela empresa? Essa questão é facilmente respondida se compararmos esses domínios de dados com os modelos por área de interesse.
- ✓ **No estabelecimento de visão única do cliente.** Muitos diretores sonham em ter a visão única do cliente. Porém, em muitos casos o esforço é tão grande que acabam adiando um projeto tão importante e estratégico para a companhia. Agora, imagine se todos os mapeamentos e modelos que tratam clientes já existissem e o trabalho fosse apenas remodelar o que já existe de forma a colocar o cliente no centro de tudo. Um grande esforço e investimento seriam poupados, assim como a mitigação de riscos de projeto de grande porte.
- ✓ **Na arquitetura de um *data lake*.** Alguns *data lakes* contam com uma área de dados corporativos que serve de insumo para várias iniciativas de dados em uma organização. E, mais uma vez, se todos esses dados corporativos já estiverem mapeados e modelados, o esforço seria apenas na carga dos dados do ambiente corporativo para o ambiente do *data lake*.

21. Arquitetura de aplicações

Gustavo Bunger
Luiz Henrique Seckler

A arquitetura de aplicações cuida dos temas vinculados ao conjunto dos sistemas que suportam os processos de negócio. Ao longo da operação das empresas e de acordo com seu tamanho, vários softwares são adquiridos para acompanhar as demandas de mercado. Essa coleção de softwares normalmente recebe o nome de **portfólio de aplicações**.

Um portfólio, em seu sentido denotativo, significa uma pasta, uma coleção de objetos, arquivos e/ou referências sobre um assunto específico. O portfólio de aplicações de uma empresa precisa ser conhecido, organizado, mantido e governado, e essas atividades são tradicionalmente conhecidas no mercado pelo termo em inglês **APM**, que significa ***Application Portfolio Management*** ou **Gestão do Portfólio de Aplicações**, em português.

O arquiteto corporativo de aplicações é exatamente o profissional responsável por gerir esse portfólio, mantê-lo atualizado, definir como as aplicações serão classificadas, catalogá-las e analisar seus impactos com base em um repositório comumente fornecido por uma ferramenta de arquitetura.

Façamos um exercício rápido: pense nos softwares que você tem instalado em seu computador. Você é capaz de listar os nomes de todos numa folha de papel sem consultar o sistema operacional? Você utiliza todos? Quantos você adquiriu? Quantos são gratuitos? Algum deles está desatualizado? Quais você poderia desinstalar nesse minuto?

As mesmas perguntas podem ser feitas sobre os softwares de uma empresa. Extrapole esse exercício para uma companhia grande: vários departamentos, com várias gerências, vários orçamentos, vários produtos e vários interesses experimentando e comprando software. Podemos ter dois softwares em nosso computador para editar textos, e numa empresa é bastante frequente termos sistemas de fabricantes diferentes que fazem a mesma coisa, ou seja, que atendem ao mesmo domínio funcional (sobreposição de função) e consomem licenças pagas. Voltando para o computador, esses dois editores de texto têm funções como "mala direta" que você pode não utilizar. Nas empresas também é bastante comum termos sistemas que não são usados em sua plenitude de funções, mas que são pagos como se todas fossem usadas.

Só conseguiremos identificar esses cenários se respondermos para o negócio o mesmo tipo de perguntas que fizemos sobre os softwares em nossos computadores pessoais. Quando falamos de APM, estamos falando do processo de ciclo de vida das aplicações na empresa, desde a necessidade, passando pela contratação, implantação, manutenção, sua transformação em legado e por fim sua remoção dentro do parque aplicacional. O controle desse ciclo agrega valor às organizações sob as formas (não exaustivas) a seguir:

- ✓ Fornecimento de uma visão estruturada e clara do que há à disposição do negócio em termos de aplicações e suas funções.
- ✓ Gerenciamento dos fornecedores (fabricantes e fábricas).
- ✓ Gerenciamento do OPEX e CAPEX com aplicações legadas e potenciais.
- ✓ Controle dos riscos associados a aplicações (obsolescência, fim do suporte, falência do fabricante).
- ✓ Visão de sinergia entre domínios (aplicações que atendem a mais de uma função, otimizando o investimento).
- ✓ Redução da complexidade de operação (menos incidentes e operadores) e de integrações (aplicações interagindo com menos "camadas" entre elas).
- ✓ Simplificação do parque, habilitando a agilidade e disciplinas como o *DevOps*.

O portfólio de aplicações e seus atributos

O portfólio, **catálogo ou cadastro de aplicações** pode ser implementado de diversas formas. As mais comuns são usando o Office (Excel, Access, listas do Sharepoint), um SGBD (Oracle, SQL Server etc.) ou embutido em ferramentas de arquitetura corporativa.

Como rege a dinâmica de um cadastro, seus itens registrados (aplicações, nesse caso) possuem atributos. Imagine uma lista de músicas no Spotify. Quais são os atributos dessas músicas? Título, autores, intérpretes, estilo, duração etc. No caso dos softwares, de quais informações precisamos? A resposta é: depende das perguntas que precisam ser respondidas.

Não existe um padrão sobre esses atributos. É importante ter uma visão "reversa": as informações que pretendemos prestar à organização sobre as aplicações é que nortearão a escolha dos atributos. Se entendermos que será preciso prestar informações sobre os produtos que são vendidos pelos sistemas, por exemplo, devemos considerá-los como atributos. Se informar à alta gerência os custos de OPEX e CAPEX com o sistema no último ano for uma necessidade, então valerá a pena colocar esse tipo de informação no portfólio.

A tabela a seguir contém algumas sugestões de grupos de atributos que podem estar em uma base de dados para informações de portfólio.

Tabela 21.1. Sugestões de grupos de atributos para o registro de uma aplicação no portfólio. Fonte: o autor.

PORTFÓLIO DE APLICAÇÕES						
	BÁSICOS	FUNCIONAIS	TÉCNICOS	GESTÃO DE DADOS	INFRAESTRUTURA	FINANCEIROS
ATRIBUTOS	- Nome - Tipo - Produtos suportados - Responsável - Criticidade - Fabricante - Fábrica - Garantia	- Atributos de qualidade, conforme norma ISO 9126 - Cobertura funcional	- Versão instalada - Fim do suporte - Fim de vida - Ambientes de teste	- Criação dos dados - Armazenamento e distribuição - Arquivamento e *backup* - Descarte	- Tecnologia do SO - Tecnologia BD - Quantidade de servidores não produtos - Licenciamento	- Custos de projeto - Custos de licenciamento - Custos de infraestrutura - Custos de fábricas de teste - Receita por cliente

Os **atributos básicos** são aqueles imprescindíveis, ou seja, caracterizam minimamente uma aplicação. Informações como o responsável pelo sistema, qual fábrica de software o desenvolve e qual a criticidade (baixa, média ou alta, por exemplo) são importantes quando temos problemas operacionais na ferramenta. Mais uma vez, é preciso usar da visão holística para entender que o portfólio deve atender a todas as visões que se podem ter da aplicação dentro da organização.

Os **atributos funcionais** representam dados sobre a qualidade das funções de uma aplicação, como, por exemplo, sua usabilidade. Um bom ponto de partida, tendo em vista a diversidade e subjetividade de alguns aspectos funcionais, é utilizar a Norma ISO/IEC 9126 – *Software engineering product quality* (2001). Sem aprofundar muito o tema, que não é o escopo deste capítulo, seguem os grupos de métricas que compõem a norma e podem ser utilizados como referência para um cadastro de aplicações.

- ✓ Funcionalidade
- ✓ Confiabilidade
- ✓ Usabilidade

✓ Eficiência
✓ Manutenibilidade
✓ Portabilidade

Em casos em que o tipo de negócio da organização está associado a algum tipo de *framework* (ex.: telecomunicações e o TAM, sistema bancário e o BIAN, seguros e o ACORD etc.), podem ser considerados atributos funcionais que identifiquem o quanto aquela aplicação está aderente às funções que o *framework* prescreve para ela. Ex.: suponhamos que um domínio funcional de força de trabalho prescreve 20 funções típicas para uma aplicação do tipo. Se você conseguir mapear no seu portfólio quantas funções são realizadas pela aplicação que sua organização adquiriu, poderá comparar com o *framework* e avaliar se ela está super ou subutilizada. Dessa avaliação poderão derivar iniciativas como rever o contrato, aumentar a cobertura funcional ou substituir a aplicação analisada.

Os **atributos técnicos** indicam qualidades objetivas de uma aplicação, sendo normalmente mais fáceis de ser definidos. Dados como a data de fim do suporte (EOS – *End of Support*) podem gerar informações de quando a área de TI deve começar a negociar um *upgrade* ou uma substituição, por exemplo. O registro da versão de uma aplicação instalada no parque poderá ser útil para indicar sua obsolescência quando comparada com a última versão mais estável (GA – *General Availability*) disponibilizada pelo fabricante do software.

Com o advento de modelos como o EDM (*Enterprise Data Management*), DMM (*Data Maturity Model*), padrões como o DMBOK (*Data Management Book of Knowledge*) e legislações como a GDPR (*General Data Protection Regulation*) e a Lei Geral de Proteção de Dados (LGPD), se faz importante termos **atributos de gestão de dados**. A abordagem desses atributos leva em consideração o ciclo de vida dos dados, da sua criação/ingestão até o seu descarte. Tais atributos respondem a perguntas como:

✓ **Criação dos dados:** os dados da aplicação são anonimizados nos ambientes de teste e homologação? A aplicação é vinculada a uma base de consentimento?
✓ **Armazenamento dos dados:** a aplicação trabalha com dados não estruturados ou estruturados? Qual ou quais SGBDs são utilizados? Quantos bancos são usados?
✓ **Arquivamento e *backup*:** Há uma política de *backup* para a aplicação? Qual periodicidade? Os dados são descaracterizados ao realizar o *backup*? Qual o tempo de retenção dos dados? São executados testes de *restore*? Qual a data do último teste realizado?

✓ **Descarte:** quanto tempo após o *backup* ter sido feito deve ser realizado o expurgo de dados? O expurgo é feito de forma automática, semimanual ou manual?

No que tange aos **atributos de infraestrutura** de uma aplicação, não podemos esquecer que a visão do arquiteto estará vinculada à estratégia, e não ao operacional. Em empresas que adotam o ITIL® (*Information Technology Infrastructure Library*), o processo de Gerenciamento da Configuração e Ativos de Serviço já trata em detalhe dos registros dos ativos de infraestrutura através da criação de um BDGC (Banco de Dados de Gerenciamento de Configuração), em inglês, CMDB (*Configuration Management Data Base*).

No portfólio caberão informações mais simples e, novamente, que respondam a questões estratégicas para o arquiteto de aplicações. Exemplos:

✓ Versão do SO predominante nas principais máquinas vinculadas à aplicação.
✓ Identificação de *patches* e *upgrades* aplicados ao longo do tempo e que adicionam novas funções que possam trazer valor ao negócio.
✓ Informações de licenciamento, tema complexo e que, de acordo com a modelagem dos dados, pode revelar custos não contabilizados anteriormente.

Por fim, temos os **atributos financeiros.** De todos os atributos citados até agora, este sem sombra de dúvida trará um desafio imenso ao arquiteto de aplicações. A visão financeira depende muito de outras áreas e existem alguns temas (ex.: licenciamento) que apresentam valores distintos dependendo de inúmeros parâmetros. Nossa sugestão para esse tipo de atributo é trabalhar com ordens de grandeza, nunca números exatos. Exemplo: se o custo da infraestrutura (servidores, elementos de rede, licenças etc.) para uma determinada aplicação foi identificado como R$ 2.425.652,13, procure simplificar o registro para "2,5 MM", "abaixo de 5 MM", "acima de 1 MM" e formas semelhantes.

Visões estratégicas para o APM

Mais do que um simples registro de informações sobre softwares, o portfólio de aplicações é uma ferramenta poderosa e norteadora para todas as áreas de arquitetura de uma organização. Cada tipo de arquiteto pode ter visões específicas para seu nicho de atuação, mas sempre a partir desse catálogo. As possibilidades de criação de visões estratégicas, que agreguem valor ao negócio e são a razão de existir para uma área de arquitetura, são inúmeras, mas destacamos algumas a seguir de forma não exaustiva:

- ✓ Redução de custos da cadeia operacional e de desenvolvimento para suportar algumas aplicações.
- ✓ Redução de custos com aplicações em desuso.
- ✓ Eliminação das aplicações sobrepostas (mais de uma aplicação para o mesmo domínio de funções).
- ✓ Identificação de tecnologias ultrapassadas que ponham em risco a cadeia de valor.
- ✓ Possibilidade de monitoração (proativa) de aplicações em risco por descontinuidade de suporte ou de evolução pelo fabricante.
- ✓ Obter *insights* sobre aplicações que seriam necessárias para atender às necessidades de negócio e que hoje não existem no parque aplicacional.
- ✓ Traçar *roadmaps* com base na vida útil das aplicações cadastradas. Isso aumenta a objetividade em projetos e programas que envolvam aqueles sistemas.
- ✓ Criação de cenários *trade-off* entre aplicações, suportando a tomada de decisão da diretoria.
- ✓ Uso de metodologias de classificação das aplicações para tomada de decisão como a TIME (Tolerar, Investir, Migrar e Eliminar), criada pelo Gartner (INNOTAS TEAM, 2011).

Desafios

Em função da complexidade e da velocidade de atualizações do portfólio, é fundamental que, antes de pensarmos onde serão feitos os registros, pensemos no processo que tornará esse portfólio atualizado. Como o catálogo depende da coleta de dados e informações de diversas outras áreas, o arquiteto deve estar preparado para "disciplinar" essa coleta de informação, automatizando-a sempre que possível, e também para estabelecer parcerias com base no valor das informações e dos *insights* estratégicos em cima dessas informações.

O processo de APM envolve muito "trabalho de campo". É preciso reunir-se com os times, e, em alguns casos, até mesmo criar relatórios de acompanhamento que sutilmente indiquem áreas que não colaboraram quando indagadas a prestar informações. A melhor forma de engajar é reunir os times e principalmente seus gestores em uma reunião de *kick-off*, mostrar os valores que se desejam entregar, esclarecer qual será a dinâmica da coleta e combinar quais serão os pontos focais em cada área para auxiliar o arquiteto de aplicações.

Outro ponto importante é não executar o processo de APM sempre como um esforço do tipo mutirão: feito o primeiro ciclo de catalogação das aplicações, ele deve se tornar um processo do dia a dia ao menos na área de TI. É importante planejar como o processo será amadurecido em futuras execuções, quais automações poderá ter e promover essas evoluções com consistência.

Não se pode ainda tratar o portfólio de aplicações como apenas um inventário. O esforço despendido em mantê-lo atualizado precisa ser convertido em valor, inclusive sob pena de o processo de APM perder força e credibilidade. Os resultados obtidos devem ser comunicados ostensivamente para a organização, naturalmente com o devido zelo pela precisão das informações obtidas. Verifique, confirme, avalie os dados que coleta quantas vezes for necessário e confirme seu entendimento com o responsável pelas informações prestadas.

PARTE VII. ARQUITETURA DE TECNOLOGIA (INFRAESTRUTURA DE TI)

22. Missão da arquitetura de infraestrutura

Fabiano Gisbert
Fernanda Bruno dos Santos

Trata-se da tradução da necessidade de negócio da empresa em solução computacional. A missão pode ser aplicada a uma empresa inteira, abrangendo todas as suas atividades e capacidades de negócios, informações e tecnologia que compõem toda a infraestrutura e a governança da empresa, ou as áreas de interesse mais específicas. Em ambos os casos, a arquitetura cruza vários sistemas e grupos funcionais dentro da empresa.

Em outras palavras, o arquiteto de infraestrutura deverá entender o modelo de negócio da organização em que trabalha, quais os tipos de tecnologia que mais se adequam ao cenário dos sistemas desenvolvidos para o negócio e montar um catálogo de infraestrutura, podendo este ser pré-configurado através de um modelo de referência (catálogo de infraestrutura, explicado adiante) para determinadas tecnologias, ou sob demanda, sempre alinhado com as decisões estratégicas do negócio.

Um arquiteto de infraestrutura deve estar sempre alinhado com os arquitetos de negócio e de sistemas, pois estes o subsidiarão com as informações relevantes para a construção da infraestrutura, a partir do domínio das arquiteturas. É evidente que o arquiteto de infraestrutura pode e deve esclarecer os limites de infraestrutura disponíveis no catálogo, mas sempre alinhado à necessidade do negócio, pois se for imprescindível o uso de uma tecnologia, o arquiteto de infraestrutura deverá encaminhar o pedido de compra ou adquirir o serviço através de uma nuvem pública.

As perguntas comuns que um arquiteto de infraestrutura deve ter em mente ao estar diante da missão de construir uma arquitetura tecnológica para uma organização são as seguintes:

- ✓ **Qual o objetivo final dessa arquitetura, ou seja, qual será a utilidade para o negócio?** Essa pergunta é fundamental, pois o desenho da arquitetura deve ser otimizado para maximizar a eficiência e minimizar os custos de implantação.

- ✓ **Quais os requisitos técnicos funcionais ou não funcionais do sistema a ser implantado?** Esses itens deverão ser levantados, como plataforma de desenvolvimento, escopo de usabilidade, número de acessos simultâneos etc. São informações fundamentais para o arquiteto definir a dimensão e escalabilidade do projeto.
- ✓ **Qual a melhor estratégia de hospedagem e armazenamento dessa arquitetura?** Nuvem, *on-premises*, estratégia híbrida? *Object storage*, NFS, banco de dados?

Para esta última pergunta, o arquiteto deve estar apto a compreender as soluções de hospedagem de tecnologia do mercado, as tendências e quais delas oferecerão o melhor custo-benefício para o projeto que está em desenvolvimento.

Evolução tecnológica – o caminho para a nuvem (*cloud computing*)

Desde os anos 60 até os dias de hoje, o paradigma de construir um *datacenter* foi sendo modificado e ajustado às tecnologias disponíveis e ao conceito da abstração, deixando de ser um mal necessário para prover apenas aquilo que realmente o negócio necessita. Por exemplo, você precisa ter uma subestação de energia elétrica em casa ou ter apenas energia na tomada disponível e pagar por esse serviço?

Acreditamos que, caso não seja um provedor de energia elétrica, sua resposta será a segunda opção. Da mesma forma, toda organização depende de infraestrutura tecnológica hoje, porém, a grande maioria não precisa sustentar todo um maquinário de servidores, *storages* e afins, quando o necessário é o serviço que estes hospedam.

Figura 22.1. Escolha do cliente.
Fonte: os autores.

Nos primórdios dos *datacenters* das organizações, reinavam soberanos os *mainframes*, grandes equipamentos de processamento que já ensaiavam o conceito de virtualização com as partições dos recursos computacionais. Estes eram extremamente caros e grandes, necessitando lugares com adequação energética e climática. Os sistemas das organizações que os mantinham eram processados nos *mainframes* e acessados via terminais de acesso ou estações de trabalho através de uma rede interna dedicada.

Com a evolução da tecnologia x86, esses *mainframes* foram gradativamente substituídos pelos servidores, que eram computadores baseados nessa arquitetura com um poder de processamento maior que um computador pessoal, nascendo então o conceito da arquitetura cliente-servidor, muito utilizada nas organizações nos anos 80 até meados dos anos 90. Os sistemas eram processados nos servidores e os usuários rodavam versões mais leves em suas estações, chamadas cliente. Ainda nesse formato, utilizava-se uma rede dedicada, até a popularização da internet nos finais dos anos 90.

Com o advento da comunicação através da internet, um novo conceito foi introduzido no mundo dos sistemas: o cliente *web*. O sistema agora é acessado pela internet via navegador. O sistema permanece no *datacenter*, porém a necessidade de mantê-lo perto do negócio começou a reduzir. Isso caracterizou o início da jornada em direção à nuvem.

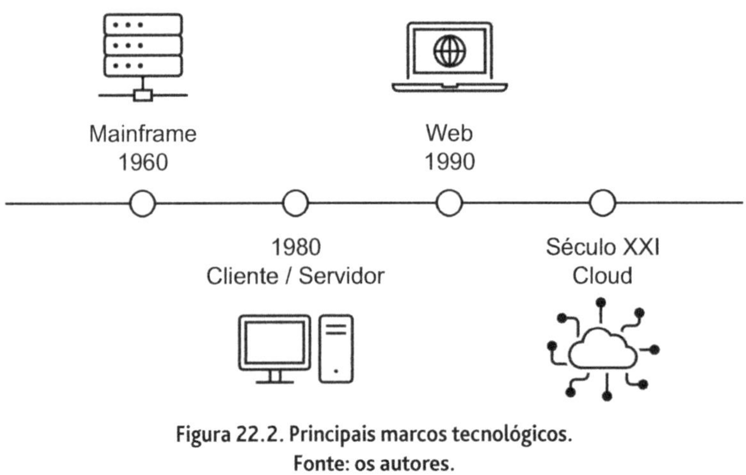

Figura 22.2. Principais marcos tecnológicos.
Fonte: os autores.

A partir desse momento emergiu o conceito da virtualização dos servidores e demais componentes de *datacenter*. Maior mobilidade e escalabilidade foram introduzidos nas arquiteturas de infraestrutura, permitindo ao arquiteto de infraestrutura projetar soluções tecnológicas eficientes e que não demandem da organização necessariamente a aquisição de todo um aparato de *datacenter* – a menos que o modelo de negócio assim o exija.

Nuvem pública x nuvem privada

À medida que a tecnologia foi evoluindo, as organizações foram gradativamente se afastando de sua presença, solicitando apenas o serviço, assim como, para nós, usuários finais, necessitamos apenas da tomada energizada.

Esse é o conceito da nuvem pública. Os recursos computacionais, de *telecom* e de segurança não são da gestão da organização. Ela pagará pelo serviço e este estará disponível pelo tempo contratado para acesso via internet. Caso a organização ainda necessite desenvolver seus sistemas, o arquiteto de infraestrutura poderá adquirir serviços de infraestrutura (IaaS) ou até mesmo plataformas de desenvolvimento (PaaS) e fazer a gestão desses recursos com os arquitetos de desenvolvimento. Poderá ainda contratar serviços completos, como um servidor de e-mails, por exemplo (SaaS – *Software as a Service*). Para consumir os serviços de nuvem pública, o arquiteto deverá projetar como os recursos serão consumidos (*pay as you go* – só pagará quando usar efetivamente os recursos, alocação dedicada etc.), a metodologia de manutenção (*backup*, monitoramento) e a revisitação para atualização de tecnologia disponível no catálogo do provedor da nuvem pública.

Então, com o conceito de nuvem pública (*public cloud*), não há mais necessidade de construir arquiteturas físicas para as organizações? A resposta mais correta é: depende! Por exemplo, se for um grande banco, ou outra empresa cujos dados sejam sigilosos, talvez o custo de manter um *datacenter* se justifique. Contudo, se esse banco possuir agências por todo o país, certamente será necessário construir uma solução para essa organização dentro de suas dependências, que poderá ser em um determinado *datacenter* da empresa. As agências de todo o país acessarão os sistemas através da *web* e nem mesmo saberão onde esse *datacenter* se encontra. Este é o conceito de nuvem privada.

O arquiteto poderá projetar, então, uma nuvem privada em um determinado *datacenter* da organização, colocando lá todo o aparato de hardware necessário, com os recursos de segurança, redundância etc., e utilizar a virtualização para particionar os recursos computacionais. Pode montar catálogos de serviços de infra, plataforma ou até mesmo serviços básicos, como um e-mail, por exemplo, e disponibilizar para os arquitetos de sistemas consumirem conforme a necessidade.

Sobre esses conceitos de nuvem, é importante que o arquiteto entenda de virtualização de recursos computacionais, ou, mais formalmente, SDD (*Software Defined Datacenter*). Somente com a virtualização será possível particionar os recursos do *datacenter*, entregar somente a porção computacional que efetivamente interessa ao sistema-alvo e manter a escalabilidade, no caso de uma necessidade de aumentar recursos computacionais em um momento de pico de uso, como um sistema de vendas *on-line* no período do Natal, por exemplo.

Atualmente, é possível controlar via software e com isso virtualizar qualquer componente de hardware de um *datacenter*, desde o armazenamento, entregando fragmentos do *storage* e servidores através das máquinas virtuais, rede, através das redes virtuais, e até sistemas de gerenciamento de banco de dados.

Porém, mesmo na nuvem privada, o usuário final, ou seja, aquele que usará o sistema para atingir o objetivo da organização, deverá receber apenas o que lhe interessa, ficando transparente a infra por trás do serviço oferecido, seja IaaS, PaaS ou SaaS.

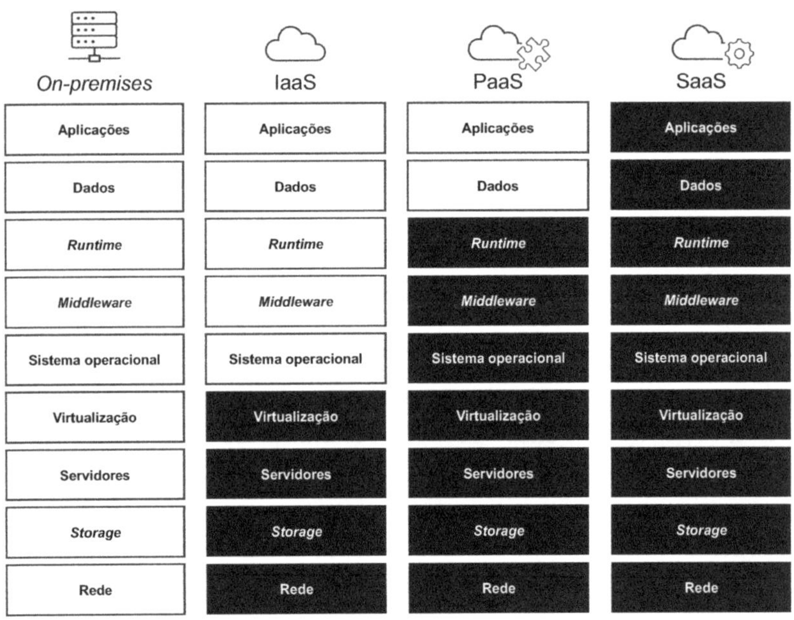

Figura 22.3. Tipos serviços em *cloud* x *on-premises*.
Fonte: os autores.

Na figura anterior, o que está em branco é responsabilidade da organização adquirir e manter. Já o que está em preto ficará a cargo ou do provedor de nuvem contratado (no caso de nuvem pública) ou do *datacenter* da organização. Em ambos os casos, o que está nesses ambientes será totalmente transparente ao usuário final.

Contêineres de aplicação

Outro conceito que tem se solidificado nas construções de soluções, principalmente com o crescimento da adoção da metodologia *DevOps* (desenvolvimento e operações integrados para prover soluções), é o uso de contêineres de aplicações.

Até então, todas as tecnologias de infraestrutura apresentadas, mesmo que escaláveis e de fácil acesso, ainda dependiam de uma arquitetura básica de servidor (virtual), sistema operacional e plataforma próprios.

Com o conceito de contêineres, uma espécie de controlador de contêiner (Docker) ligado a um sistema operacional único pode construir bolhas (contêineres) onde todos os recursos necessários para a correta execução da aplicação sejam isolados nesse contêiner, podendo ser reiniciados rapidamente em resposta a falhas ou executados por longos períodos. Outra vantagem da conteinerização é a sua adaptação ao uso dos microsserviços. Essa metodologia é comum no desenvolvimento de aplicações móveis, otimiza a produção e facilita a manutenção dos ambientes.

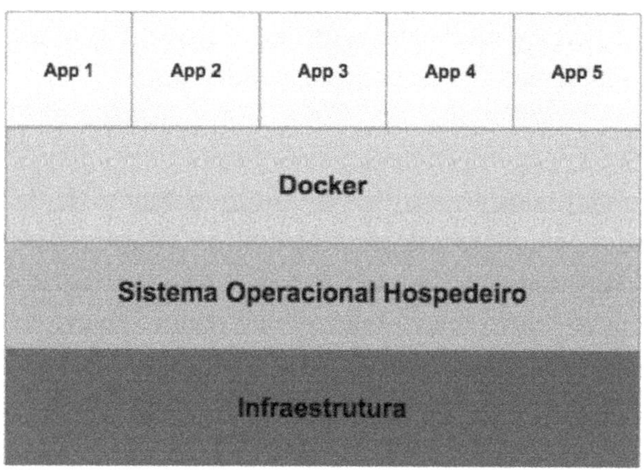

Figura 22.4. Camadas em contêineres.
Fonte: os autores.

O importante deste breve resumo sobre algumas tecnologias atuais de infraestrutura é destacar a importância que o arquiteto de infraestrutura deve dispensar no conhecimento da evolução tecnológica e da necessidade de cada vez mais otimizar o uso computacional das soluções apresentadas. Caberá ao arquiteto de infraestrutura se manter atualizado nas tecnologias disponíveis para seus projetos e, com isso, ofertar cada vez mais o serviço que a organização deseja, sem o ônus da aquisição e manutenção de recursos desnecessários para o sucesso do negócio.

Big data e ciência de dados

Os tradicionais e maduros sistemas voltados para decisões gerenciais, conhecidos como *business intelligence*, são voltados para atender a anseios conhecidos do negócio, apresentando um fluxo tecnológico que fornece performance através da transformação e modelagem de dados voltadas para responder a essas perguntas.

Com a dinâmica do mundo de hoje, surgem alguns novos desafios para o arquiteto tecnológico atender a esses tipos de demandas:

- ✓ Lidar com grandes volumes de dados em diversos formatos, sendo estes estruturados, não estruturados ou semiestruturados.
- ✓ Responder a perguntas de negócio que não estão previamente mapeadas, fornecendo agilidade ao negócio e, consequentemente, entregando mais valor no tempo certo (*time to market*).
- ✓ Responder a perguntas complexas de negócio, que exigem técnicas sofisticadas de mineração de dados, estatística e matemática.

No entanto, cada vez mais vivenciamos um cenário de mudança. Como consequência do barateamento dos dispositivos de armazenamento de dados, o volume de dados armazenados pelas empresas cresceu muito. O crescimento de redes sociais, sensores, aplicações focadas em *logs* etc. fez com que a velocidade de geração desses dados aumentasse. As diversas naturezas desses dados fazem com que a variedade de formatos seja cada vez maior. Isso exigiu que novas técnicas para processamento desses dados fossem criadas para lidar com essas questões de volume, velocidade e variedade – assunto conhecido como *big data*.

O crescimento no volume de dados armazenados aumenta o desejo das empresas de tirar valor por meio dos cruzamentos entre eles. Para que isso se torne possível, é exigido grande poder computacional para atender a análises que podem ser desde um simples cruzamento de dados utilizando linguagem de consulta estruturada (SQL) a sofisticadas análises que fazem uso da ciência de dados.

De modo a permitir atender a essas demandas crescentes de poder de processamento e volume de armazenamento, essa infraestrutura tem uma natureza de escalabilidade diferente da tradicional. É comum a estratégia de aumentar o poder computacional aumentando a quantidade de memória e CPU das máquinas, ou seja, crescendo o poder da máquina em questão (escalabilidade vertical). Os problemas de *big data* prezam por outra natureza: a escalabilidade horizontal. A ideia é aumentar a quantidade de máquinas de modo que seja possível dividir o problema em partes e processar de forma distribuída. Essa estratégia permite um crescimento mais sustentável utilizando máquinas conhecidas como *commodity hardware*, ou seja, máquinas mais baratas em detrimento de máquinas *high end.*

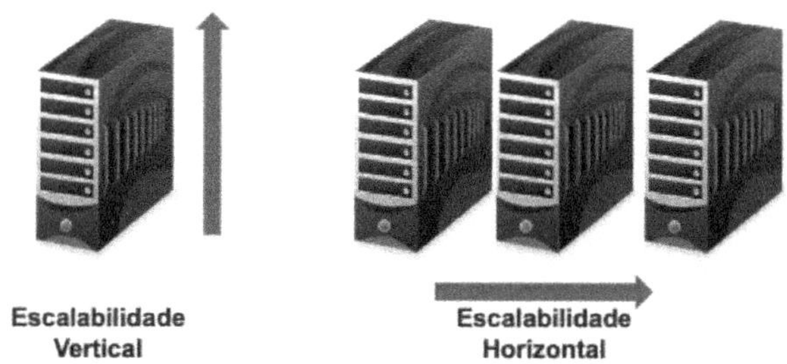

Figura 22.5. Escalabilidades.
Fonte: os autores.

O papel do arquiteto de infraestrutura é apoiar a definição de tecnologias que podem suportar o processo de captura, ingestão, armazenamento, processamento e análise dos dados. Quando estamos lidando com problemas voltados a grandes volumes de dados com foco analítico, é importante conhecer as principais soluções distribuídas para armazenamento e processamento de dados, bem como as principais linguagens com esse foco. A ideia é que o arquiteto forneça ferramentas para apoiar a jornada do engenheiro e do cientista de dados, favorecendo a entrega de valor para o negócio e atingindo um diferencial competitivo.

Metodologia de organização de arquiteturas de infraestrutura

Tendo esse entendimento, o arquiteto então poderá seguir alguns modelos para montar sua estratégia de entrega de infraestrutura.

Criação de catálogos de tecnologia

É a montagem prévia de arquiteturas de infraestrutura para as soluções recorrentes solicitadas pelos arquitetos de sistemas. Esse catálogo ficará previamente desenhado e, assim que solicitado, já poderá ser enviado para a equipe de implantação.

Os catálogos de tecnologia deverão ser criados obedecendo aos seguintes critérios:

- ✓ Com base nos catálogos de tecnologia existentes e na análise de aplicações realizadas na fase arquitetura da aplicação, coletando uma lista de tecnologias em uso que são comuns – por exemplo, servidores de aplicação JBoss.
- ✓ Classificar os catálogos de acordo com a taxonomia selecionada (aplicação, banco, BI etc.), atualizando ou estendendo o modelo conforme necessário para ajustar a classificação dos catálogos de tecnologia em uso com a evolução tecnológica.
- ✓ Se os requisitos identificados na arquitetura de aplicação não forem atendidos pelos produtos existentes, é importante estender a lista de produtos examinando aqueles disponíveis no mercado que fornecem a funcionalidade e atendem aos padrões exigidos.
- ✓ Definir padrões de uso de tecnologia em seus catálogos, com roteiros de implantação, melhores práticas, atualização e uso de recursos computacionais, mantendo-os sempre atualizados conforme a evolução tecnológica.
- ✓ Definir cenários arquitetônicos focados em atender a determinados anseios das áreas de negócio, utilizando as tecnologias disponíveis em casa. Através dos cenários, é possível derivar diversas possibilidades para enfrentar as situações através de blocos arquiteturais de solução (*Solution Building Blocks*), possibilitando comparações de modo que se escolha aquela que melhor atenda à empresa.
- ✓ Manter os componentes do catálogo de arquitetura de infraestrutura rigorosamente em conformidade com os padrões de tecnologia estabelecidos. Em termos práticos, se em uma arquitetura de infraestrutura indicar o uso de uma solução de mercado na versão 6, e nos padrões essa versão consta como no mínimo 7, por questões de cobertura de suporte essa arquitetura deverá ser atualizada para 7 ou superior, adequando o que for necessário na estrutura geral.

Assim, no portfólio do arquiteto de infraestrutura, os seguintes catálogos devem ser considerados para desenvolvimento em uma arquitetura de tecnologia:

- ✓ Padrões de tecnologia.

- ✓ Catálogo de arquitetura de tecnologia.
- ✓ Blocos arquiteturais de solução.
- ✓ Cenários arquiteturais.

Estrutura de arquitetura personalizada

O arquiteto também poderá optar por utilizar a estrutura de arquitetura sob medida, ou seja, um modelo de entregas baseado em entradas e artefatos para geração da arquitetura.

Nesse modelo o arquiteto deverá coletar informações de negócio e sistemas para gerar uma arquitetura específica para atender a um projeto em desenvolvimento. De posse dessas informações, o arquiteto deverá gerar um artefato (documento) com as configurações necessárias para essa implantação específica.

Nem sempre o objetivo final poderá ser atingido, ou por restrições tecnológicas ou mesmo por causa do curto prazo do projeto. Nessa situação, o arquiteto deverá utilizar a metodologia de arquitetura *AS IS* e *TO BE*. Ou seja, no *AS IS*, o desenho da arquitetura de infraestrutura aponta o estado atual da arquitetura. Na *TO BE*, já deverá ser apontada a arquitetura alvo constituída de um conjunto de tecnologias e configurações essenciais para o funcionamento da solução. As duas arquiteturas deverão ser apresentadas aos responsáveis do projeto.

O arquiteto deverá tomar cuidado de criar *roadmaps* para atualização do projeto de infraestrutura, contemplando, entre outras, as seguintes ações:

- ✓ Identificar os componentes candidatos com base nas lacunas entre as arquiteturas de infraestrutura *AS IS* e *TO BE*.
- ✓ Sinalizar e definir prazo para tratar os débitos técnicos levantados para a implementação da arquitetura definitiva.
- ✓ Definir ciclo de vida tecnológica, atualizando a arquitetura sempre que um ou mais componentes se tornarem obsoletos ou desatualizados, convocando os arquitetos de sistemas para uma possível atualização do projeto.

Independentemente da estratégia por portfólio de arquitetura de infraestrutura que escolher, seja catálogo, sob demanda, ou ambos, o arquiteto deverá ter em mente os seguintes controles:

- ✓ O impacto da arquitetura na organização (o custo da implementação e da manutenção é suprido pelo retorno da solução implantada?).
- ✓ Cronograma de atualizações tecnológicas nos projetos de arquitetura. Estar alinhado com as equipes de conformidade e definição de padrões de tecnologias da organização.
- ✓ Requisitos claros e objetivos nos orçamentos dos projetos. Deixar clara a necessidade de a organização adquirir uma determinada tecnologia para compor a arquitetura – um banco de dados, por exemplo. Se for necessário adquirir um de mercado, explicitar as vantagens (para o negócio da organização e nunca para o arquiteto ou implantador) em relação a um banco de dados *open source*.

Casos de uso

Supondo que você seja um arquiteto que, em sua organização, escolheu o modelo de *cloud* privada (ou seja, você tem um *datacenter* dentro da organização à sua disposição) e optou pelo uso de catálogos de tecnologias. Sendo assim, você estabeleceu critérios para criação de catálogos para provisionar recursos dentro desse *datacenter.*

Neste caso de uso, a nuvem privada oferta serviços de Iaas (*Insfrastructure as a Service* – infraestrutura como serviço) e PaaS (*Platform as a Service* – plataforma de desenvolvimento como serviço). No catálogo de arquiteturas deverão constar informações para montar todas as soluções dentro dessas duas ofertas de serviços.

Vamos começar com um exemplo de IaaS.

CI001 – Provisionamento de servidor virtual com sistema operacional ABC instalado
Pré-condições: licenciamento e suporte do sistema operacional em vigência. Ambiente virtual XYZ disponível para provisionamento de máquina virtual.
Documento base: padrão de uso e instalação do SO ABC (*link*)
Objetivo: implementar máquina virtual no virtualizador XYZ com os requisitos e configurações determinados no padrão de uso.
Atualização tecnológica prevista: 6 meses.
Ambientes: desenvolvimento, homologação, produção.
Resultado: servidor virtual com sistema operacional instalado e configurado.

Já temos um item de catálogo. Vamos criar outro, um PaaS que utiliza este item criado:

CP001 – Provisionamento de servidor virtual com plataforma de desenvolvimento XPT
Pré-condições: CI001 Configurado; licenciamento e suporte da plataforma XPT.
Documento base: padrão de uso e instalação da plataforma XPT.
Objetivo: implementar máquina virtual no virtualizador XYZ com os requisitos e configurações determinados no padrão de uso.
Atualização tecnológica prevista: 6 meses.
Ambientes: desenvolvimento, homologação, produção.
Resultado: servidor virtual com plataforma XPT instalada e configurada.

Note que esses catálogos são previamente configurados e não dependem que um projeto de desenvolvimento de sistemas aconteça para criá-los. Obviamente, esses itens estão simplificados, e as informações neles contidas variam de acordo com o modelo de operação que cada empresa desenvolve.

Caso você escolha a metodologia sob demanda, então um item de catálogo deverá conter informações de negócio e pré-requisitos que orientem a construção durante o projeto de desenvolvimento.

Vamos usar como exemplo a solicitação de construção de um ambiente para criação de um *blog* corporativo.

CA001 – Provisionamento de ambiente para o *blog* corporativo XXYY
Pré-condições: criação de duas máquinas virtuais no virtualizador XYZ com os requisitos recomendados para instalação da ferramenta de portal WWW. Instalação do sistema operacional ABC na configuração determinada pelo padrão de uso.
Documento base: padrão de uso e instalação do sistema operacional ABC. Padrão de uso e instalação da ferramenta de portal WWW.
Objetivo: implementar máquina virtual no virtualizador XYZ com os requisitos e configurações determinados no padrão de uso.
Atualização tecnológica prevista: 3 meses.
Ambientes: produção.
Requisitos de produção: – Contingenciamento em outro *datacenter*. – Recuperação de desastres. - Conectividade com internet e intranet. - Meses de pico (março e setembro) – aumentar o número de servidores para 4. - Serviço de *backup* diário.
Resultado: ambiente para o *blog* XXYY criado e monitorado.

O arquiteto também poderá utilizar as duas metodologias se assim desejar, facilitando a construção de ambientes primários, como sistemas operacionais e plataformas, previamente através de catálogos e incluindo apenas os sistemas e seus requisitos sob demanda, diminuindo assim o tempo de provisionamento.

Para saber mais:

- ✓ Página oficial do Hadoop:
  <http://hadoop.apache.org/>.
- ✓ *Hadoop Tutorial for Big Data Enthusiasts*:
  <https://data-flair.training/blogs/hadoop-tutorial/>.
- ✓ Vmware Documentação do vSphere:
  <https://docs.vmware.com/br/VMware-vSphere/index.html>
- ✓ Princípios básicos do Microsoft Azure:
  <https://docs.microsoft.com/pt-br/learn/paths/azure-fundamentals/>.
- ✓ Introdução ao Openstack:
  <https://www.redhat.com/pt-br/topics/openstack>
- ✓ Página oficial Cloud com Openstack:
  <https://www.openstack.org>
- ✓ Documentação do Kubernetes:
  <https://kubernetes.io/pt/docs/home/>

PARTE VIII. ARQUITETURA DE SEGURANÇA

23. Propósito da arquitetura de segurança da informação

Cosme Cardoso

Qual o propósito da arquitetura de segurança da informação?

Toda organização de sucesso depende da força de sua estrutura organizacional. Um plano de negócios detalhado, funcionários eficientes e a experiência de negócios do pessoal-chave são essenciais. Uma equipe formidável é construída a partir da consistência e do compromisso de todos, e a implementação de uma forte arquitetura de segurança cibernética não é exceção.

Isso mostra o quão importante é ter a arquitetura de segurança cibernética de sua organização hermética para protegê-la contra ameaças externas. Ameaças cibernéticas e violações de segurança vêm em várias formas e evoluem continuamente. Portanto, é pertinente que uma organização como a sua esteja altamente alerta para a segurança e familiarizada com medidas e estratégias contra possíveis ameaças.

O que é arquitetura de segurança cibernética?

A arquitetura de segurança cibernética, também conhecida como "arquitetura de segurança de rede", é uma estrutura que especifica a estrutura organizacional, os padrões, as políticas e o comportamento funcional de uma rede de computadores, incluindo recursos de segurança e rede. A arquitetura de segurança cibernética também é a maneira pela qual vários componentes do seu sistema cibernético ou de computador são organizados, sincronizados e integrados.

Uma estrutura de arquitetura de cibersegurança é um componente da arquitetura geral de um sistema. É projetado e construído para fornecer orientação durante o design de um produto/sistema completo.

A arquitetura de segurança ajuda a posicionar os controles de segurança e as contramedidas de violação e como eles se relacionam com a estrutura geral dos sistemas de sua empresa. O principal objetivo desses controles é manter os atributos de qualidade do seu sistema crítico, como confidencialidade, integridade e disponibilidade.

Avalie sua cibersegurança

Um arquiteto de segurança antecipa ameaças cibernéticas em potencial e é rápido em projetar estruturas e sistemas para evitá-las. A maioria das organizações está exposta a ameaças, mas um plano de arquitetura de segurança cibernética ajuda a implementar e monitorar os sistemas de segurança de rede de sua empresa. Uma estrutura de arquitetura de segurança cibernética posiciona todos os seus controles de segurança contra qualquer forma de agentes mal-intencionados e analisa como eles se relacionam com a arquitetura geral de seus sistemas.

Vários elementos das estratégias de segurança cibernética, como *firewalls*, programas antivírus e sistemas de detecção de intrusão, desempenham um papel importante na proteção de sua organização contra ameaças externas. Para manter e maximizar essas ferramentas de segurança, bem como políticas e procedimentos já existentes e funcionais, sua empresa deve implementar uma arquitetura de segurança detalhada que integre esses diferentes elementos em suas redes.

Essa estrutura unifica vários métodos, processos e ferramentas para proteger recursos, dados e outras informações vitais de uma organização. O sucesso de uma arquitetura de segurança cibernética depende muito do fluxo contínuo de informações em toda a organização. Todos devem trabalhar de acordo com a estrutura e os processos da arquitetura de segurança da empresa.

Componentes de arquitetura de segurança

Uma arquitetura de segurança cibernética eficaz e eficiente consiste em três componentes principais: são **pessoas**, **processos** e **ferramentas** que trabalham juntos para proteger os ativos da sua empresa. Para alinhar esses componentes de maneira eficaz, sua arquitetura de segurança precisa ser orientada por uma política de segurança, declarando sua expectativa de arquitetura de segurança, plano de implementação e processo de aplicação.

Uma política de segurança descreve como cada entidade acessa a outra, quais operações as entidades podem realizar, o nível de proteção que é necessário para um sistema, bem como as ações que devem ser tomadas quando esses requisitos de segurança não são atendidos. Os componentes listados a seguir são parte de uma arquitetura de segurança eficaz e cuidadosamente planejada:

1. Direcionamento na resposta a incidentes a ameaças, recuperação de desastres, configuração de sistemas, criação e gestão de contas e monitoramento de cibersegurança.
2. Gerenciamento de identidade.
3. Inclusão e exclusão decidida daqueles sujeitos ao domínio da arquitetura de segurança.
4. Controle de acesso e fronteira.
5. Validação e ajuste da arquitetura.
6. Treinamento.

Características da arquitetura de segurança cibernética

A seguir estão alguns dos recursos da arquitetura de segurança cibernética:

Elementos de rede

- ✓ *Network nodes* como computadores, NICs, repetidores, *hubs*, *bridges*, *switches*, roteadores, *modems*, *gateways*.
- ✓ Protocolos de comunicação de rede (TCP/IP, DHCP, DNS, FTP, HTTP, HTTPS, IMAP).
- ✓ Conexões de rede entre nós usando protocolos específicos.
- ✓ Topologias de rede entre nós, como ponto a ponto, circular, em cadeia e híbrido.

Elementos de segurança

- ✓ Dispositivos de segurança cibernética como *firewalls*, sistemas de detecção/proteção de intrusão (IDS/IPS), dispositivos de criptografia/descriptografia.
- ✓ Software de segurança cibernética (antivírus, *spyware*, *antimalware*).
- ✓ Protocolos de comunicação de rede seguros (TCP/IP, DHCP, DNS, FTP, HTTP, HTTPS, IMAP).
- ✓ Fortes técnicas de criptografia, como criptografia ponta a ponta, privacidade de conhecimento zero e *blockchain*.

Frameworks e padrões de segurança

- ✓ Padrões de arquitetura de estrutura de segurança cibernética, como NIST *Risk Management Framework* (RMF) SP 800-37 e ISO IEC 27000-*series*.
- ✓ Padrões de tecnologia para opções de software de segurança cibernética.

Procedimentos e políticas de segurança

Esses são procedimentos e políticas de segurança direcionados e aplicados à sua organização. De acordo com o Cybersecurity Forum (s.d.), uma arquitetura de cibersegurança deve ser idealmente definível e simulável usando uma linguagem de modelagem de arquitetura padrão da indústria (por exemplo, SysML, UML2).

Fases principais na arquitetura de segurança

Essas são as fases principais da estrutura e do processo da arquitetura de segurança:

1. **Avaliação de riscos de arquitetura:** aqui você avalia a influência de ativos vitais de negócios, os riscos e os efeitos de vulnerabilidades e ameaças à segurança em sua organização.
2. **Arquitetura e design de segurança:** nesta fase, o design e a arquitetura dos serviços de segurança são estruturados para auxiliar na proteção dos ativos da sua organização, a fim de facilitar os objetivos e as metas de exposição a riscos do negócio.
3. **Implementação:** os serviços e processos de segurança cibernética são operados, implementados, monitorados e controlados. A arquitetura é projetada para garantir que a política e os padrões de segurança, as decisões da arquitetura de segurança e o gerenciamento de riscos sejam totalmente implementados e eficazes por um longo período.
4. **Operações e monitoramento:** aqui, medidas como gerenciamento de ameaças e vulnerabilidade são tomadas para monitorar, supervisionar e lidar com o estado operacional, além de examinar o impacto da segurança no sistema.

Conclusão

O objetivo da arquitetura de segurança cibernética é simplesmente garantir que a arquitetura de rede principal de sua empresa, incluindo dados confidenciais e aplicativos críticos, esteja totalmente protegida contra quaisquer ameaças e violações presentes ou futuras. É importante que você compreenda totalmente os vários pontos fracos do seu sistema para oferecer uma solução de forma eficaz e rápida.

A melhor maneira de identificar o ponto fraco do seu sistema é empregar os serviços de um arquiteto de segurança cibernética. Ele avaliará exaustivamente as vulnerabilidades de superfície para diferentes topologias de rede e ataques cibernéticos para defender com eficácia seus dados confidenciais e aplicativos críticos.

Os principais objetivos de uma arquitetura de segurança cibernética eficaz são:

1. Garantir que todos os ataques cibernéticos sejam minimizados ou mitigados.
2. Garantir que as superfícies de ataque cibernético sejam relativamente pequenas em tamanho e secretamente armazenadas, de forma que sejam furtivas ao se moverem em direção aos alvos da ameaça e difíceis para as ameaças cibernéticas detectarem e penetrarem.
3. Garantir que todos os seus dados confidenciais e sensíveis sejam fortemente criptografados e sujeitos a técnicas de criptografia de ponta a ponta durante a transferência.
4. Todos os ataques cibernéticos são detectados, mitigados e combatidos agressivamente por meio de contramedidas como o *Moving-Target Defenses* (MTD).

Os arquitetos de segurança cibernética são particularmente habilidosos na identificação de ameaças potenciais. Eles entendem os sistemas de computador e rede o suficiente para projetar planos de arquitetura de segurança, implementar esses planos e supervisionar a implementação adequada.

Fonte: <https://www.rsisecurity.com/>

PARTE IX. EVOLUÇÃO DA ARQUITETURA NA ORGANIZAÇÃO

24. Governança de arquitetura

Leonardo Santos

Para começarmos a discutir os detalhes de uma governança de arquitetura, precisamos esclarecer de quais conceitos de governança iremos tratar:

> *Governança Corporativa é o sistema pelo qual as empresas e demais organizações são dirigidas, monitoradas e incentivadas, envolvendo os relacionamentos entre sócios, conselho de administração, diretoria, órgãos de fiscalização e controle e demais partes interessadas. (IBGC SEGMENTOS, 2019)*

Com base nessa afirmação, somos capazes de perceber que a governança é responsável por nortear as ações em uma organização.

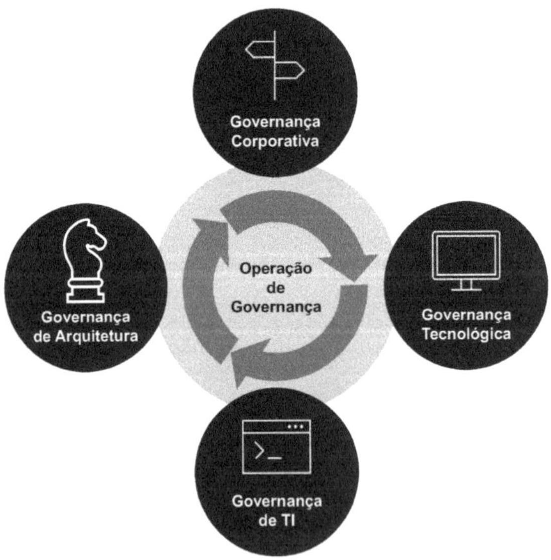

Figura 24.1. Operação de governança.
Fonte: o autor.

Governança de Arquitetura é o direcionamento e o exercício constante aos quais as arquiteturas corporativas e de domínios são submetidas, assim como gerenciadas e controladas nos mais diversos níveis da organização. Na prática, a governança de arquitetura funciona como uma conexão entre a TI e o negócio, garantindo uma visão transversal de toda a organização e identificando oportunidades de geração de valor.

Implementar um sistema de controles e monitoração de todos os componentes das arquiteturas e suas correlações é uma das atividades da governança de arquitetura. Contudo, se esse sistema garantir a conformidade a padrões internos e externos e obrigações regulatórias, é ainda melhor. E se com ele for possível desenvolver práticas que assegurem a responsabilidade clara de cada parte interessada, então o nível de maturidade da sua governança estará altíssimo.

É importante também ficar atento aos requisitos de orçamento. As arquiteturas precisam ser viáveis.

Mas podemos nos perguntar: quando devemos estabelecer uma governança de arquitetura? Segundo o TOGAF®, na fase preliminar, ou melhor, no início de tudo. Dedique uma atenção especial a essa fase preliminar, pois a definição de fronteiras dos participantes de arquitetura garantirá a mitigação de conflitos. Como se diz no ditado popular: "o que é combinado não sai caro". Para isso, os contratos de arquitetura são acordos comuns entre quem os desenvolve e os patrocinadores interessados nos entregáveis que atendam aos requisitos corporativos e regulatórios. Acordos bem-sucedidos determinarão governanças de arquitetura eficazes.

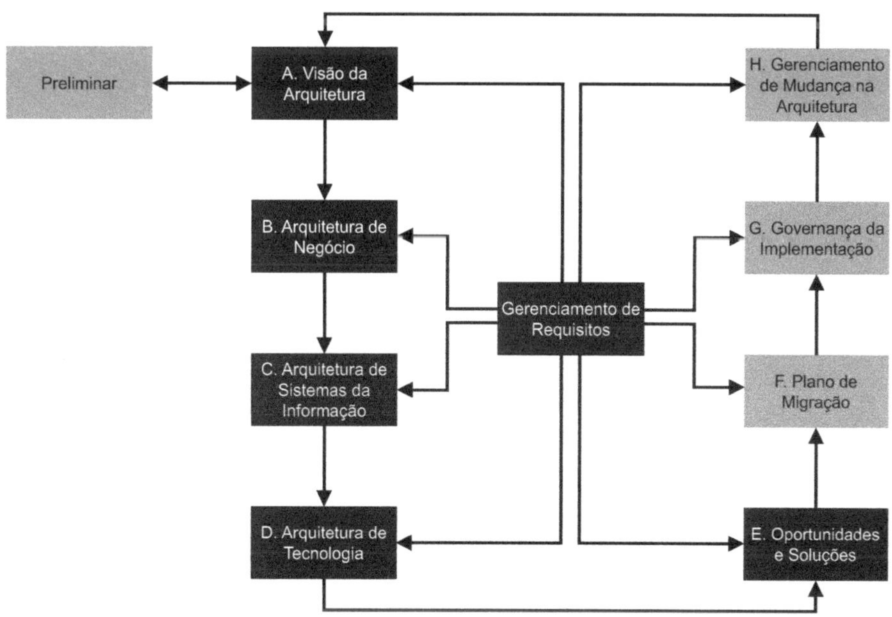

Figura 24.2. Ciclo do ADM, com destaque em cinza claro para as fases nas quais a governança tem importância. Fonte: o autor.

Nas Fases F, G e H outras atividades de governança de arquitetura ganham novamente notoriedade. Na F os *guidelines* serão definidos e as diretrizes e instruções de arquitetura serão formalizadas para a arquitetura alvo definida na atual rodada do fluxo apresentado (Figura 24.2). Já nas Fases G e H é a implementação propriamente dita da governança proposta.

O TOGAF® é o principal *framework* de arquitetura no mundo, e governança de TI é um tópico muito vasto, por isso é comum uma atuação dele em conjunto com o COBIT®, desenvolvido pelo *IT Governance Institute* e publicado pela *Information Systems Audit and Control Foundation*.

É importante deixar claro que governança de arquitetura é mais sobre orientação e utilização eficaz dos recursos, com o propósito de assegurar a sustentabilidade dos objetivos estratégicos da organização, do que um controle policial das aderências às regras.

O Comitê de Arquitetura

Na estratégia de Governança de Arquitetura é fundamental estabelecer o Comitê de Arquitetura, com representantes das partes interessadas, com o intuito de supervisionar a implementação da estratégia da governança. Esse grupo, quando possível, deve representar todos os *stakeholders* mais importantes da arquitetura alvo. Parece difícil? Imagine um grupo multidisciplinar capaz de abranger as necessidades (processo, tecnologia e negócio). No mundo ágil ele lembra muito um esquadrão (verifique Spotify *squads*), só que o objetivo é supervisionar a implementação da arquitetura.

Figura 24.3. Ágil escalado.
Fonte: adaptado e traduzido de Scaled Agile (2021).

A imagem anterior, que representa o arquiteto corporativo na visão do SAFE®, demonstra bem a figura da multidisciplinaridade do comitê de arquitetura.

O comitê pode ser acionado para resolver conflitos diversos. O mais comum é sobre a consistência entre as subarquiteturas ou arquitetura de domínio. A reutilização de componentes é outro fator relevante no acionamento do comitê.

Dependendo do tamanho da organização, podemos ter as seguintes estruturas:

- ✓ Comitê de governança
- ✓ Autoridades de desenho
- ✓ Grupos de trabalho

Com tantas possíveis estruturas, é comum surgirem questionamentos sobre a necessidade de um comitê de arquitetura. É importante lembrar que uma Arquitetura Corporativa sem apoio político de um patrocinador forte está fadada ao fracasso.

Como teremos diversos interlocutores internos, é recomendado ter um quadro com os princípios da organização. Ele permitirá um diálogo focado e ajudará na harmonização das tomadas de decisão.

O que deve ser considerado ao estabelecer um comitê de arquitetura?

- ✓ Necessidade de um patrocinador executivo que esteja nos níveis mais altos da organização.
- ✓ O comitê deve representar a parte da organização sendo governada.
- ✓ O TOGAF® recomenda entre quatro e cinco membros permanentes, mas não mais do que 10, para que as reuniões sejam produtivas.
- ✓ Atender às necessidades do negócio e, quando necessário, flexibilizar a arquitetura.
- ✓ Fornecer insumos para as tomadas de decisão.
- ✓ Melhorar o nível de maturidade da arquitetura dentro da organização.

Observando todos esses passos, é possível que a sua jornada em estabelecer um comitê seja bem-sucedida.

Governança da implantação – *conformance reviews*

Um *framework* de arquitetura como o TOGAF® muitas vezes é criticado pelo seu tamanho, como foi explicado anteriormente; contudo, quando falamos de arquitetura de transição no processo de implantação da arquitetura alvo, é possível que necessitemos de uma abordagem incremental, e isso exigirá um acompanhamento das fases através do *framework* de governança estabelecido.

Chegamos no centro de um problema que afeta ou afetará boa parte das organizações existentes. Como é o *framework* de governança da sua organização? Possui um modelo de mudança baseado no ITIL® v3, com a implementação dos seus ritos, uma abordagem *DevOps* ou talvez a organização seja bimodal? Vamos detalhar melhor esse assunto na gestão de mudanças na arquitetura, mas se levarmos o ADM do TOGAF® como referência, será necessária muita atenção na Fase F.

A imagem a seguir representa um passo a passo de verificação de conformidade de arquitetura, mas ele deve ser visto como um modelo e não como uma obrigatoriedade.

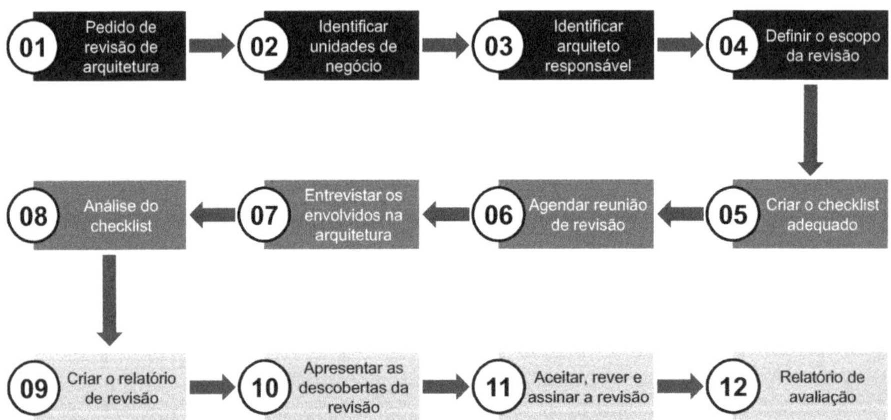

Figura 24.4. Conformidade de arquitetura.
Fonte: o autor.

Esse roteiro nos guia por pontos importantes quando falamos de conformidade de arquitetura baseada em TOGAF®. Entretanto, as organizações não costumam ser tão simplistas assim.

Em um período em que a arquitetura é questionada quanto à sua agilidade, 12 passos para a validação da sua conformidade pode ser visto como uma burocracia desnecessária, e a adaptação e a adequação à sua realidade devem ser sempre levadas em consideração.

O estabelecimento do papel do Diretor de Tecnologia (CTO) com foco em inovação traz para a organização centros de inovação (*labs*) para apoiar a adoção rápida de novas tecnologias baseadas em nuvem para alavancar as vantagens competitivas. Isso também tem exigido maior atenção na execução do processo de governança da implantação. Trabalhe em colaboração com profissionais da empresa. É preciso disciplina para trabalhar com administradores de dados, gerentes de portfólios e pessoas de governança de TI que talvez ainda não sejam completamente ágeis. Aproveite a oportunidade para ajudá-los, isso irá motivá-los a colaborar com a arquitetura da implementação. Adapte a estratégia de governança apropriada. Estratégias eficazes de governança devem melhorar o que está sendo governado. A governança apropriada é baseada na confiança e é colaborativa.

Gestão de mudanças na arquitetura

Na Fase G no ADM do TOGAF® recomenda-se a produção do Contrato de Arquitetura, que tem um papel de destaque na governança da arquitetura. Essa mesma governança, com um bom gerenciamento de contrato, garante um sistema que monitora continuamente mudanças, auditoria, padrões e requisitos regulatórios da organização.

Nas reuniões do comitê de arquitetura é possível decidir como lidar com as requisições de mudança da arquitetura alvo.

Problemas que devem ser tratados na reunião de mudança na arquitetura:

- ✓ Atraso da implementação
- ✓ Orçamento
- ✓ Requisitos de arquitetura
- ✓ Riscos
- ✓ Novas tecnologias

Um ponto de atenção muito importante é que mudança de arquitetura não deve ser confundida com reunião de CAB[7] da gestão de mudança. O CAB é responsável até pelas configurações mais granulares de TI. Já na mudança de arquitetura, são relevantes as alterações nos domínios de arquitetura.

[7] *Change Advisory Board* (CAB) é o comitê ao qual as mudanças são submetidas e aprovadas ou rejeitadas (mudanças que alteram o ambiente de produção, uma melhoria, uma correção ou um projeto).

25. Arquitetura de soluções

Gustavo Bunger
Eder Tuler
Cosme Cardoso

O que é o processo de "desenhar soluções" de TI?

A atuação do arquiteto de soluções se dá em tempo de projeto e normalmente na etapa anterior à liberação para o desenvolvimento. Esse profissional precisa interpretar os requisitos ou *features* e suas histórias, saber o que há disponível no parque aplicacional, qual a visão de TI que endereça a visão estratégica do negócio, integrar as aplicações e finalmente propor, comumente sob a forma de um desenho, qual será a solução de TI para aquele projeto.

Esse desenho pode ter diversas "densidades", indo do nível de interação entre sistemas (sistema A comunicando algo ao sistema B, por exemplo) até o nível da camada de infraestrutura que suporta parte de uma aplicação vinculada à solução (os servidores 1, 2 e 3 da camada de *back-end* da aplicação A se comunicarão com o servidor 5 de banco de dados da aplicação B, por exemplo).

A "densidade" dos desenhos que a área de arquitetura de soluções entrega está atrelada ao tamanho da empresa, ao conhecimento técnico dos arquitetos e à quantidade de colaboradores disponíveis no setor. Segue um exemplo simples de desenho de solução:

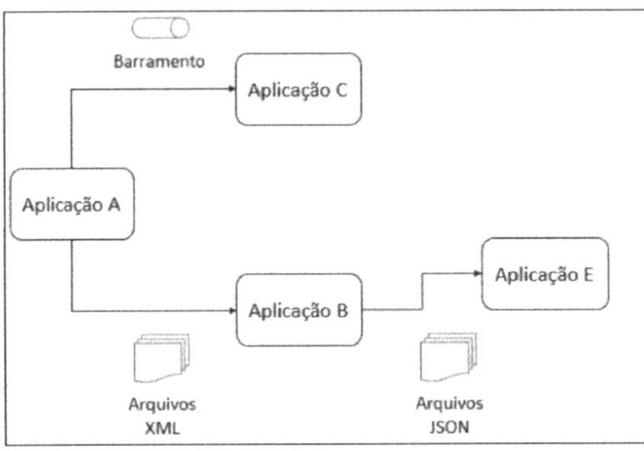

Requisito/FT/US	Descrição
FT 001 – Prover informações fiscais consolidadas	Aplicação A emitindo dados fiscais para consolidação na Aplicação C via Barramento.
RQ 002 – Armazenar informações de histórico de transação	Aplicação B recebe os dados transacionais do dia, converte o tipo e carrega na aplicação E (processo batch)

Figura 25.1. Exemplo de desenho de solução.
Fonte: os autores.

Observe que esse desenho, mesmo simples, contém orientações importantes para guiar o desenvolvimento: quais aplicações envolvidas, as integrações que serão necessárias (e elas podem ser muito mais detalhadas ainda), quais entidades e/ou dados são trafegados, qual o tipo de integração e até mesmo a indicação de transformações que precisam ser feitas entre arquivos. Não há nesse desenho a intenção e nem está no escopo "normal" do arquiteto de soluções detalhar qualquer tipo de código, estrutura de dados, configuração de ambientes etc. – a ideia aqui é organizar a solução, mostrar onde haverá necessidade de desenvolvimento e onde será aplicado o reúso.

Em arquitetura, lidamos com os conceitos de ABB (*Architecture Building Block*) e SBB (*Solution Building Block*). Enquanto o primeiro representa um conceito de um sistema que atende a um domínio funcional (o sistema de CRM, o sistema de emissão de nota fiscal eletrônica), o segundo representa qual sistema atende àquele domínio na companhia (CRM: Salesforce, Siebel/NFe: SAP, Neogrid). O arquiteto de soluções identifica, a partir dos requisitos, qual a "diferença" entre o que está prescrito no ABB e o que existe como SBB, e daí consegue definir quais aplicações farão parte de uma solução, quais se encaixam melhor, quais não existem, quais podem ter suas funções ampliadas etc.

Considerações sobre o desenho de soluções

As soluções que um arquiteto deve prover precisam ter a maior eficácia e a maior eficiência, com a indicação do caminho mais rápido para viabilizá-las, sem abdicar da qualidade. Parece óbvio, mas chamamos a atenção para algumas verdades ocultas nesse discurso.

Quando se fala em **eficácia** de uma solução, estamos falando sobre desenhar o que é requisitado pelo projeto. Dois perigos nessa afirmação precisam da atenção do arquiteto de soluções:

- ✓ É preciso desenhar o que foi requisitado pelo projeto, desde que esse desenho suporte e ao mesmo tempo seja endossado pela estratégia de TI vigente. A solução sempre deve levar em consideração qual futuro os sistemas envolvidos terão na organização e quais expansões de negócio poderão derivar em incremento daquela solução.
- ✓ É preciso desenhar o que foi requisitado pelo projeto sem ultrapassar o limite do *golden plate* ("placa de ouro", em português). No meio do desenvolvimento e da gestão de projetos, existe o conceito de não entregar mais do que o que foi

pedido porque geralmente esses exageros viram pontos de falha. Um desenho de solução é feito para aquele projeto e nem sempre cobrirá tudo o que foi pedido ou resolverá problemas de outros projetos, já que existem inviabilidades técnicas, restrições orçamentárias e de outros tipos.

Quando falamos em **eficiência** de uma solução, estamos falando de duas coisas importantes:

- ✓ Reúso, em parte ou no todo, de soluções anteriores. Uma das funções do repositório de arquitetura visto no Capítulo 13 é armazenar o histórico das soluções dadas aos projetos. O arquiteto deve consultar esse repositório e a partir dali identificar o que poderá ser reaproveitado. Quando uma aplicação precisa de um conjunto de dados para uma transação, e identificamos que muitos daqueles dados já são providos por um serviço, podemos reaproveitá-lo e indicar pequenos incrementos sem precisar construir tudo "a partir do zero", consumindo recurso humanos, financeiros e tecnológicos.
- ✓ Ter conhecimento da arquitetura *as-is* das aplicações, ou seja, mesmo que saibamos que o desenho da solução dá a visão de arquitetura ideal, não podemos considerar que soluções anteriores implantaram algo que possa ser reutilizado. Não é o ideal, mas é frequente que os projetos na fase de desenvolvimento deixem de seguir o que foi desenhado. Dessa forma, quando novos projetos surgem e o arquiteto não avalia como as aplicações e suas integrações de fato estão, pode apontar para uma solução inexequível.

PARTE X. ARQUITETURA DE SOFTWARE

26. O que é arquitetura de software?

Daniel Gomes
Cosme Cardoso
Luiz Henrique Seckler

A arquitetura de software, como disciplina, existe há algumas décadas. Com o intuito de diminuir a complexidade da organização do software, surgiram *frameworks*, padrões e ferramentas.

Essa complexidade pode ser mais aprofundada em estudo das leis Meir Lehman ("As 8 leis de Lehman sobre evolução de software"), sendo uma fonte histórica de bom senso em evolução de software. Porém, como qualquer outra disciplina duradoura, a arquitetura de software apresentou desafios e evoluções que nortearam propostas como os *frameworks* TOGAF®, *Zachman Framework* e ACE, já expostos em capítulos anteriores.

Nas seções seguintes, serão abordados os objetivos dessa disciplina e o papel do arquiteto de software.

Definição, propósitos e objetivo

A priori, a disciplina de arquitetura de software (WAZLAWICK, 2019) tem como objetivo definir a forma como são organizadas as estruturas internas de uma solução de software. Além disso, deve organizar e dar visibilidade a tais estruturas, componentes e relações existentes entre entidades computacionais ou de negócio e suas restrições semânticas.

Com base na definição da disciplina feita anteriormente, pode-se afirmar também que o propósito da arquitetura de software é minimamente suportar o ciclo de vida do sistema. Uma arquitetura pode ser considerada boa se for fácil de entender, desenvolver, manter e implantar. O objetivo final é minimizar o custo da vida útil do sistema e não necessariamente aumentar a produtividade do desenvolvedor.

Dentro desse escopo de definição e propósito, temos também o objetivo da arquitetura de software: flexibilizar o desenvolvimento, a implantação, a operação e a manutenção do sistema de software.

É notório que cada vez mais as empresas, no papel do arquiteto, aplicam a disciplina de arquitetura de software para suas soluções. Conforme apresentado no Capítulo 3, "Os diferentes "tipos" de arquiteto", a responsabilidade de projetar a divisão dos sistemas de software em componentes cada qual com seus domínios e camadas fica a cargo do arquiteto. Além disso, ele define como esses componentes se interligam e como os dados são manipulados.

Muitos profissionais de tecnologia da informação da área de desenvolvimento trilham suas carreiras almejando atingir o ápice do seu trabalho tornando-se um arquiteto de software.

Entretanto, deve-se levar em conta que o arquiteto não é apenas um desenvolvedor sênior que possui mais responsabilidades. É alguém que planejou uma arquitetura para um determinado sistema, que tem como desafio dar suporte ao ciclo de vida desse sistema.

Portanto, a escolha, por parte do desenvolvedor, de se tornar um arquiteto deve ser consciente e não apenas pautada na ascensão de sua carreira, visto que mesmo excelentes desenvolvedores não são, necessariamente, arquitetos. As empresas também devem ter muita cautela em promover um profissional à carreira de arquiteto, já que este deve possuir competências técnicas adequadas.

Em resumo, a arquitetura de software é o ato de você visualizar, entender e manipular como seu software será organizado. Pode-se considerar que uma boa arquitetura é centrada nos casos de uso que descrevem com segurança o que os arquitetos precisam saber sem se comprometerem com *frameworks*, ferramentas e ambientes. Um bom resultado de uma arquitetura de software é a que permite o adiamento de decisões sobre detalhes que não são o objetivo principal do caso de uso.

Princípios da arquitetura de software

"A única constante de um software é a sua contínua mudança". Esta frase foi referenciada por Martin Fowler no livro "Patterns of Enterprise Application Architecture" (FOWLER et al., 2003) e por Kent Beck no livro "Extreme Programming Explained" (BECK; ANDRES, 2005). Devemos então partir da ideia de que o software sofre contínuas mudanças e que, portanto, a sua arquitetura deve ser planejada para futuras manutenções.

Arquitetura de software é uma disciplina extensa, complexa, crescente e com muitas técnicas. Os princípios que serão apresentados têm como objetivo a criação de estruturas de software que tolerem mudanças. Essas mudanças são fáceis de entender e apropriadas para a reutilização de componentes.

Por isso o arquiteto deve recorrer à literatura, como o livro "Arquitetura Limpa", de Robert C. Martin (2020), que apresenta os princípios SOLID e o *framework* TOGAF®. São itens fundamentais para auxiliar o arquiteto a seguir ou até estabelecer novos princípios corporativos.

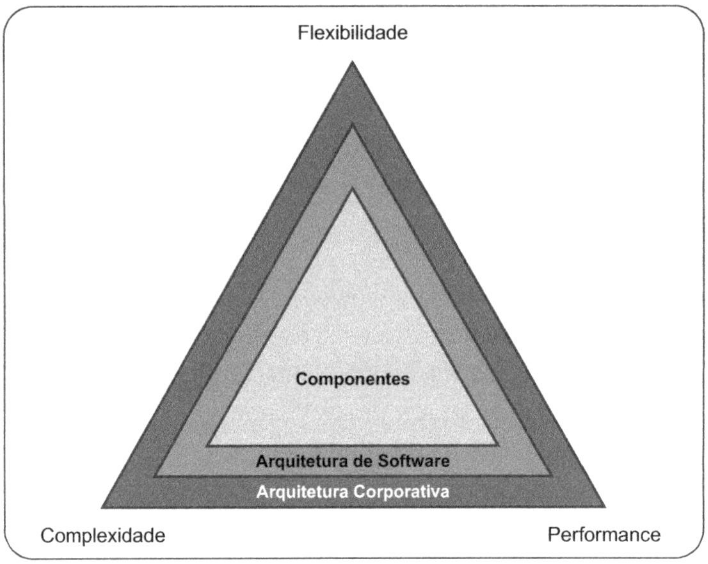

Figura 26.1. Níveis de arquitetura.
Fonte: os autores.

A seguir, apontaremos alguns princípios de arquitetura (FOWLER, 2019), para que o arquiteto tenha condições de criar uma solução com o mínimo de qualidade:

- ✓ **Princípio da responsabilidade única (*single responsibility principle*)**: partindo da lei de Conway, pode-se afirmar que a melhor estrutura para um sistema de software é influenciada pela estrutura da empresa que a utiliza. Cada módulo de software tem apenas uma razão para mudar. Um módulo deve sofrer influência de mudança de um único agente (*stakeholder*).

- ✓ **Princípio do aberto/fechado (*open-close principle*):** em essência, para que os sistemas de software sejam fáceis de mudar, eles devem ser projetados de modo a permitir que o comportamento desses sistemas mude pela adição de um novo código em vez da alteração do código existente.
- ✓ **Princípio de substituição de Liskov (*Liskov substitution principle*):** criar softwares a partir de partes intercambiáveis, permitindo que essas partes possam ser substituídas por outras. Este princípio apresenta a estratégia *design by contract*, em que cada camada fica isolada uma da outra e pode ser substituída de forma fácil. Complementando essa ideia, deve-se também encapsular os erros internos ocorridos dentro de uma camada.
- ✓ **Princípio da segregação de interface (*interface segregation principle*):** este princípio orienta que os arquitetos de software evitem depender de coisas que não usam. Depender de algum componente que contém itens desnecessários pode causar problemas inesperados.
- ✓ **Princípio da inversão de dependência (*dependency inversion principle*):** o código que implementa uma regra de negócio de alto nível não deve depender do código que implementa os detalhes dos componentes do sistema. Separe componentes de regras do negócio dos componentes que são estruturais para o funcionamento do sistema.
- ✓ **Princípio da separação de preocupações (*Separation Of Concerns* – SOC):** este princípio consiste em visualizar, dividir ou organizar um software. É utilizado para estabelecer uma organização lógica na arquitetura de software. Através deste princípio pode-se obter uma arquitetura de excelência, altamente coesa e com baixo acoplamento.
- ✓ **Princípio da arquitetura baseada em camadas:** uma arquitetura em camadas para uma aplicação deve ter no mínimo três camadas (ex.: apresentação, negócio, persistência). Isso não impede que possa ter outras camadas para organizar outras responsabilidades.
- ✓ **Princípio da documentação arquitetural:** o princípio mais importante, pois é com ele que será divulgado todo o trabalho feito. Neste princípio, espera-se gerar artefatos que serão cruciais para contar a história das decisões arquitetônicas: como a solução foi organizada, quais softwares e *frameworks* foram utilizados e a modelagem dos componentes.
- ✓ **Princípios de equivalência do reúso/*release*:** o reúso de componentes é de acordo com a granularidade do artefato de entrega. A possibilidade de reutilizar componentes está atrelada com o fato de os componentes estarem rastreados por meio de um processo de *release*.
- ✓ **Princípios do fechamento comum:** agrupar em componentes todas as classes/arquivos que mudam pela mesma razão e no mesmo momento. Assim como

está no **princípio de responsabilidade única e no princípio aberto/fechado**, não se deve ter várias razões para mudar um componente.

- ✓ **Princípios do reúso comum:** garantir que componentes possam ser utilizados sem depender de coisas de que não vão precisar.

Neste capítulo trouxemos uma visão geral do que é a arquitetura de software e qual o seu propósito dentro do conceito de Arquitetura Corporativa. Abordamos também o papel e os princípios que devem orientar o arquiteto de software.

27. Padrões de arquitetura de aplicações corporativas

Daniel Gomes
Cosme Cardoso
Luiz Henrique Seckler

Para a imersão do arquiteto de software no mundo da arquitetura de aplicações corporativas, é necessário compreender os padrões e conceitos sobre arquitetura de referência e estilos arquitetônicos. Esses conhecimentos serão de grande valia para que o arquiteto possa reutilizar soluções.

Primeiramente, o arquiteto deve ter a percepção de que aplicações corporativas podem ou não fazer parte de grandes sistemas e que, normalmente, dispõem de dados persistentes e capazes de atender a múltiplas execuções. É importante ressaltar que esses dados precisam ser íntegros e armazenados por um longo período.

Existem cenários nos quais as aplicações são consideradas pequenas, porém corporativas, agregam muito valor ao negócio e, além disso, possuem interconexões com diversos sistemas. Portanto, o entendimento não está na quantidade de módulos ou artefatos, mas em quanto a arquitetura da aplicação pode impactar em todo um ecossistema.

Padrões e arquitetura de referência

Nesta seção, premissas importantes, como padrões e arquitetura de referência, serão apresentadas com o intuito de auxiliar na construção de uma boa arquitetura. O arquiteto de software terá um ferramental que poderá melhorar a qualidade e a eficiência das soluções por ele elaboradas.

Então, iniciaremos pelos **padrões**, que são *templates* de solução para um problema recorrente que seja comprovadamente útil em um determinado contexto. Assim sendo, é necessário descobrir em qual contexto utilizar e saber que não são independentes e devem ser customizados.

Gamma et al., no livro "Padrões de Projeto" (2000), afirmam que um padrão expressa uma solução reutilizável descrita em quatro elementos essenciais:

- ✓ **Nome do padrão:** é uma referência e facilita ao pensar, comunicar, documentar e permitir termos um nível mais alto de abstração.
- ✓ **Problema:** descreve em qual situação aplicar o padrão e explica o contexto.
- ✓ **Solução:** descreve os elementos que compõem o padrão de projeto, seus relacionamentos, suas responsabilidades e colaborações.
- ✓ **Consequências:** são os resultados e as análises das vantagens e desvantagens de utilizar o padrão.

Os padrões permitem que arquitetos possam recorrer a soluções já existentes para resolver problemas que normalmente ocorrem. Os **repositórios de arquitetura** apresentados no *framework* TOGAF® consolidam a ideia de soluções reutilizáveis. Os conceitos de *building blocks,* ABBs e SBBs trazem padronização de forma corporativa, disponibilizando soluções categorizadas e contextualizadas. A ideia de padronização está também correlacionada aos princípios de reúso e de documentação arquitetural descritas no capítulo anterior.

Existem visões diferentes para padronizações, sendo cada uma em níveis distintos. Os padrões têm prismas diferentes para observar a mesma solução arquitetural. Esses padrões possuem uma linha tênue entre arquitetura e design, sendo ambas interpretações, visões e leituras críticas de uma implementação. A arquitetura é usada no contexto de algo em um nível mais alto que independe de detalhes, e o design foca em detalhar níveis mais baixos.

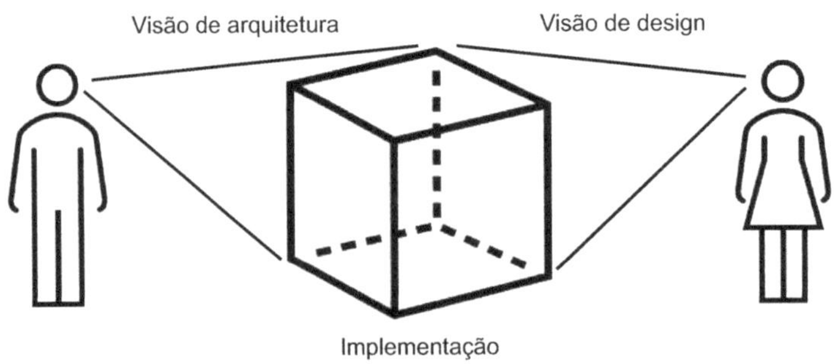

Figura 27.1. Visões: arquitetura e design.
Fonte: os autores.

Podemos observar os padrões logo a seguir:

- ✓ **Padrões arquiteturais:** "expressam um esquema de organização estrutural fundamental para sistemas de software" (BUSCHMANN et al., 1996).

Figura 27.2. Padrões arquiteturais.
Fonte: os autores.

- ✓ **Padrões de projeto:** "disponibilizam um esquema para refinamento de subsistemas ou componentes de um sistema de software" (GAMMA et al., 2000).

Figura 27.3. Padrões de projeto.
Fonte: os autores.

- ✓ **Padrões de implementação:** "descrevem como implementar aspectos particulares de componentes ou de relacionamentos entre eles, usando as características de uma dada linguagem" (BUSCHMANN et al., 1996).

```
abstract class Aplicacao {
      protected Documento doc;
      abstract Documento criaDocumento();
       void novoDocumento() {
           this.doc = this.criaDocumento();
       }
       void abrirDocumento() {
           this.doc.abrir();
       }
  }
abstract class Documento {
      void abrir() {
          System.out.println("Documento:Abrir documento!");
      }
```

```
        void fechar() {
            System.out.println("Documento:Fechar documento!");
        }
        void gravar() {
            System.out.println("Documento:Gravar documento!");
        }
}
class MinhaAplicacao extends Aplicacao {
 Documento criaDocumento() {
                return new MeuDocumento();
 }
}
class MeuDocumento extends Documento {
}
```

Implementação do padrão de projeto *Factory Method* (GAMMA et al., 2000).

A arquitetura de referência deve pertencer a um domínio particular, onde os componentes de software e seus relacionamentos podem ser implementados e mapeados em várias funcionalidades e adicionalmente utilizados como base comparativa para diferentes sistemas.

É essencial que o arquiteto compreenda bem os padrões definidos na literatura, pois certamente terá base para modificá-los e adaptá-los para satisfazer suas próprias demandas corporativas. E, por conseguinte, poderá ter contribuído para o repositório arquitetural corporativo.

Em resumo, os padrões, a arquitetura de referência e o estilo arquitetural são ferramentas que auxiliam o arquiteto de software a construir soluções aumentando a eficiência no ciclo de elaboração da arquitetura.

Uso dos padrões

Com base nos conceitos e no uso das ferramentas apresentadas anteriormente, será exibida a seguir uma ideia do fluxo de trabalho para o desenvolvimento de aplicações de forma estratégica, facilitando assim o desempenho do arquiteto de software. Para isso, também é importante o uso de algumas técnicas facilitadoras, como a abstração, o encapsulamento, a modularização, a separação de preocupações, o acoplamento e a coesão, a separação de regras de negócio e implementação, a separação de interface e a implementação única de ponto de referência.

Na Figura 27.4, veremos um exemplo seguindo o princípio de camadas, em que o monolito inicial é decomposto nos componentes "Modelo", "Visão" e "Controle".

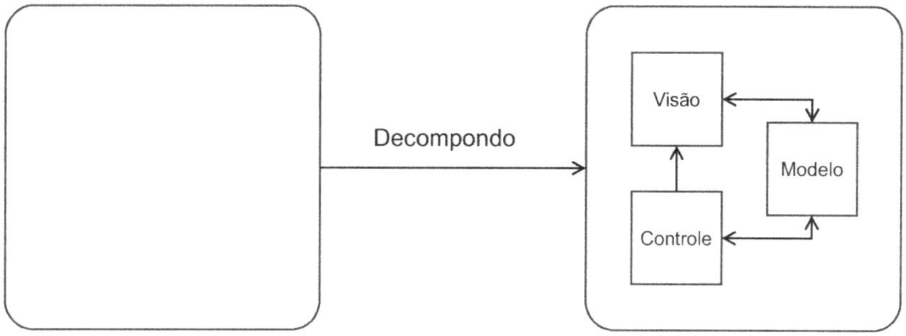

Figura 27.4. Visões: MVC.
Fonte: os autores.

Na Figura 27.5 a decomposição foi aprimorada para atender a novas necessidades, mesmo correndo o risco de degradar a qualidade do produto final devido à sobrecarga do modelo que notifica a visão. Quando ocorre uma alteração, apesar do risco citado, a decomposição ainda é mais interessante do que uma solução mais engessada, pois torna a arquitetura mais flexível.

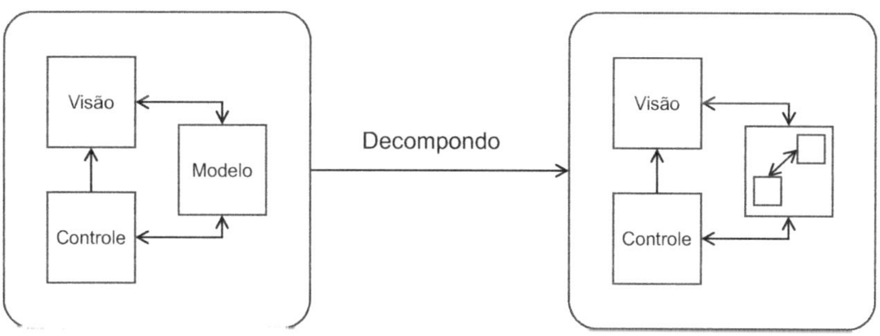

Figura 27.5. Visões: MVC 2.
Fonte: os autores.

Na Figura 27.6, observa-se uma visão de granularidade mais baixa, diferentemente da Figura 27.5. Nesse cenário é possível notar informações adicionais sobre as interfaces de cada módulo e o limite de cada componente através de suas interfaces. Além disso, é possível perceber que existem componentes que foram classificados como voláteis a mudanças na arquitetura. Isso mostra claramente as preocupações com os princípios de flexibilidade que uma boa arquitetura deveria possuir.

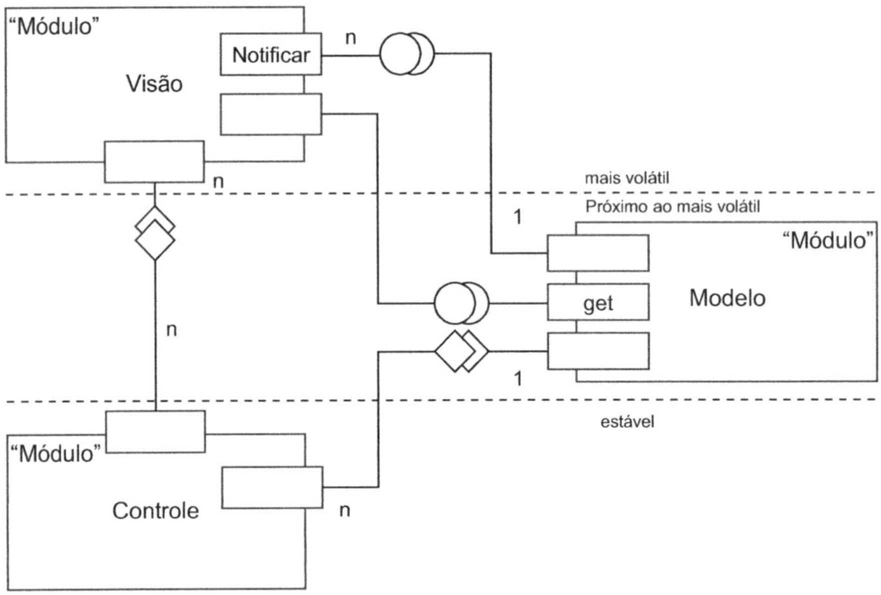

Figura 27.6. Visão granular de arquitetura.
Fonte: os autores.

No exemplo vimos uma modelagem simples que fez uso do padrão de três camadas. Existem inúmeros padrões que podem ser utilizados conforme a necessidade e são considerados básicos para o conhecimento do arquiteto. Na tabela a seguir temos alguns exemplos.

Tabela 27.1. Tabela com componentes padrões de arquitetura de aplicações corporativas.
Fonte: os autores.

Nome	Como funciona	Quando usar
Gateway	Encapsulamento simples para o recurso externo.	Interface complicada para algo que parece externo.
Mapper	Camada isolante entre subsistemas.	Desacoplar diferentes partes de um sistema.
Interface separada	Colocar implementação e interface em pacotes separados.	Quando for necessário quebrar a dependência entre duas partes do sistema.
Registry	Um objeto conhecido que outros objetos podem usar.	Encapsular o método.
Objeto Valor	Um objeto pequeno e simples.	Quando estiver atribuindo valores a objetos, por exemplo, atribuindo o valor "2022" ao atributo "ano" do objeto "meuCarro": meuCarro["ano"] = 2022.
Stub de serviços	Remove dependência de serviços problemáticos durante os testes.	Sempre que descobrir dependência.

Complementado os padrões apresentados na tabela anterior, a referência "Padrões de Arquitetura de Aplicações Corporativas" (FOWLER et al., 2018) detalha mais padrões e soluções com exemplos[8] para imersão do arquiteto.

Em síntese, podemos perceber que padrões auxiliam o arquiteto como um ponto de partida e não como um destino final. Seria como se cada padrão estivesse incompleto, aguardando o arquiteto customizar para ser utilizado em um problema específico.

---

[8] Para saber mais, segue um estudo de caso: <https://github.com/danieldggomes/jornada_arquitetura>.

28. Estilos arquiteturais

Daniel Gomes
Norberto Hideaki Enomoto

Neste capítulo uma ferramenta importante será apresentada, com o intuito de auxiliar o arquiteto de software na construção de uma boa arquitetura. Os estilos arquiteturais disponibilizam um conjunto de classes de soluções, com a finalidade de otimizar a tomada de decisões do arquiteto.

Começaremos pelos estilos mais utilizados. Com base nos requisitos funcionais e não funcionais, pode-se classificar uma solução para um determinado contexto.

Introdução aos estilos arquiteturais

Os estilos arquiteturais muitas vezes são chamados de padrões arquiteturais e são comparados com a ideia de *design patterns*, pois criam um nome único para o problema em que atuam. Por exemplo, quando um arquiteto fala sobre um **monolito em camadas**, seu alvo na conversa atende aos aspectos da estrutura, quais tipos de características da arquitetura funcionam bem, quais problemas podem causar, modelos de implantação típicos, estratégia de dados e uma série de outras informações.

Sendo assim, cada nome de estilo arquitetural captura a riqueza e o entendimento dos detalhes da solução. Com isso, os arquitetos devem estar familiarizados com os nomes básicos dos estilos, pois é uma ferramenta fundamental para ser utilizada no dia a dia do profissional.

Os estilos podem ser classificados em dois tipos: **monolítico** ou **distribuído**. Embora nenhum esquema de classificação seja perfeito, todas as arquiteturas distribuídas compartilham um conjunto comum de desafios e problemas não encontrados nos estilos de arquitetura monolítica, tornando esse esquema de classificação uma boa separação.

Podemos ver na imagem a seguir alguns estilos:

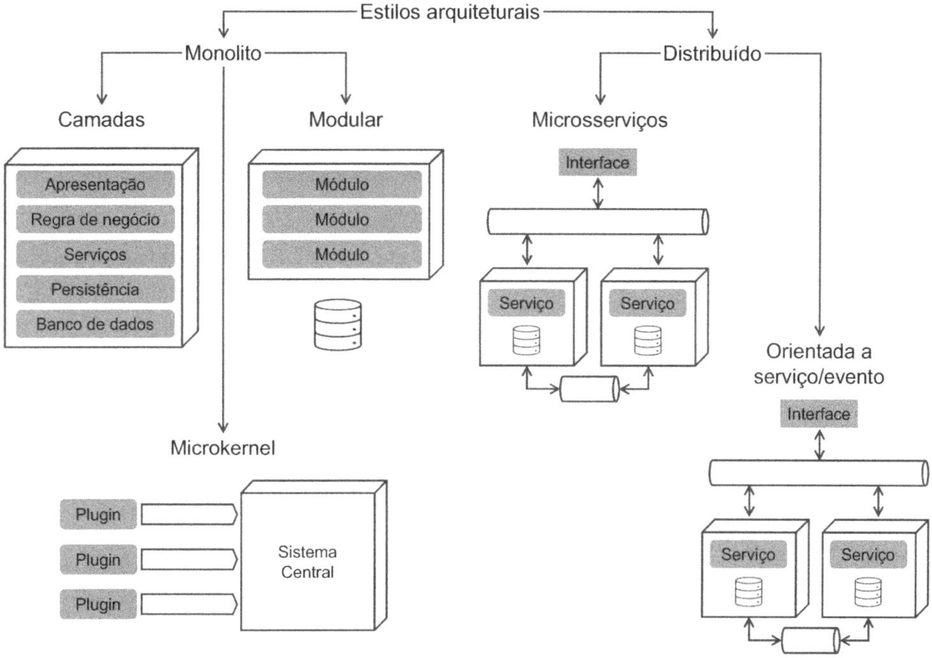

Figura 28.1. Estilos de arquitetura.
Fonte: adaptado de Richards; Ford (2020).

Arquitetura monolítica

O exemplo mais comum para representar uma arquitetura monolítica (RICHARDS; FORD, 2020) seria com um artefato único, código-fonte único, sendo implantado como um único processo, que se comunica com um local de armazenamento de dados que comumente pode ser um banco de dados, sistema de arquivos ou *storage*. Este processo único pode ser visto na imagem a seguir, que representa a maioria dos sistemas monolíticos.

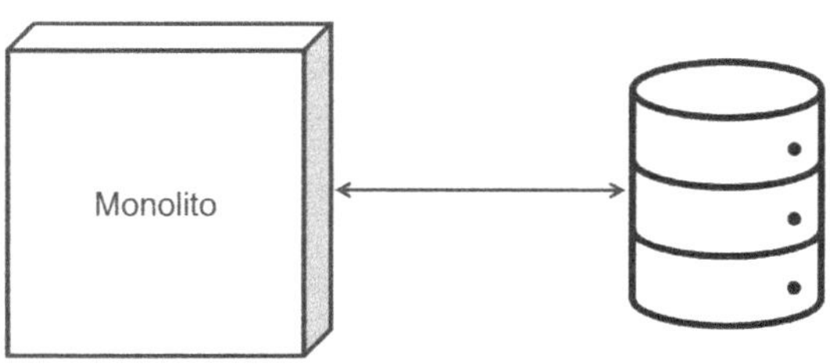

Figura 28.2. Arquitetura monolítica.
Fonte: os autores.

Algumas características dos monolitos é ter uma topologia fácil de gerenciar e implantar, evitando vários problemas com os quais as arquiteturas distribuídas têm que se preocupar. Processo de desenvolvimento, monitoramento, testes e solução de problemas são mais simples.

Por exemplo, com uma arquitetura monolítica é possível subir rapidamente uma PoC[9] ou MVP[10] para validar um negócio ou produto. Essa solução monolítica possui uma curva de aprendizado menor para os desenvolvedores e o crescimento da tendência é sempre duplicar a infraestrutura ou simplesmente aumentar o tamanho do servidor.

Atualmente, há uma forte tendência para arquiteturas distribuídas e discussões frequentes comparando-as com os monolitos. O termo "monolito" está cada vez mais sendo usado como algo antiquado, dando sempre a entender que é uma solução legada. Porém, ele não pode ser visto como uma arquitetura legada e antiquada, mas como uma solução que deve ser utilizada de acordo com a necessidade dos requisitos da solução e a experiência da equipe.

Arquitetura modular

Segundo Mark Richards e Neal Ford (2020), a arquitetura de software é a atividade de fazer trocas, onde essas trocas são entre componentes. Esses componentes são representados por blocos funcionais que estão em uma solução arquitetural. Esses itens são elaborados e geridos pelos arquitetos, que devem tomar a decisão de qual utilizar na solução. A organização desses componentes pode ser por funcionalidades; sendo assim, é um estilo arquitetural com o intuito de organizar a interação entre esses componentes.

Uma das maneiras mais comuns de modularizar, segundo Martin Fowler (2015), é separar em três módulos: apresentação, lógica de domínio e acesso a dados. De modo geral, a modularização permite reduzir o escopo da atenção dos desenvolvedores, facilitando focar sobre os três tópicos de forma relativamente independente. Ao separar esses elementos em módulos de escopo definidos, torna-se mais fácil gerir e substituir os módulos utilizando diferentes implementações. Dessa forma, consegue-se organizar o código-fonte fazendo mais sentido com um módulo por causa do seu domínio ou camadas técnicas.

9 *Proof of Concept*: uma prova de conceito, apenas testando uma hipótese.

10 *Minimum Viable Product*: uma entrega mínima aceitável para ser considerada um produto.

Podemos ver isso na imagem a seguir:

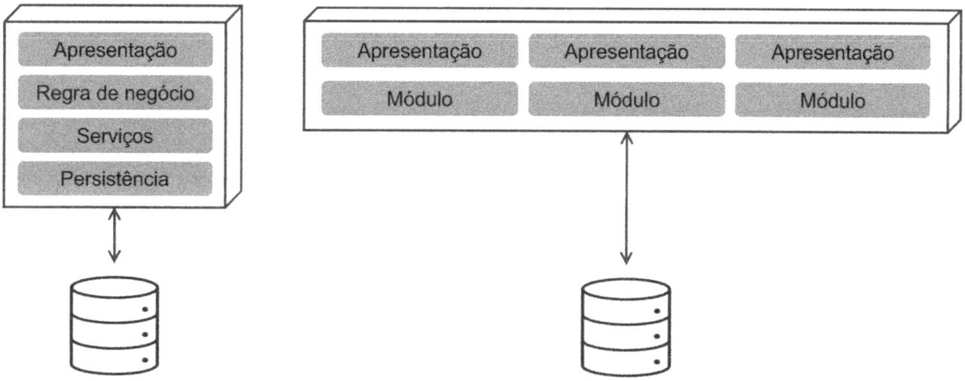

Figura 28.3. Arquitetura modular.
Fonte: os autores.

Na figura, podemos observar duas perspectivas: módulos por camadas de capacidades técnicas (apresentação, regras de negócio, serviços, persistência) e módulos por domínio (catálogo de *check-out*, compra do cliente, análises, atualizar estoque, relatório, atualizar contas). Ambas possuem uma única fonte de dados, o que caracteriza também o estilo monolítico.

Arquitetura em camadas

O estilo monolítico em camadas possuim componentes organizados em camadas horizontais. Cada camada desempenha uma função específica dentro da solução arquitetural. Não é preciso especificar o número de camadas, porém existe uma sugestão na literatura que consiste nas seguintes camadas: apresentação, negócios, persistência e banco de dados. Em alguns casos, a camada de negócios e a camada de persistência são combinadas em uma única camada – assim, aplicativos menores podem ter apenas três camadas, enquanto maiores e mais complexos podem conter quatro, cinco ou mais camadas.

Cada camada tem uma função específica e responsabilidade dentro do aplicativo. Por exemplo, a camada de apresentação seria responsável por lidar com toda a interface do usuário e a lógica de comunicação com o navegador, enquanto uma camada de negócios seria responsável pela execução de regras de negócios específicas associadas à solicitação.

Cada camada da arquitetura forma uma abstração em torno do trabalho que precisa ser feito para satisfazer uma determinada solicitação de negócio. Por exemplo, a camada de apresentação não precisa saber ou se preocupar em obter dados do cliente; só precisa exibir essas informações em uma tela em um formato específico. Da mesma forma, a camada de negócios não precisa se preocupar em como formatar dados do cliente para exibição em uma tela ou mesmo de onde os dados do cliente estão vindo; ela só precisa obter os dados da camada de persistência, aplicar a lógica de negócios junto aos dados e passar essas informações para a apresentação.

Veja na imagem a seguir:

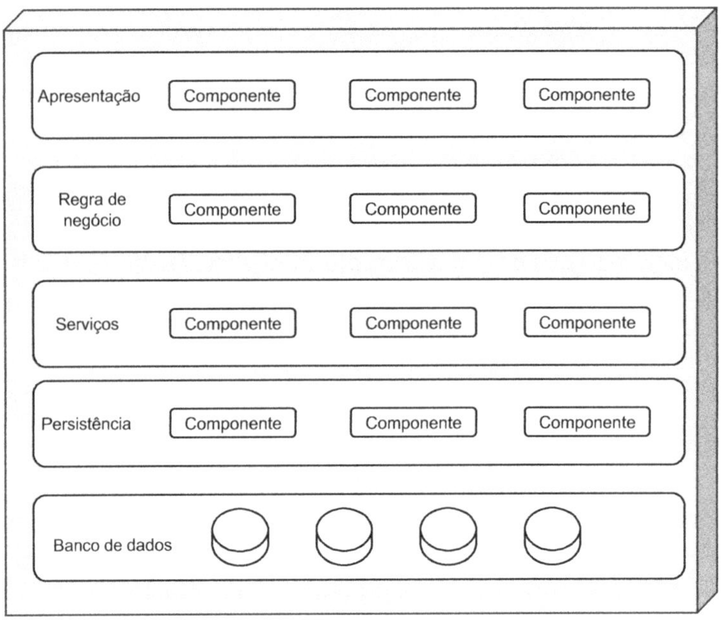

Figura 28.4. Monolito em camadas.
Fonte: os autores.

Podemos exemplificar o fluxo entre as camadas desse estilo arquitetural simulando uma aplicação com as seguintes responsabilidades: uma aplicação *web* que tem como entrada na **tela cliente** *Single Page Application* (SPA), sendo responsável por aceitar a solicitação e obter as informações do cliente. Assim, a **tela do cliente**, na **camada de apresentação**, recebe uma solicitação para obter informações do cliente e então encaminhar essa solicitação para o módulo de **delegação do cliente**. Esse módulo é responsável por saber quais módulos da **camada de negócios** podem processar essa solicitação e como chegar a esse módulo e aos dados de que necessita. O **objeto do cliente** na **camada de negócios** é responsável por agregar todas as informações necessárias para a solicitação de negócios. Esse módulo chama o módulo **DAO** (***Data Access Object***) **do cliente** na **camada de persistência** para obter dados do cliente e o **DAO de pedidos**, módulo para obter informações do pedido. Esses módulos, por sua vez, recuperam os dados na camada de banco de dados e passam o objeto do cliente de volta para a **camada de negócios**, e assim essas informações chegam de volta até a tela do cliente na **camada de apresentação** inicial.

Veja esse fluxo ilustrado na figura a seguir:

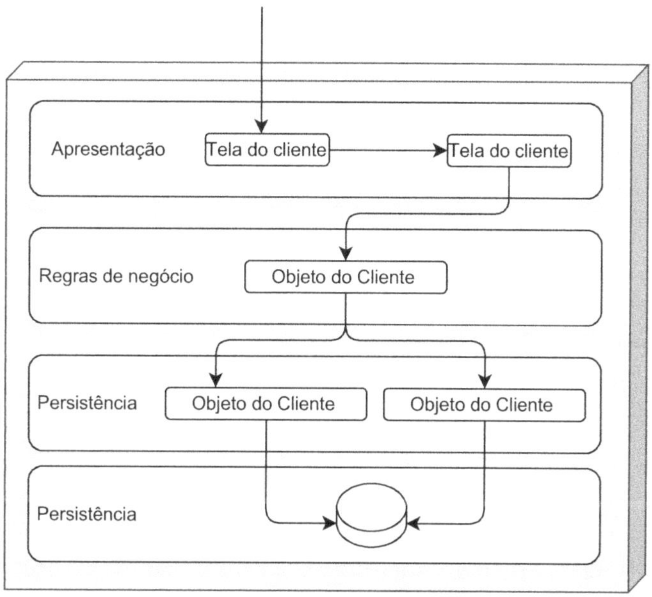

Figura 28.5. Exemplo do fluxo de arquitetura em camadas.
Fonte: os autores.

Os pontos fortes deste estilo são o custo baixo e a simplicidade dessa arquitetura. Por serem de natureza monolítica, as arquiteturas em camadas são fáceis de entender e têm um custo relativamente baixo de construção e manutenção. No entanto, essas classificações começam a diminuir rapidamente conforme as camadas ficam maiores e mais complexas.

Arquitetura *microkernel*

O estilo *microkernel* é uma arquitetura monolítica relativamente simples que consiste em dois componentes de arquitetura: um **sistema central** e ***plugins***. A lógica do aplicativo é dividida entre ***plugins*** independentes e o **sistema central** básico, fornecendo extensibilidade, adaptabilidade e isolamento dos recursos do aplicativo e da lógica de processamento customizada.

O **sistema central** é formalmente definido como a funcionalidade mínima necessária para executar o sistema. A IDE Eclipse[11] é um bom exemplo disso, pois tem um sistema central que é apenas um editor de texto básico (abre, altera e salva o arquivo), mas não faz muita coisa sem os ***plugins***. A complexidade do sistema central é amenizada com os *plugins,* permitindo melhor extensibilidade e manutenibilidade.

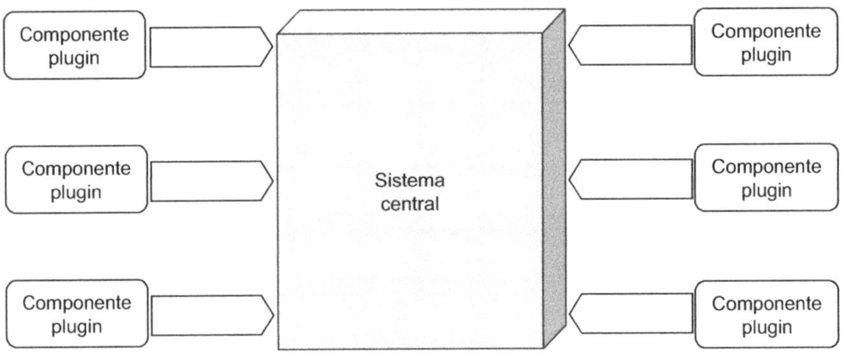

Figura 28.6. Arquitetura *microkernel*.
Fonte: os autores.

Dependendo do tamanho e da complexidade, os *plugins* são serviços específicos para cada domínio. Por exemplo, suponha que o serviço de **processamento de pagamento** seja o serviço de domínio representado no sistema central. Cada método de pagamento seriam *plugins* separados específicos para o domínio de pagamento.

Sendo os *plugins* autônomos e independentes uns dos outros, a comunicação deve ocorrer através do sistema central. Isso significa que o "canal de comunicação" do *plugin* com o sistema central será uma chamada de método para a classe de entrada do *plugin*. Além disso, o *plugin* pode ser adicionado ou removido no tempo de execução, sem a necessidade de implantar o sistema principal ou outros *plugins.*

Os *plugins* nem sempre precisam ser uma comunicação ponto a ponto com o sistema central; existem alternativas como o *REST*. Embora isso possa soar como uma boa maneira de aumentar a escalabilidade, cada requisição deve primeiro passar pelo sistema central e assim chegar ao serviço do *plugin*.

11 <https://help.eclipse.org/2020-09/index.jsp>.

Os benefícios da abordagem de acesso remoto são desacoplamento, escalabilidade e mudanças no tempo de execução. Porém, acaba permitindo comunicações assíncronas com *plugins*, criando cenários em que direciona a arquitetura monolítica de *microkernel* para uma solução distribuída. Isso descaracteriza bastante o estilo.

Similarmente ao estilo de arquitetura em camadas, o estilo *microkernel* tem como pontos fortes o baixo custo e a simplicidade dessa arquitetura. Porém, os pontos fracos são a escalabilidade, a tolerância a falhas e a extensibilidade, que são fraquezas típicas de monolitos. Nesse estilo de *microkernel*, alguns pontos são melhorados, como testabilidade, implantação e confiabilidade.

Arquitetura distribuída

Embora nenhum esquema de classificação seja perfeito, todas as arquiteturas distribuídas compartilham um conjunto comum de desafios e problemas não encontrados nos estilos de arquitetura monolítica, tornando este esquema de classificação uma boa separação entre os vários estilos de arquitetura. Os estilos de arquitetura distribuída, embora sejam muito mais poderosos em termos de desempenho, escalabilidade e disponibilidade do que os estilos de arquitetura monolítica, têm compensações significativas para esse poder. Os primeiros problemas enfrentados por todas as arquiteturas distribuídas são as falácias que precisam ser esclarecidas. Veja as afirmações que não estão corretas e podem atrapalhar o uso do estilo de arquitetura distribuída.

- ✓ A rede é confiável.
- ✓ Zero latência.
- ✓ Largura de banda é infinita.
- ✓ Rede é segura.
- ✓ Topologias nunca mudam.
- ✓ Só tem um único administrador de sistema.
- ✓ Acesso remoto tem custo zero.
- ✓ Rede é homogênea.

Todas as falácias (DEUTSCH, s.d.) anteriormente citadas são um alerta para o arquiteto de software durante a elaboração de uma solução. O estilo arquitetural distribuído deve ter uma motivação muito diferente das falácias anteriormente listadas. Por exemplo, escolher uma solução distribuída pela necessidade de escalar com facilidade um produto, mas não considerar a latência de rede, a largura de banda ou o custo é certamente uma escolha equivocada do estilo.

Além das oito falácias descritas anteriormente, existem outras questões e desafios enfrentados pela arquitetura distribuída que não estão presentes nas arquiteturas monolíticas. Por exemplo, as questões de ***logs*** e **transações** devem ser tratadas na concepção da solução distribuída. Diferentemente da arquitetura monolítica de *log* centralizado, no cenário distribuído o *log* se encontra em várias partes da solução e precisa ser tratado. No desafio da transação da arquitetura distribuída, existe o padrão SAGA, que propõe garantir uma gestão do cenário *two phase commits* (HOHPE, 2005), sendo a ação para tratar transações distribuídas e não necessariamente tem uma fonte única de dados.

Na imagem a seguir mostramos uma possível topologia de arquitetura distribuída. Outras derivações e possibilidades serão apresentadas nas próximas seções.

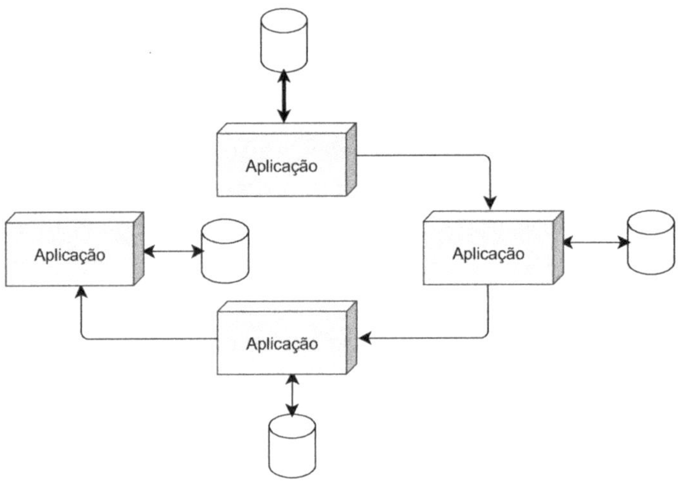

Figura 28.7. Arquitetura distribuída.
Fonte: os autores.

Arquitetura orientada a serviços (SOA)

A arquitetura orientada a serviços (*Service-Oriented Architecture* – SOA) é um estilo de arquitetura distribuída utilizado para integração de sistemas/aplicações. Nesta arquitetura utiliza-se o padrão chamado *web service*. O *web service* possui um contrato formal chamado *Web Service Description Language* (WSDL). O WSDL é uma especificação que permite descrever um *web service* segundo um formato XML. Um documento WSDL é um documento XML que descreve o *web service* como um conjunto de pontos de serviço (*endpoints*) que operam baseados em trocas de mensagens. O WSDL é uma linguagem extensível e permite a descrição de pontos de serviço e suas mensagens independentemente de que formato de mensagens ou protocolo de rede for utilizado na comunicação. Através da descrição do *web service*, o provedor de serviços publica as especificações necessárias para o cliente invocar um serviço (contrato). O cliente não precisa saber qual a linguagem de programação ou plataforma de execução em que o provedor de serviços está baseado. Um *web service* pode ser desenvolvido em qualquer linguagem de programação, como, por exemplo, Java, C#, GoLang, JavaScript etc. Este utiliza protocolo de mensagem SOAP (*Simple Object Access Protocol*) baseado no formato XML e normalmente o protocolo de comunicação HTTP, garantindo interoperabilidade entre sistemas/aplicações.

Web Services Description Language (WSDL)

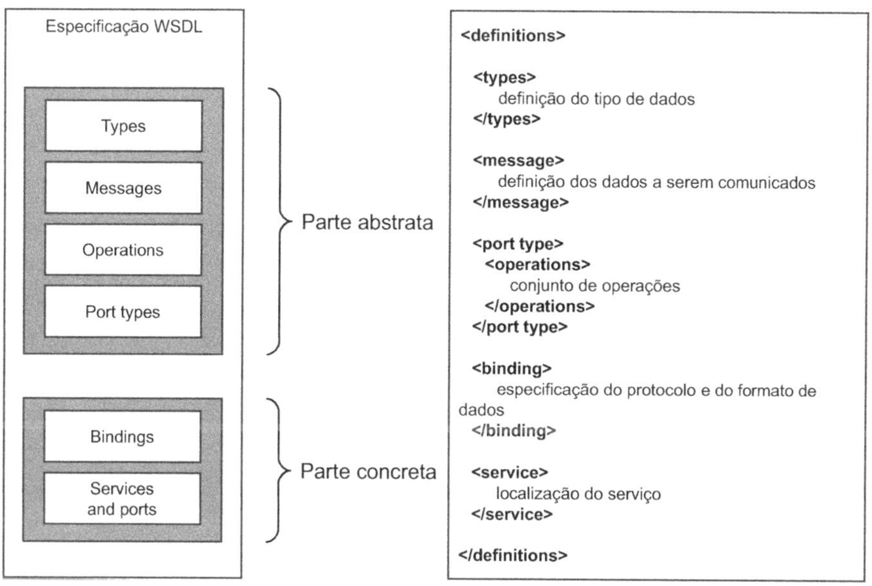

Figura 28.8. Estrutura do WSDL.
Fonte: os autores.

A Figura 28.8 mostra a estrutura de um arquivo WSDL. Este é formado por uma parte abstrata e uma parte concreta. Na parte abstrata temos os seguintes elementos:

- ✓ ***Types***: definem os tipos de dados que são utilizados para descrever as mensagens. Para melhor interoperabilidade e independência de plataforma, indica-se o uso de XSD (*XML Schema Documents*).
- ✓ ***Messages***: representam uma definição abstrata dos dados que serão transmitidos. Uma mensagem é composta por diferentes partes lógicas que estão associadas a uma definição contida em um sistema de tipos.
- ✓ ***Operations***: definição abstrata de uma ação que um serviço pode executar.

- ✓ ***Port types***: são conjuntos de operações abstratas, cada uma contendo mensagens de entrada e saída.

Na parte concreta temos os seguintes elementos:

- ✓ ***Bindings***: especificam protocolos concretos além de especificações de formatação de dados para as operações e mensagens definidas em um tipo de porta particular.
- ✓ ***Services***: modela um *web service* agregando um conjunto de portas relacionadas entre si.
- ✓ ***Ports***: especificam um endereço para uma ligação, definindo então um *endpoint* único.

Simple Object Access Protocol **(SOAP)**

O SOAP é um protocolo para troca de informações estruturadas em uma plataforma descentralizada e distribuída. Ele se baseia na linguagem de marcação extensível (*eXtensible Markup Language* – XML) para seu formato de mensagem e normalmente se baseia em outros protocolos da camada de aplicação, mais notavelmente em chamada de procedimento remoto (*Remote Procedure Call* – RPC) e protocolo de transferência de hipertexto (*HyperText Transfer Protocol* – HTTP), para negociação e transmissão de mensagens. Esse protocolo baseado em XML consiste de três partes (conforme Figura 28.9): um envelope, que define o que está na mensagem e como processá-la, um cabeçalho, com um conjunto de regras codificadas para expressar instâncias do tipos de dados definidos na aplicação, e um corpo (*body*) com convenções para representar chamadas de procedimentos e respostas. Além disso, no *body* temos mecanismos para tratamento de erros (*Fault*). Os *web services* na maioria das vezes utilizam o protocolo SOAP para a troca de informações.

Figura 28.9. Estrutura do SOAP.
Fonte: os autores.

Tipo de abordagens para desenvolvimento de um *web service*

Para o desenvolvimento de um *web service* existem dois tipos de abordagem: *bottom--up* ou *top-down*. Na abordagem *bottom-up* primeiramente é desenvolvido o *web service* e logo em seguida é criado o WSDL. Já na abordagem *top-down*, primeiramente é criado o WSDL e logo em seguida é desenvolvido o *web service*. Como boa prática, é recomendável utilizar sempre que possível a abordagem *top-down*, pois, com o WSDL criado, será possível desenvolver o *web service* (fornecedor) e a aplicação cliente (consumidor) que fará a chamada deste ao mesmo tempo.

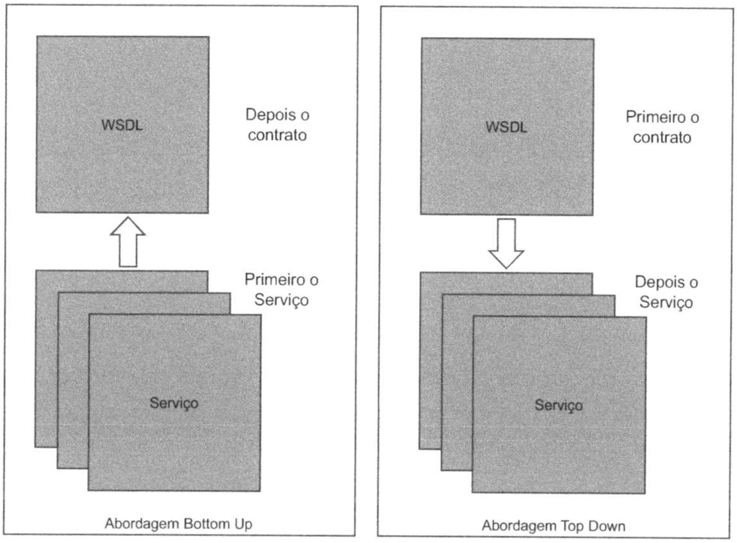

Figura 28.10. Tipos de abordagem para desenvolvimento de um *web service*.
Fonte: o autor.

Arquitetura para chamada de um *web service*

A Figura 28.11 mostra os passos para uma aplicação cliente (consumidor) fazer a chamada de um *web service* (fornecedor):

1. Criação de um cliente *proxy* (consumidor) para realizar a serialização das informações em uma mensagem SOAP e fazer a chamada do *web service*.
2. Desserialização da mensagem SOAP pelo *web service*.
3. Processamento das informações (regras de negócios, chamada de outro *web service*, persistência das informações) pelo *web service*.
4. Serialização das informações de retorno em uma mensagem SOAP que será enviada para a aplicação cliente (consumidor) pelo *web service*.
5. Desserialização da mensagem SOAP pela aplicação cliente.
6. Processamento das informações pela aplicação cliente.

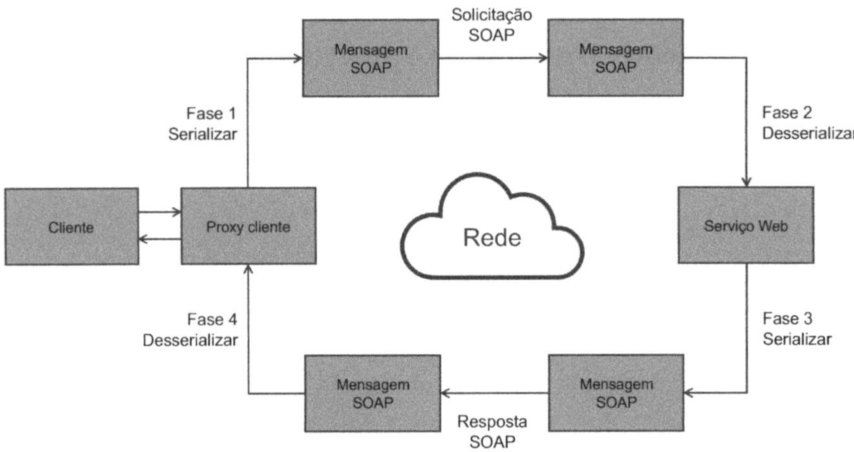

Figura 28.11. Arquitetura para chamada de um *web service*.
Fonte: os autores.

Serviço SOA

Definição de um serviço SOA:

- ✓ Um serviço SOA pode ser descrito como uma maneira de empacotar blocos de construção (*building blocks*) de software reusáveis para fornecer funcionalidade a usuários e a outros serviços.
- ✓ Um serviço é uma unidade de trabalho funcional autossuficiente e independente passível de ser descoberto, gerenciável e mensurável, tem a habilidade de ser versionado e oferece funcionalidade que é requerida para um grupo de usuários ou consumidores.
- ✓ Este serviço é desenvolvido através dos conceitos de *web services*.
- ✓ Pode ser utilizada qualquer linguagem de programação para o desenvolvimento de um serviço SOA.

Princípios para o design dos serviços:

- ✓ São reutilizáveis.
- ✓ Possuem um contrato formal – WSDL.
- ✓ Possuem baixo acoplamento.
- ✓ Abstraem a lógica.
- ✓ São capazes de se compor (agregação/composição).
- ✓ São autônomos.
- ✓ Evitam alocação de recursos por longos períodos – *stateless*.
- ✓ São capazes de ser descobertos.

Serviço síncrono ou assíncrono

Quando se desenvolve um serviço (*web service*), este pode ser síncrono ou assíncrono. A escolha da abordagem dependerá do caso de uso a que esse serviço irá atender.

✓ **Serviço síncrono:** o cliente realiza a chamada do serviço e aguarda a resposta.

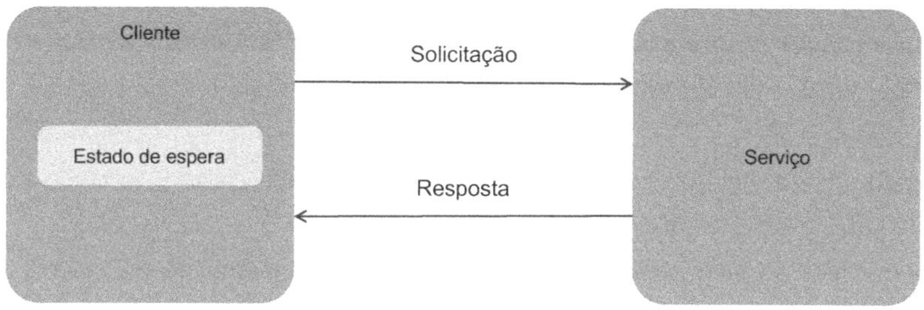

Figura 28.12. Serviço síncrono.
Fonte: os autores.

✓ **Serviço assíncrono:** o cliente realiza a chamada do serviço e não aguarda a resposta. É utilizado um *middleware* que irá reter as mensagens que serão processadas por outros serviços. Esse *middleware* também é conhecido como *message broker.* Atualmente existem no mercado vários *middleware*: IBM MQ, RabbitMQ, ActiveMQ, Apache Kafka, entre outros.

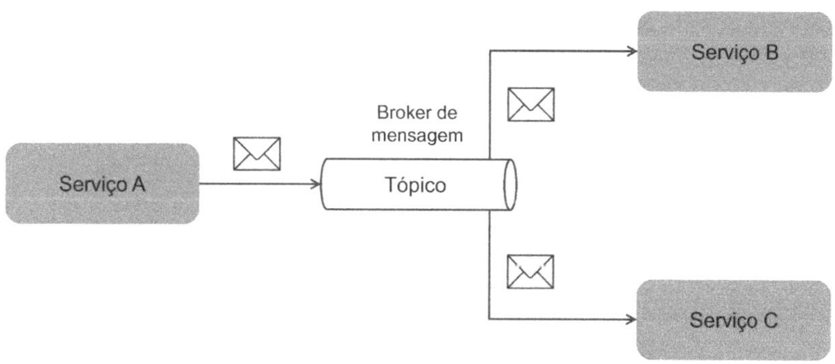

Figura 28.13. Serviço assíncrono.
Fonte: os autores.

Padrão de projeto *Enterprise Service Bus* (ESB)

O *Enterprise Service Bus* (ESB), também conhecido como barramento de serviços corporativos, é um padrão de projeto onde um componente de software centralizado realiza as integrações aos sistemas *backend* e torna essas integrações disponíveis como interfaces de serviços reutilizáveis. Nesse barramento são expostos os serviços (integrações) que serão requisitados pelas aplicações clientes.

O barramento de serviços corporativos (ESB) implementa o padrão de integração chamado **VETRO**:

1. ***Validate***: os dados de entrada (*request payload*) são validados contra um *XML Schema Definition* (XSD).
2. ***Enrich***: os dados de entrada podem ser enriquecidos através da chamada de outros serviços (*web services*).
3. ***Transform***: ocorre uma transformação dos dados de entrada para o formato do serviço-alvo.
4. ***Route***: poderá ocorrer o roteamento para um determinado serviço de acordo com uma regra de negócio.
5. ***Operate***: o serviço-alvo é chamado, recebendo os dados de entrada resultantes do passo 3.

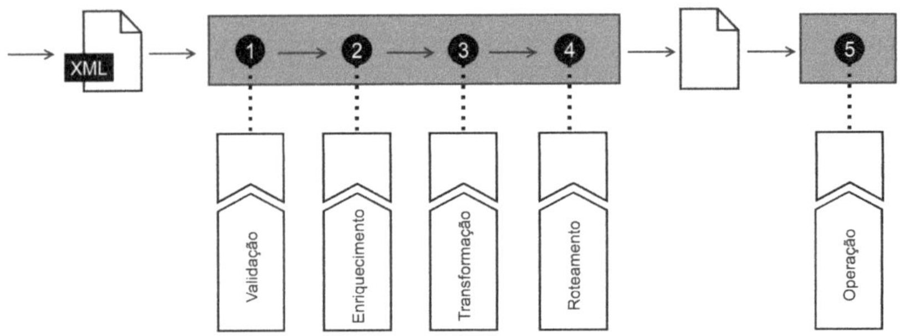

Figura 28.14. Padrão de projeto de integração VETRO.
Fonte: os autores.

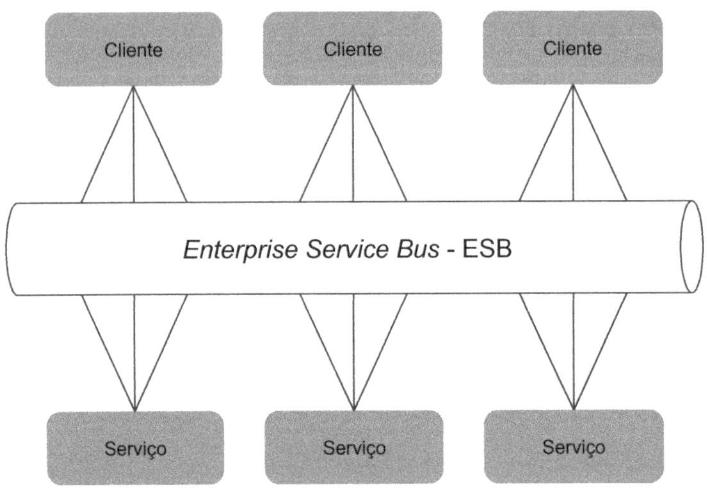

Figura 28.15. Padrão de projeto *Enterprise Service Bus* – ESB.
Fonte: o autor.

Atualmente no mercado existem vários produtos que implementam o padrão de projeto *Enterprise Service Bus*: Oracle Service Bus, IBM Integration Bus, MuleSoft Anypoint Platform, TIBCO BusinessWorks, dentre outros.

Antes e depois do SOA

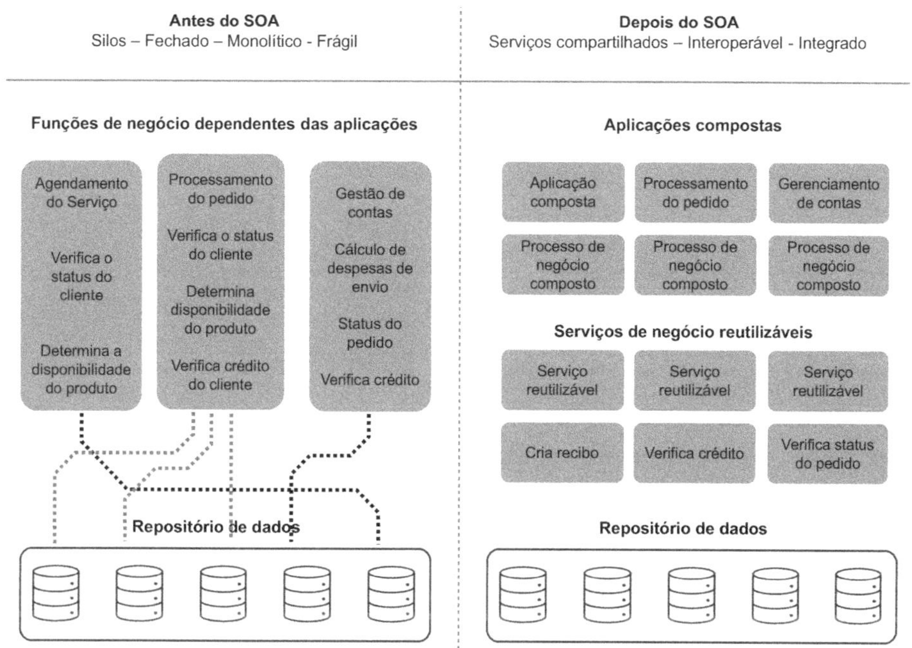

Figura 28.16. Antes e depois do SOA.
Fonte: o autor.

A Figura 28.16 mostra o "antes" e o "depois" do SOA. "Antes", as funções de negócios eram dependentes das aplicações, ou seja, a aplicação era um monolito. Já no momento "Depois", temos as funções de negócios expostas como serviços de negócios independentes e reutilizáveis. Esses serviços podem ser utilizados e orquestrados por outras aplicações.

Principais objetivos e benefícios da arquitetura SOA

- ✓ Flexibilidade das aplicações.
- ✓ Agilidade nas manutenções.
- ✓ Aumento de produtividade no desenvolvimento de aplicações.
- ✓ Alinhamento entre TI e negócio.
- ✓ Redução de custos e reusabilidade.
- ✓ Redução de complexidade nas integrações.

Evolução dos estilos arquiteturais

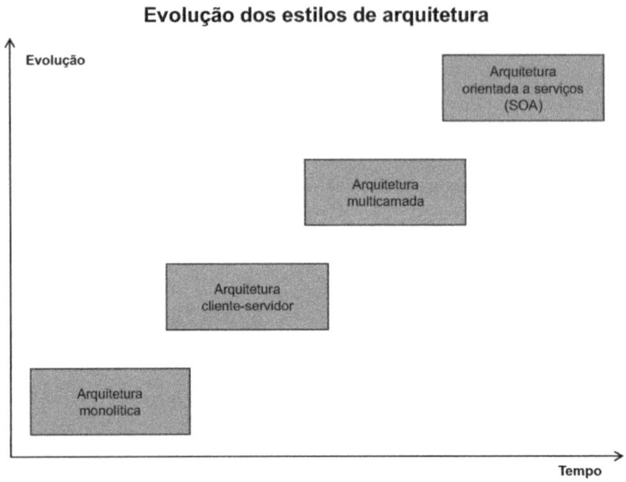

Figura 28.17. Evolução dos estilos arquiteturais.
Fonte: os autores.

A figura anterior mostra a evolução dos estilos arquitetônicos de software. Vale a pena ressaltar que novos estilos arquitetônicos surgirão ao longo do tempo e que não existe um estilo arquitetural que seja a bala de prata. Na maioria das grandes empresas ainda existem vários estilos arquiteturais de software sendo utilizados.

Arquitetura orientada a eventos (*Event-Driven Architecture* – EDA)

A arquitetura orientada a eventos é um estilo de arquitetura assíncrona distribuída, usada para produzir aplicativos altamente escaláveis, grandes, complexos e de alto desempenho. A arquitetura orientada a eventos é composta de componentes de processamento de eventos desacoplados que recebem e processam eventos de forma assíncrona. Ela pode ser usada como um estilo de arquitetura independente ou incorporada em outros estilos de arquitetura.

Nesse modelo, as solicitações são feitas ao sistema para realizar algum tipo de ação e enviadas a um orquestrador de solicitações. O orquestrador de solicitações normalmente é uma interface de usuário, mas também pode ser implementado por meio de uma camada de API ou barramento de serviço corporativo. A função do orquestrador é direcionar as solicitações de forma determinística.

Existem duas topologias principais dentro da arquitetura orientada a eventos: *mediator topology* e *broker topology*. A *mediator topology* é comumente usada quando você precisa de controle sobre o fluxo de trabalho de um processo de evento, enquanto a *broker topology* é usada quando você precisa de um alto grau de responsividade e controle dinâmico sobre o processamento de um evento. Como as características da arquitetura e as estratégias de implementação diferem entre essas duas topologias, é importante entender cada uma para saber qual é a mais adequada para uma determinada situação.

Broker topology

Difere da *mediator topology* por não haver um mediador de evento central. Portanto, o fluxo de mensagens é distribuído entre os componentes do processador de eventos em uma forma de transmissão em cadeia por meio de uma aplicação de mensageria de forma intermediária. Essa topologia é útil quando você tem um fluxo de processamento de eventos relativamente simples e não precisa de orquestração e coordenação de eventos centrais.

Existem quatro componentes primários na arquitetura de *broker topology*: *inicial event*, *broker events (event channel)*, *event processor* e *processing event*. Como não há nenhum componente mediador na *broker topology* gerenciando e controlando o evento, o componente ***inicial event*** envia para o *channel events* no *broker events* o evento, que será tratado no componente *event processor*. O ***event processor*** trata especificamente do processamento no término dessa atividade, informando para todo o resto do sistema de forma assíncrona. Esse *event processor* é enviado de forma assíncrona ao *broker events* para processamento adicional, se necessário. Outros *event processors* ouvem o evento e reagem anunciando por meio de um novo evento que já recebeu. Esse processo continua até que ninguém esteja interessado em receber um evento final. Veja na figura a seguir:

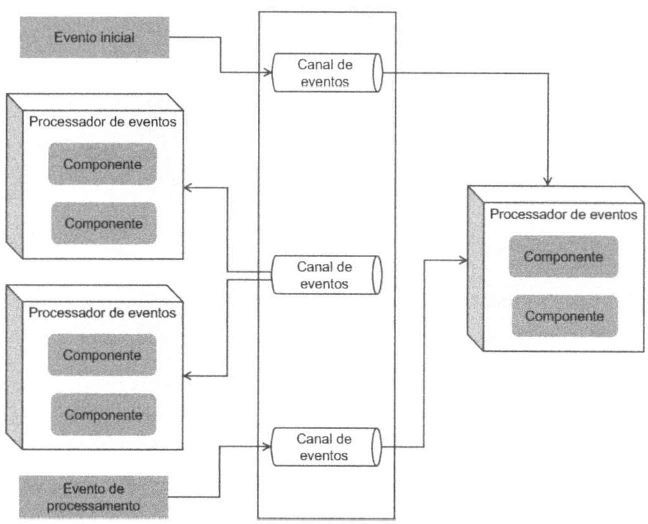

Figura 28.18. *Broker topology*.
Fonte: os autores.

O componente ***broker events*** geralmente se federaliza (*cluster* baseado em domínios múltiplos), onde cada *broker* federado contém todos os canais de eventos usados no fluxo de eventos para esse domínio específico. Por causa da natureza de transmissão assíncrona desacoplada da *broker topolgy*, os tópicos são geralmente usados na *broker topology* usando uma solução *publish-and-subscribe messaging model*.

Para ilustrar como a ***broker topology*** funciona, podemos considerar um fluxo de processamento com um exemplo típico de compras de um *e-commerce*. Na figura a seguir teremos a demonstração de compras de um livro.

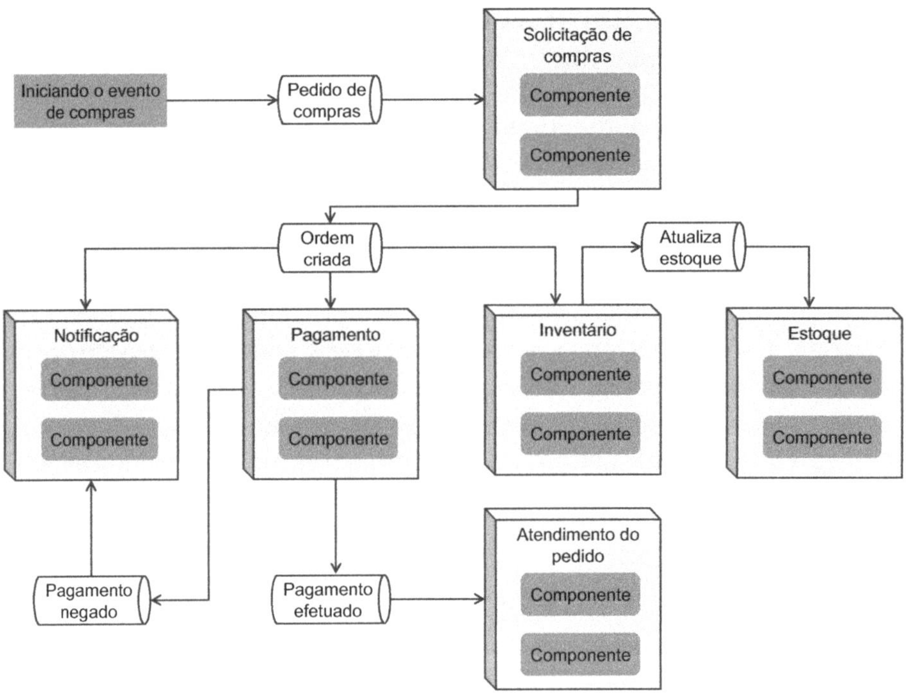

Figura 28.19. *Broker topology* – Exemplo.
Fonte: os autores.

O exemplo com a entidade pedido Ordem de Pagamento recebendo um Evento Inicial de Ordem de Pagamento para processamento, inserindo o pedido de compra para o banco de dados e retornando um ID de pedido de compras para o usuário. Com essa ação é anunciado para o resto do sistema que foi criado um pedido por meio de um evento de processamento. Observe que três processadores estão interessados nesse evento: o processador de eventos de notificação, o processador de eventos de pagamento e o processador de eventos de inventário. Todos os três processadores de eventos realizam suas tarefas em paralelo.

O processador do evento de notificação recebe o evento de processamento e envia um e-mail ao cliente. Ele gera outro evento de processamento (e-mail enviado). Observe que nenhum outro processador de evento está ouvindo esse evento.

O processador do evento de inventário também escuta o serviço de processamento criado pelo pedido que diminui o estoque correspondente ao livro. Em seguida, ele anuncia essa ação por meio de um inventário atualizado para gerenciar o estoque correspondente entre as lojas.

O processador do evento de pagamento também recebe o evento de processamento criado pelo pedido e cobra do cartão de crédito do cliente pelo pedido que foi criado. Observe na Figura 28.19 que dois eventos são gerados como resultado das ações executadas pelo processador de evento de pagamento: um para notificar o resto do sistema que o pagamento foi aplicado e um evento de processamento para notificar o resto do sistema que o pagamento foi negado. Observe que o processador do evento de notificação está interessado no evento de processamento de pagamento negado, pois deve, por sua vez, enviar um e-mail ao cliente informando-o de que ele deve atualizar as informações do cartão de crédito ou escolher outro método de pagamento.

O processador de evento pedido preenchido escuta o evento de processamento aplicado ao pagamento e faz a separação e embalagem do pedido. Depois de concluído, ele anuncia ao restante do sistema que atendeu ao pedido por meio de um evento de processamento de pedido preenchido. Observe que tanto a unidade de processamento de notificação quanto a unidade de processamento de remessa ouvem esse evento de processamento. Ao mesmo tempo, o evento de notificação notifica ao cliente que o processador de evento envia o pedido e envia um evento de processamento de pedido enviado, que o processador de evento de notificação também escuta para notificar o cliente sobre a mudança de status do pedido.

Ao analisar o exemplo anterior, observe que todos os processadores de eventos estão altamente desacoplados e independentes uns dos outros. A melhor maneira de entender a *broker topology* é pensar nisso como uma corrida de revezamento. Em uma corrida de revezamento, os corredores seguram um bastão e correm por uma certa distância, depois passam o bastão para o próximo corredor e assim por diante, passando o bastão até que o último corredor termine a corrida. Isso também é verdadeiro com a *broker topology*. Depois que um processador de evento entrega o evento, não está mais envolvido com o processamento desse evento específico, podendo ser escalonado independentemente.

Mediator topology

A *mediator topology* da arquitetura orientada a eventos aborda algumas das deficiências da *broker topology* descritas na seção anterior. No centro dessa topologia está um mediador de eventos que gerencia e controla o fluxo de trabalho para iniciar eventos que requerem a coordenação de vários processadores de eventos. Os componentes de arquitetura que constituem a topologia do mediador são um *inicial event*, *queue event*, *event mediator*, *event channel* e *event processor*.

Como na *broker topology*, o evento de iniciação começa todo o processo. Ao contrário da *broker topology*, o ***inicial event*** é enviado para uma fila de eventos inicial, que é aceita pelo ***event mediator***. O ***event mediator*** conhece apenas as etapas envolvidas no processamento dos ***event channels*** (geralmente filas) em um sistema de mensagens ponto a ponto. Em seguida, os ***event processors*** ouvem os canais de evento dedicados, processam o evento e geralmente respondem ao mediador que concluíram o trabalho. Ao contrário da *broker topology*, os processadores de eventos na *mediator topology* não anunciam o que fizeram para o restante do sistema.

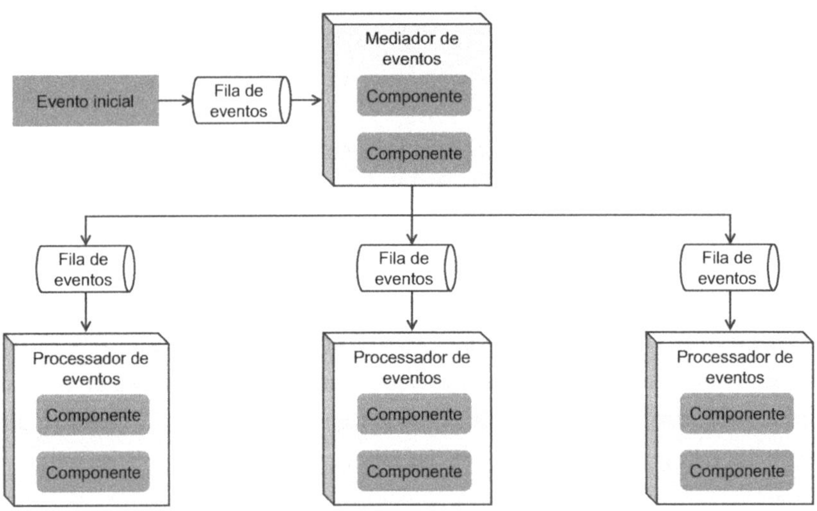

Figura 28.20. *Mediator Topology* – Exemplo.
Fonte: os autores.

Na maioria das implementações da *mediator topology*, existem vários mediadores, geralmente associados a um determinado domínio ou agrupamento de eventos. Isso reduz o problema de ponto único de falha associado a essa topologia e aumenta a taxa de transferência e o desempenho geral. Por exemplo, pode haver um mediador de cliente que lida com todos os eventos relacionados ao cliente e outro mediador que lida com atividades relacionadas a pedidos.

O mediador de eventos pode ser implementado de várias maneiras, dependendo da natureza e da complexidade dos eventos que está processando. Por exemplo, para eventos que requerem manipulação e orquestração de erros simples, um mediador geralmente será suficiente. Os fluxos e as rotas de mensagens nos mediadores são geralmente escritos de forma personalizada em código de programação para controlar o fluxo de trabalho do processamento de eventos.

A arquitetura orientada a eventos é principalmente uma arquitetura particionada tecnicamente em que qualquer domínio específico é espalhado por vários processadores de eventos e vinculado por meio de mediadores, filas e tópicos. Mudanças em um domínio específico geralmente afetam muitos processadores de eventos, mediadores e outros artefatos de mensagens, portanto, a arquitetura orientada a eventos não é particionada por domínio.

Essa arquitetura tem como ponto forte o desempenho, a escalabilidade e a tolerância a falhas. O alto desempenho é alcançado por meio de comunicações assíncronas combinadas com processamento altamente paralelo. A alta escalabilidade é obtida por meio de aumentos de carga programáticos, e processadores de eventos podem ser acrescentados programaticamente para lidar com a solicitação adicional. A tolerância a falhas é alcançada por meio de processadores de eventos altamente desacoplados e assíncronos que fazem uma solicitação e não precisam de uma resposta imediata.

Pontos fracos referentes a simplicidade e testabilidade nesta arquitetura são relativamente baixos, principalmente devido aos fluxos de eventos dinâmicos e não determinísticos normalmente encontrados nesse estilo de arquitetura. Embora os fluxos determinísticos dentro do modelo baseado em solicitação sejam relativamente fáceis de testar porque os caminhos e resultados são geralmente conhecidos, esse não é o caso com o modelo orientado a eventos. Às vezes, não se sabe como os processadores de eventos irão reagir a eventos dinâmicos e quais mensagens eles podem produzir. Esses "diagramas de árvore de eventos" podem ser extremamente complexos, gerando centenas a até milhares de cenários, tornando-os muito difíceis de controlar e testar.

Podemos resumir que a arquitetura orientada a eventos é altamente evolutiva e incluir novos recursos por meio de processadores de eventos novos ou existentes é relativamente simples, particularmente na *broker topology*. Ao fornecer ganchos por meio de mensagens publicadas na *broker topology*, os dados já estão disponibilizados; portanto, nenhuma alteração é necessária na infraestrutura ou nos processadores de eventos existentes para adicionar essa nova funcionalidade.

Microsserviços

O estilo arquitetural de microsserviços vem ganhando um enorme destaque, por trazer características inovadoras em relação aos outros estilos. O diferencial deste está em não trazer somente uma topologia mais flexível, mas também mudanças organizacionais e culturais para obter êxito na construção da solução. Sempre está sendo alertado na literatura como não sendo uma solução "bala de prata". Porém, apesar de ter uma determinada complexidade para ser adotado, o entendimento da solução é bem simples. Essa solução traz inúmeras contrapartidas e muitas delas se encontram apresentadas nas **falácias da arquitetura distribuída** (DEUTSCH, s.d.). Algumas questões específicas para esse estilo arquitetural de microsserviços também podem ser adicionadas.

Existem contrapartidas significativas da arquitetura de microsserviços (FOWLER, 2017), sendo algumas delas a mudança na comunicação entre equipes, a dispersão técnica, maior capacidade de falha do sistema e competição entre recursos de infraestrutura. Todos esses pontos podem ser mitigados, porém isso demonstra que microsserviços impactam mais do que só em uma mudança tecnológica ou topológica.

Os microsserviços foram pesadamente inspirados nas ideias de *domain-driven design* (DDD) (EVANS, 2016), em um processo de design lógico para projetos de software. Um conceito em particular do DDD, *bounded context*, inspirou os microsserviços e tornou-se muito popular.

O termo ***microservices*** foi mencionado pela primeira vez em um artigo em meados de 2014 por Martin Fowler e James Lewis (LEWIS; FOWLER, 2014), com o objetivo de agrupar várias práticas que estavam sendo adotadas pelos principais *players* da indústria em um único corpo de conhecimento.

As principais características:

1. Design dirigido por domínio onde a decomposição funcional pode ser facilmente alcançada usando a abordagem DDD.
2. Princípio da responsabilidade única, onde cada serviço é responsável por uma única parte da funcionalidade e faz bem.
3. Interface publicada explicitamente para ser consumida como serviço.
4. Serviço deve ser independente no ato de implantar, atualizar, substituir e escalar.
5. Cada microsserviço possui sua lógica de domínio e se comunica com os outros através de protocolos simples.

Microsserviços não vivem isolados, eles precisam ser bem projetados de forma sustentável em um ambiente em que serão separados de toda infraestrutura, hardware, redes, *pipeline* de *build*, *deployment*, descoberta de serviços e balanceamento de carga. Essas preocupações fazem parte das decisões de arquitetura tomadas pelo arquiteto junto à equipe que está construindo os microsserviços e fazem parte do ecossistema de microsserviços.

O ecossistema (FOWLER, 2017) de microsserviços pode ser dividido em quatro camadas, embora as fronteiras entre elas não sejam sempre claras: alguns elementos da infraestrutura estarão em todas as partes da pilha. As três camadas inferiores são de infraestrutura: na parte inferior da pilha temos a camada de hardware e sobre ela a camada de comunicação, seguida de plataforma de aplicação. A quarta camada é onde vivem todos os microsserviços individuais.

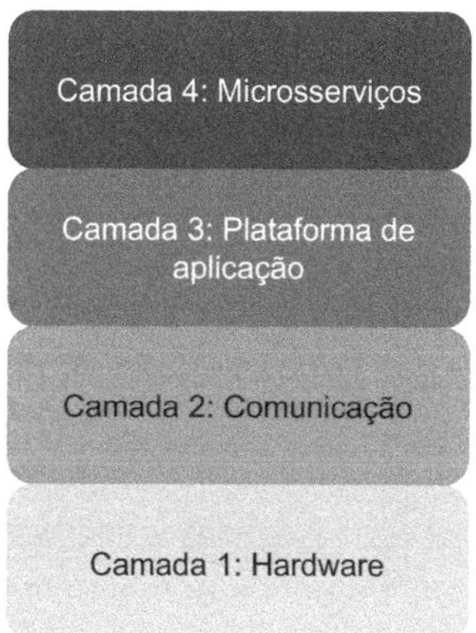

Figura 28.21. Ecossistema de microsserviços.
Fonte: os autores.

Detalhes das camadas:

- ✓ **Camada 1 (hardware):** os servidores físicos (proprietário ou serviço de nuvem), *databases* (dedicados e/ou compartilhados), sistema operacional, isolamento e abstração de recursos, gerenciamento de configuração, monitoramento em nível de servidor.
- ✓ **Camada 2 (comunicação):** rede, DNS, *Remote Procedure Calls* (RPCs), *endpoint*, troca de mensagens, descoberta de serviço, registro de serviço, balanceamento de carga.
- ✓ **Camada 3 (plataforma de aplicação):** ferramentas internas de desenvolvimento do tipo autosserviço, ambiente de desenvolvimento, ferramentas de

teste, empacotamento, *build* e liberação, *pipeline* de *deployment*, *logging* em nível de microsserviços e monitoramento em nível de microsserviços;

✓ **Camada 4 (microsserviços):** os microsserviços e todas as configurações específicas dos microsserviços.

Essa arquitetura tem como objetivo alto grau de desacoplamento, então isso favorece a duplicação em vez de reutilização. O objetivo principal dos microsserviços é o alto desacoplamento, modelando fisicamente a noção lógica de limitação de contexto.

Podemos ver isso claramente na topologia a seguir:

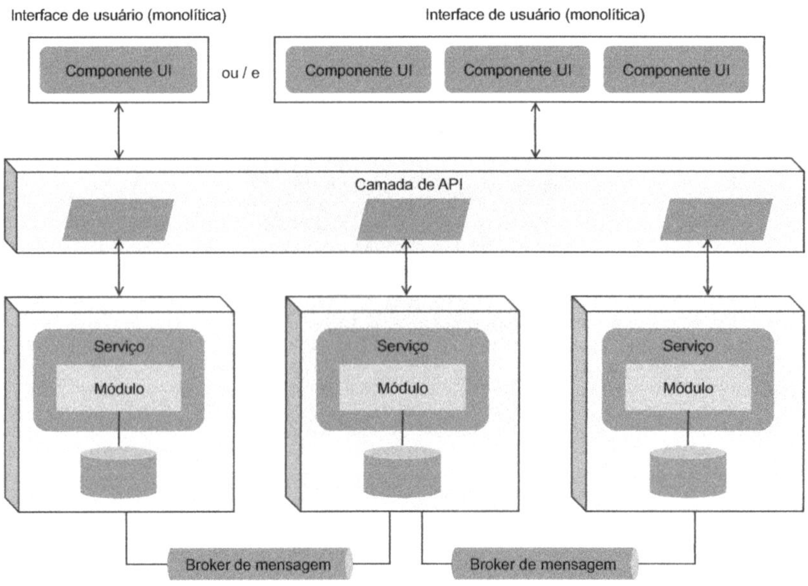

Figura 28.22. Exemplo de topologia da arquitetura de microsserviços.
Fonte: o autor.

Podemos observar que, na topologia demonstrativa, cada serviço que vemos abrange tudo que é necessário para o funcionamento específico do microsserviço. Isso inclui componentes para garantir que possa operar de forma independente, como banco de dados e outros.

Algumas características são importantes na topologia dos microsserviços e devem ser observadas com atenção:

✓ **Distribuição:** cada serviço roda em seu próprio processo, que é implantado em um *host* físico, máquina virtual ou *container*;

- ✓ **Contexto limitado:** seguindo a filosofia de que cada serviço modela um domínio, isso também inclui classes, subdomínios e esquemas de banco de dados. Então não pode haver compartilhamento, como, por exemplo, entre classes.
- ✓ **Granularidade:** existe uma grande dificuldade para encontrar a granularidade correta para os microsserviços, e muitas vezes comete-se o erro de tornar seus serviços muito pequenos. Os arquitetos raramente acham a granularidade perfeita e isso realmente é decisivo para a escolha desse estilo, pois é necessário ter um bom entendimento dos domínios dos serviços.
- ✓ **Isolamento de dados:** muitos estilos arquiteturais têm como topologia uma instância única de banco de dados. Os microsserviços tentam evitar todos os tipos de acoplamento, incluindo esquemas compartilhados de bancos de dados usados como pontos de integração. O isolamento de dados considera examinar a granularidade do banco de dados, esquemas e modelos, com o intuito de ter bases de dados mais adaptáveis.
- ✓ **Camada de API:** na topologia podemos observar que existe uma camada entre os consumidores e os serviços. Essa camada de API, embora possa ser usada para uma variedade de coisas, não deve ser usada como um mediador ou ferramenta de orquestração. A ideia é que toda lógica deve ocorrer dentro de um contexto limitado (microsserviços) e nunca colocar orquestração ou lógica na camada de API. Isso viola a regra dos microsserviços.
- ✓ **Reutilização operacional:** considerando que os microsserviços preferem duplicação ao acoplamento, existem partes da arquitetura que precisam do acoplamento, como questões operacionais como monitoramento, *log* e *circuit breakers* (FOWLER, 2014). O padrão *sidecar* é uma solução para essas preocupações comuns. Cada serviço como um componente separado e o componente *sidecar* lidam com todas as questões operacionais.
- ✓ **Comunicação:** arquitetos e desenvolvedores lutam com a granularidade apropriada tanto para o isolamento de dados quanto para a comunicação entre os serviços. O ponto de decisão está em optar por comunicação síncrona ou assíncrona, fazendo uso da ideia de interoperabilidade heterogênea com reconhecimento de protocolo.
- ✓ **Coreografia e orquestração (RICHARDSON, 2019):** a coreografia utiliza estilo de comunicação sem um coordenador central nessa arquitetura, onde cada serviço chama o outro diretamente. Orquestrado se difere por ter um elemento central que é responsável por rotacionar a comunicação entre os serviços. Diferentemente do coreografado, em que os serviços se comunicam diretamente com outro serviço. No orquestrado isso é feito através de um serviço central que conhece todos os demais serviços e assim todos se comunicam através dele.

- ✓ **Transações e SAGA (RICHARDSON, s.d.)**: com o desacoplamento extremo em microsserviços, a atomicidade, que era trivial em aplicações monolíticas, torna-se um problema em aplicações distribuídas. A criação de transações entre limites de serviço viola o princípio básico de desacoplamento. O melhor conselho para a arquitetura que deseja fazer transações em serviços é: não faça isso! Em vez disso, corrija os componentes e sua granularidade, pois conectá-los com transações muito granulares são um dos indicadores de serviço ruim.

O estilo arquitetural de microsserviços tem como pontos fortes evolução, escalabilidade e elasticidade. A escolha desse estilo tem como objetivo atender à necessidade de ter sistemas mais escaláveis, sempre tendo como alerta as deficiências inerentes dessa arquitetura. Ter uma topologia em que muitas peças devem ser conectadas traz o desafio de manter a tolerância a falhas e a confiabilidade na comunicação entre serviços.

Essa arquitetura depende muito da automação e da integração inteligente com as operações e com os desenvolvedores, podendo construir um suporte de elasticidade na arquitetura que não poderia existir sem *DevOps* com um *pipeline* de testes e automação. Da mesma forma, os negócios modernos se movem rapidamente e o desenvolvimento de software tem se esforçado para mantê-lo em ritmo constante.

A filosofia de condução do desacoplamento extremo cria muitas dores de cabeça nessa arquitetura, mas produz enormes benefícios quando bem executada. Como em qualquer arquitetura, os arquitetos devem entender as regras para quebrá-las de forma inteligente. Para saber mais, confira exemplos[12].

[12] Acesse: <https://github.com/danieldggomes/jornada_arquitetura>.

PARTE XI.
COMO IMPLANTAR ARQUITETURA NA ORGANIZAÇÃO

29. Aspectos culturais e políticos

Atila Belloquim

A Arquitetura Corporativa, como o próprio nome diz, é **corporativa**. Ou seja, envolve a empresa como um todo. A implantação de novas arquiteturas tipicamente envolve mudanças (muitas vezes de grande porte) nas estruturas e nos processos da empresa. Isso significa que os colaboradores em geral enfrentarão mudanças em suas formas de trabalho.

Além disso, ao compartilhar e distribuir informações, os processos de arquitetura corporativa tipicamente afetam as relações de poder existentes dentro da organização (informação é poder).

Por tudo isso, é praticamente certo que projetos de arquitetura gerem resistência às mudanças e, por conta dos **conflitos de interesse** (principalmente na camada gerencial), podem levar até mesmo a sabotagem ativa.

Isso quer dizer que uma das principais preocupações dos arquitetos corporativos deve ser o entendimento e a gestão da **cultura organizacional** e das **relações de poder** existentes na organização. Em outras palavras, é fundamental que os arquitetos tenham grandes habilidades de **negociação** e **resolução de conflitos**.

Cultura organizacional

Toda empresa tem uma cultura organizacional. Ela pode surgir ou emergir aleatoriamente ou pode (e deveria) ser uma **cultura intencional**, uma cultura que tem uma intenção por trás. É função do time de liderança da empresa definir qual é a cultura organizacional que a empresa quer ter, e os arquitetos têm a responsabilidade de conhecê-la e entendê-la o mais profundamente possível.

A cultura organizacional – que pode ser definida como **o conjunto de crenças e valores compartilhados pelos membros da organização e que influenciam o seu**

comportamento –, para ser intencional, deve passar, evidentemente, pela identificação e pelo alinhamento das crenças e dos valores dos fundadores e do time de liderança da organização. E aqui temos uma atividade fundamental para o planejamento estratégico que rarissimamente é feita e que atrapalha muito na hora de obter um **planejamento estratégico holístico**: o trabalho de autoconhecimento por parte dos fundadores e líderes da empresa e o esforço de alinhamento cultural. Embora existam técnicas bem estabelecidas para fazer isso, tais como a **análise de crenças e valores**, elas raramente são usadas no contexto do planejamento estratégico.

Em uma empresa onde as crenças e os valores de seus líderes não estão alinhados, os riscos para o atingimento da visão são enormes. Se os líderes acreditam e dão valor a coisas diferentes e muitas vezes contraditórias, como é que eles podem remar na mesma direção?

Assim como acontece com a arquitetura, a cultura também existe nas "formas" atual e alvo.

A **cultura atual** descreve as crenças e os valores vigentes (muitas vezes com conflitos entre eles) e como ela se manifesta em políticas, práticas e processos na empresa. Ela também se manifesta em **rituais**, **histórias**, **mitos** e em **símbolos** (como a decoração dos escritórios da empresa). De modo geral, a cultura atual é uma "média ponderada" das crenças e dos valores dos fundadores, do time de liderança, de outros influenciadores internos e dos demais colaboradores, com os "pesos" da "média" indo de maiores para menores na ordem dessa lista.

A **cultura alvo** é justamente a cultura intencional mencionada anteriormente. Dada nossa estratégia, o que deve mudar em nossa cultura? E quais são os impactos disso na nossa Arquitetura Corporativa (processos, organograma, competências etc.)?

O "tratamento" da cultura começa pelo **diagnóstico da cultura atual**. As ferramentas e técnicas para diagnóstico da cultura existem há muito tempo, mas todas – em maior ou menor grau – utilizam o ferramental da **antropologia cultural**: o estudo dos ritos, da forma como as coisas são feitas (processos), da hierarquia (estrutura organizacional), dos símbolos (como a decoração do escritório e até o *dress code*) e assim por diante.

Dentro desse diagnóstico, alguns aspectos precisam ser enfatizados:

✓ **Alinhamento cultural do time de liderança** – É necessário entender as crenças e os valores dos fundadores e do time de liderança, verificar se existem conflitos e planejar como resolvê-los.

- ✓ **Diagnóstico dos perfis de liderança (PAEI)** – Segundo Ichak Adizes (1993), embora as pessoas do time de liderança devam estar alinhadas quanto ao propósito, visão e cultura da empresa, elas devem exibir uma diversidade de estilos comportamentais. Adizes chama isso de papéis PAEI, que são as iniciais de Produtor, Administrador, Empreendedor e Integrador. Esses papéis são complementares e a falta de qualquer um deles geralmente leva a grandes problemas. Existem ferramentas para identificar o alinhamento de cada pessoa do time de liderança com cada papel (ou seja, o quanto cada um "possui" de cada papel). Essas ferramentas se baseiam e são similares a outros métodos tradicionais de análise comportamental, como o DISC e o MBTI.
- ✓ **Definição da cultura intencional** – Uma vez que o time de liderança esteja alinhado e que exiba um *mix* de estilos comportamentais complementar, é preciso responder à pergunta: "como queremos que seja nossa cultura?". Ou seja, quais são os valores e crenças que queremos compartilhar com nossos colaboradores e como viveremos essa cultura no dia a dia?
- ✓ **Análise de impactos na arquitetura** – A cultura intencional se materializa através de princípios, políticas e processos, que, por sua vez, acabam por impactar todos os demais aspectos da arquitetura, como vimos anteriormente. Essa análise ajudará a moldar e direcionar os projetos de transformação.

Cultura e poder

Toda organização é um ente político. Onde exista mais de uma pessoa, existem conflitos de valores, crenças e interesses. Nenhuma mudança cultural positiva pode acontecer sem levar esse aspecto político em consideração.

Uma ferramenta tradicional de gestão de projetos é a **análise de *stakeholders*** (partes interessadas). Essa ferramenta pode ser usada no **diagnóstico das relações de poder** existentes na empresa.

"Poder" pode ser definido como a capacidade que alguém tem de levar outra pessoa a fazer o que ela (a pessoa com poder) quer.

Existem inúmeras "fontes de poder" para além do **poder formal** representado pelo organograma. Gareth Morgan (1996) cita nada menos que 14 principais fontes de poder. O diagnóstico das relações de poder deve levar todas essas "fontes de poder" em conta. Quem tem poder na empresa? Sobre quem? Quais são suas crenças e valores, interesses e intenções? Quanto maior o poder do agente, maior a probabilidade de que ele use esse poder para impor (ou, pelo menos, influenciar) as decisões e ações na organização.

Toda mudança cultural gera **resistência à mudança**, uma característica humana muito conhecida e estudada. Em alguns casos, a resistência pode até mesmo tomar a forma de **sabotagem**. O diagnóstico das relações de poder deve levar em conta quem são as pessoas mais poderosas que podem ajudar ou resistir à mudança e desenhar estratégias para lidar com elas.

Algumas pessoas poderosas resistirão à mudança, e por vários motivos. Crenças e valores diferentes, perspectiva da perda de poder, apego à forma tradicional de fazer as coisas e vários outros. O que fazer a respeito?

No limite, quando a incompatibilidade é grande demais, não há remédio senão a saída dessas pessoas da organização. A cultura funciona como "sistema imunológico" (para ficarmos na metáfora humana). Alguém com crenças e valores muito diferentes dos da empresa acaba saindo por vontade própria ou sendo "expelido". É por isso que, em grandes iniciativas de mudança cultural, é frequente vermos trocas de pessoas nos cargos de comando, com diretores se aposentando ou sendo substituídos.

Quando a situação é menos crítica, há algumas possibilidades:

- ✓ **Convencimento e negociação** – Passa por tentar convencer os "*stakeholders* negativos" de que a mudança também irá lhes beneficiar e, se for o caso, negociar ajustes na iniciativa de mudança que sejam aceitáveis para a pessoa.
- ✓ **"Projetos de porão"** – grandes projetos de mudança cultural e arquitetural dificilmente passam despercebidos, mas uma política de "camuflagem" dessas iniciativas pode ser útil, quando possível. Procura-se passar o mínimo possível de informação sobre o projeto para esses *stakeholders* negativos, reduzindo o risco de sabotagem. As mudanças são feitas "no porão" e só são divulgadas amplamente quando estão prontas, gerando um "fato consumado". Com sorte, o *stakeholder*, vendo a coisa pronta, se convence de seu benefício. Essa abordagem é muito usada em projetos-piloto de inovação, que são, por sua natureza, muito "frágeis". É evidente que essa abordagem tem seus riscos e só deve ser usada em casos que a justifiquem.
- ✓ **Neutralização** – Quando não é possível convencer, negociar ou camuflar a mudança, somente resta a opção de "neutralização", ou seja, angariar apoios e patrocínios positivos que "submerjam" a resistência e a sabotagem. Os riscos e cuidados associados com essa abordagem são os mesmos que os do item anterior.

As abordagens tradicionais de gestão da mudança organizacional muitas vezes ignoram esses *stakeholders* negativos e assumem um mundo ideal, cor-de-rosa, onde todo mundo é sempre a favor de tudo. Por isso, os fatores políticos são ignorados. Fala-se (corretamente) em envolver e ouvir todas as pessoas afetadas o máximo e o mais cedo possível, mas existe uma certa ingenuidade aí. Certos *stakeholders* resistem e sabotam não por não entenderem direito o que se pretende fazer, mas, ao contrário, exatamente por terem entendido muito bem.

Por outro lado, é muito frequente vermos "patrocínio deixado na mesa", ou seja, a existência de *stakeholders* poderosos e positivos que poderiam ajudar na mudança exercendo seu poder através de patrocínio, suporte, *endomarketing* e obtenção de recursos, mas que são ignorados porque ninguém se lembrou deles. Faz parte, portanto, de uma boa **análise de *stakeholders***, encontrar esses "amigos ocultos" e envolvê-los na iniciativa de mudança o mais cedo e profundamente possível.

Conclusão

Toda e qualquer iniciativa de arquitetura dentro das empresas tem que ser feita de modo a não aprofundar os silos que já existem e que são uma das maiores "pragas" que assolam as organizações.

Assim, é importante que o arquiteto nunca perca a visão do todo, nunca esqueça a estratégia, a cultura organizacional e as relações de poder dentro da empresa. Se esquecer, as soluções, iniciativas e projetos de arquitetura correm o risco de mais atrapalhar do que ajudar na evolução da organização.

30. Justificando o investimento em arquitetura

Leonardo Santos

> "Arquitetura Corporativa é a prática ou disciplina através da qual a organização se habilita, através de uma visão holística, a atingir sua visão de negócio através da execução de sua estratégia corporativa. A Arquitetura Corporativa permite alinhar a estratégia com a execução".

Precisamos lembrar esse conceito para entender o potencial de valor que essa prática poderá representar na organização.

No meu entendimento, arquitetura deve suportar a governança corporativa, que vem ganhando importância até mesmo em *startups*, segundo informações fornecidas pelo IBGC – Instituto Brasileiro de Governança Corporativa (IBGC SEGMENTOS, 2019).

O aumento de porte de qualquer organização trará complexidade, e isso em um mercado competitivo pode representar o distanciamento das primeiras posições. Governança corporativa pretende resolver conflitos entre sócios, gestores, órgãos reguladores, e a arquitetura apresenta visões muito úteis para a tomada de decisão. Tendo recursos financeiros para investir, uma organização que possua uma boa arquitetura corporativa terá uma melhor capacidade de direcionar os investimentos.

O TOGAF® determina a interoperabilidade nos ciclos do ADM para capturar valor dos pacotes de trabalho individuais. O que isso quer dizer? Em cada transição da arquitetura de negócio para a de soluções, e de soluções para a de sistema ou de dados e daí por diante, qual valor será percebido na saída do *AS IS* para o *TO BE*?

Então começamos a perceber a necessidade de apresentar os valores em cada etapa da arquitetura, fortalecendo sua importância e defendendo a necessidade de investimentos não só no momento em que é questionado, mas educando constantemente a organização no entendimento do seu valor. Essa ação proativa também é útil para manter a arquitetura no melhor caminho para as partes interessadas da organização e realinhando-a toda vez que desviar do seu propósito.

Em geral, o recurso financeiro vem dos próprios sócios e/ou acionistas, empréstimos vindos de bancos ou debêntures, fundos de investimentos e a bolsa de valores (B3).

Para sairmos um pouco da TI e entendermos como as empresas abertas funcionam, questiono: por que usar empresas abertas como referência? Empresas fechadas não possuem obrigação de divulgar resultados e nem de prestar contas ao mercado, ou seja, desenvolver uma análise dessas empresas é quase impossível.

O Novo Mercado é um segmento da B3 que reúne as ações das empresas abertas com os melhores níveis de governança corporativa do mercado. Esse segmento gerou o Índice de Governança Corporativa (IGC-NM), resultado de uma carteira teórica de ativos, elaborada de acordo com os critérios estabelecidos nessa metodologia.

Quando comparamos o índice de novo mercado com o mais famoso índice do Brasil, as organizações que comprovaram uma melhor governança se mantiveram mais valorizadas que as empresas pertencentes ao índice Bovespa. É muito difícil apresentar o retorno sobre o investimento em arquitetura, contudo o mercado demonstra uma maior intenção de investimento em organizações que possuem essa prática ou disciplina.

Quando justificar o investimento em arquitetura, tenha o mercado como seu principal aliado.

Referências bibliográficas

ABPMP. **BPM CBOK.** Versão 3.0. Association of Business Process Management Professionals, 2013.

ACQ NOTES. **Net-Centric Operations.** July 20, 2017. Disponível em: <https://acqnotes.com/acqnote/careerfields/net-centric-operations#:~:text=The%20Net%2DCentricity%20concept%20is,to%20warfighting%20and%20business%20operations>. Acesso em: 11 mar. 2022.

ADEUS, Chief Data Officer 1.0: mercado busca a quarta versão do CDO. **CIO by IDG**, 06 de ago. 2019. Disponível em: <https://itforum.com.br/noticias/adeus-chief-data-officer-1-0-mercado-busca-a-quarta-versao-do-cdo/>. Acesso em: 15 mar. 2022.

ADIZES, I. **Os ciclos de vida das organizações:** como e por que as empresas crescem e morrem e o que fazer a respeito. 2.ed. São Paulo: Pioneira, 1993.

ALDEA, A. et al. **Capability-Based Planning:** The Link between Strategy and Enterprise Architecture. The Open Group®, Nov. 10, 2016.

APACHE HADOOP. Site. Disponível em: <https://hadoop.apache.org/>. Acesso em: 18 mar. 2022.

BARBIERI, C. **Governança de Dados:** práticas, conceitos e novos caminhos. Rio de Janeiro: Alta Books, 2019.

BECK, K.; ANDRES, C. **Extreme Programming Explained:** embrace change. 2nd.ed. Boston, MA: Addison-Wesley Professional, 2005.

BIAN. **BIAN Business Capability Map V8.0.** Disponível em: <https://bian.org/servicelandscape-8-0/views/view_28603.html>. Acesso em: 13 mar. 2022.

BIAN. **BIAN Service Landscape V8.0.** Disponível em: <https://bian.org/servicelandscape-8-0/views/view_27832.html>. Acesso em: 13 mar. 2022.

BIAN. Site. Disponível em: <https://www.bian.org/>. Acesso em: 13 mar. 2022.

BIAN. **Value Chain.** Disponível em: <https://bian.org/wp-content/uploads/2019/09/BIAN-M4-Value-Chain-V8_0.pdf>. Acesso em: 13 mar. 2022.

BLUE OCEAN. **Strategy Canvas.** Disponível em: <https://www.blueoceanstrategy.com/tools/strategy-canvas/>. Acesso em: 14 mar. 2022.

BURLTON, R. T. **Business Process Management:** profiting from process, Indianapolis, IN: Sams Publishing, 2001.

BUSCHMANN, F. et al. **Pattern-oriented software architecture:** a system of patterns. Vol. 1. Hoboken, NJ: Wiley, 1996.

CGTIC. **Orientações Técnicas Gerais de TIC.** Vol. 2. [OTC-006-010] São Paulo, Coordenadoria de Gestão de Tecnologia da Informação e Comunicação, 2017.

CHESHIRE, J. **Exam Ref AZ-900 Microsoft Azure Fundamentals.** 2nd.ed. Hoboken, NJ: Pearson Education, 2020.

CHIEF INFORMATION OFFICE OF DEPARTMENT OF DEFENSE. **The DoDAF Architecture Framework Version 2.02.** Aug. 2010. Disponível em: <https://dodcio.defense.gov/Library/DoD-Architecture-Framework/>. Acesso em: 11 mar. 2022.

CYBERSECURITY FORUM. Site. Disponível em: <https://cybersecurityforum.com.br/>. Acesso em: 27 ago. 2022.

DATA FLAIR. **Hadoop Tutorial for Big Data Enthusiasts – The Optimal Way of Learning Hadoop.** Disponível em: <https://data-flair.training/blogs/hadoop-tutorial/>. Acesso em: 18 mar. 2022.

DEPARTMENT OF DEFENSE. **DoD Architecture Framework Version 1.5.** Volume I: Definitions and Guidelines. Apr. 23, 2007. Estados Unidos, 2007. Disponível em: <https://dodcio.defense.gov/Portals/0/Documents/DODAF/DoDAF_Volume_I.pdf>. Acesso em: 11 mar. 2022.

DEPARTMENT OF DEFENSE. **DoD Net-Centric Data Strategy.** Memorandum for secretaries of the military departments. 09 May, 2003. Disponível em: <https://www.acqnotes.com/Attachments/DoD%20Net-Centric%20Data%20Strategy.pdf>. Acesso em: 11 mar. 2022.

DEPARTMENT OF DEFENSE. **Guidance for Implementing Net-Centric Data Sharing.** DoD 8320.02-G. Apr. 12, 2006. Disponível em: <https://www.acqnotes.com/Attachments/DoD%208320.02-G%20Guidance%20for%20Implementing%20Net-Centric%20Data%20Sharing%2012%20April%202006.pdf>. Acesso em: 11 mar. 2022.

DEPARTMENT OF DEFENSE. **Information Technology Standards in the DoD.** Instruction Number 8310.01. Feb. 02, 2015. Disponível em: <https://fas.org/irp/doddir/dod/i8310_01.pdf>. Acesso em: 11 mar. 2022.

DEPARTMENT OF DEFENSE. **Management of the Department of Defense Information Enterprise (DoD IE).** Directive Number 8000.01. July 1st, 2017. Disponível em: <https://www.esd.whs.mil/Portals/54/Documents/DD/issuances/dodd/800001p.pdf>. Acesso em: 11 mar. 2022.

DEPARTMENT OF DEFENSE. **Procedures for Interoperability and Supportability of Information Technology (IT) and National Security Systems (NSS).** Instruction Number 4630.8. June 30, 2004. Disponível em: <https://www.acqnotes.com/Attachments/DoD%20Instruction%204630.8%20Procedures%20for%20Interoperability%20and%20Support%20of%20IT%20and%20NSS.pdf>. Acesso em: 11 mar. 2022.

DEPARTMENT OF DEFENSE. **Technical Architecture Framework for Information Management (TAFIM).** Mar. 03, 1997. Disponível em: <https://web.archive.org/web/19990427192156/http://www-library.itsi.disa.mil/tafim.html>. Acesso em: 11 mar. 2022.

DEPARTMENT OF DEFENSE. **Version Description Document for The DoD Architecture Framework (DoDAF) and DoDAF Meta Model (DM2) Version 2.02.** Final. Sep. 30, 2010. Disponível em: <https://dodcio.defense.gov/Portals/0/Documents/DODAF/DM2%20VDD%20v2.02.pdf?ver=njtw5nbnmWFwzgG2Iir9aw%3d%3d>. Acesso em: 11 mar. 2022.

DEROOS, D. et al. **Hadoop For Dummies.** Hoboken, NJ: John Wiley & Sons, 2014.

DEUTSCH, P. **The Eight Fallacies of Distributed Computing.** Disponível em: <http://nighthacks.com/jag/res/Fallacies.html>. Acesso em: 18 mar. 2022.

DODAF FORUM. **DoDAF Overview – What you need to know.** Disponível em: <https://dodafforum.com/dodaf-overview/>. Acesso em: 11 mar. 2022.

DUCKWORTH, F. B. An investigation of IBM's Business Systems Planning (BSP) as a suitable methodology for strategic information systems planning for the Naval Reserve. Master of Science in Information Systems from the Naval Postgraduate School, Monterey, CA, Sep. 1986. 86f. Disponível em: <https://archive.org/details/aninvestigationo1094521936>. Acesso em: 11 mar. 2022.

ESTREM, W. A.; GONZALEZ, S.; THORN, S. **TOGAF® Framework and ArchiMate® Modeling Language Harmonization:** A Practitioner's Guide to Using TOGAF® Framework and the ArchiMate® Language. White paper. The Open Group®, 2014.

EVANS, E. **Domain-Driven Design:** atacando as complexidades no coração do software. 3.ed. Rio de Janeiro: Alta Books, 2016.

EXECUTIVE OFFICE OF THE PRESIDENT OF THE UNITED STATES. **The Common Approach to Federal Enterprise Architecture.** May 2, 2012.

FERGUSON, B. **vSphere 6 Foundations Exam:** VMware Certified Professional 6 (Exam #2V0-620). Hoboken, NJ: VMWare Press, 2016.

FILION, L. J. Visão e relações: elementos para um metamodelo empreendedor. **RAE-Revista de Administração de Empresas**, vol. 33, n. 6, 1993. Disponível em: <https://www.fgv.br/rae/artigos/revista-rae-vol-33-num-6-ano-1993-nid-46428/>. Acesso em: 11 mar. 2022.

FOWLER, M. **CircuitBreaker.** Mar. 06, 2014. Disponível em: <https://martinfowler.com/bliki/CircuitBreaker.html>. Acesso em: 18 mar. 2022.

FOWLER, M. et al. **Padrões de Arquitetura de Aplicações Corporativas.** Porto Alegre: Bookman, 2018.

FOWLER, M. et al. **Patterns of Enterprise Application Architecture.** (The Addison-Wesley Signature Series) Boston, MA: Addison-Wesley Professional, 2003.

FOWLER, M. **PresentationDomainDataLayering.** Aug. 26, 2015. Disponível em: <https://martinfowler.com/bliki/PresentationDomainDataLayering.html>. Acesso em: 18 mar. 2022.

FOWLER, M. **Software Architecture Guide.** Aug. 01, 2019. Disponível em: <https://martinfowler.com/architecture/>. Acesso em: 18 mar. 2022.

FOWLER, S. J. **Microsserviços prontos para a produção:** construindo sistemas padronizados em uma organização de engenharia de software. Rio de Janeiro: Novatec, 2017.

GAMMA, E. et al. **Padrões de Projetos:** soluções reutilizáveis de software orientado a objetos. Porto Alegre: Bookman, 2000.

GAO. **DOD Business Systems Modernization:** Key Navy Programs' Compliance with DOD's Federated Business Enterprise Architecture Needs to Be Adequately Demonstrated. Aug. 2008. Disponível em: <https://www.gao.gov/assets/gao-08-972.pdf>. Acesso em: 11 mar. 2022.

GAO. **Organizational Transformation:** A Framework for Assessing and Improving Enterprise Architecture Management (Version 2.0). GAO-10-846G. Executive Guide. Aug. 2010. Disponível em: <https://www.gao.gov/assets/gao-10-846g.pdf>. Acesso em: 11 mar. 2022.

GAVER, S. B. **Why Doesn't the Federal Enterprise Architecture Work?** An examination why the federal enterprise architecture program has not delivered the expected results and what can be done about it. Part I: the problem. 2010. Disponível em: <https://www.ech-bpm.ch/sites/default/files/articles/why_doesnt_the_federal_enterprise_architecture_work.pdf>. Acesso em: 10 mar. 2022.

GLIEDMAN, C. **Defining IT Portfolio Management.** Best Practices. Forrester, Sep. 29, 2004.

HOHPE, G. Your Coffee Shop Doesn't Use Two-Phase Commit. **IEEE Software**, Mar./Apr. 2005. Disponível em: <https://www.martinfowler.com/ieeeSoftware/coffeeShop.pdf>. Acesso em: 18 mar. 2022.

HOLMES, A. The Clinger-Cohen Act. **CIO**, May 15, 2006. Disponível em: <https://www.cio.com/article/2446619/the-clinger-cohen-act.html>. Acesso em: 10 mar. 2022.

HURWITZ, J. et al. **Big Data for Dummies.** Hoboken, NJ: John Wiley & Sons, 2013.

IBGC SEGMENTOS. **Governança Corporativa para Startups & Scale-ups.** São Paulo: Instituto Brasileiro de Governança Corporativa, 2019.

IDEAS GROUP. Site. Disponível em: <https://ideasgroup.org/>. Acesso em: 11 mar. 2022.

INNOTAS TEAM. Driving Transparency with TIME Analysis for APM. **Planview blog**, Oct. 26, 2011. Disponível em: <https://blog.planview.com/driving-transparency-time-analysis-apm/>. Acesso em: 15 mar. 2022.

IPM SISTEMAS. **História da computação em nuvem:** como surgiu a cloud computing? 27 maio 2020. Disponível em: <https://www.ipm.com.br/blog/administracao-geral/historia-da-computacao-em-nuvem-como-surgiu-a-cloud-computing/>. Acesso em: 18 mar. 2022.

ISO/IEC 9126. Software engineering – Product quality – Part 1: Quality model. International Organization for Standardization, 2001.

ISO/IEC/IEEE 42010:2011. Systems and software engineering – Architecture description. Last reviewed and confirmed in 2017.

JONKERS, H. et al. **ArchiSurance Case Study.** Version 2. The Open Group, Nov. 2016.

KAPLAN, R. S.; Norton, D. P. **The Balanced Scorecard:** translating strategy into action. Boston, MA: Harvard Business Press, 1996.

KIM, W. C.; MAUBORGNE, R. **Blue Ocean Strategy:** how to create uncontested market space and make competition irrelevant. Boston: Harvard Business School Press, 2004.

KUBERNETES. **Kubernetes Documentação.** Disponível em: <https://kubernetes.io/pt/docs/home/>. Acesso em: 18 mar. 2022.

LANKHORST, M.; MATTHIJSSEN, P. **A Empresa Adaptativa:** prosperando em uma era de mudanças. S.l.: BiZZdesign, 2016.

LEWIS, J.; FOWLER, M. Microservices: a definition of this new architectural term. **MartinFowler.com**, Mar. 25, 2014. Disponível em: <https://martinfowler.com/articles/microservices.html>. Acesso em: 18 mar. 2022.

MAIER, M. W.; EMERY, D.; HILLIARD, R. Software architecture: introducing IEEE Standard 1471. **Computer**, vol. 34, n. 4, Apr. 2001.

MAIZLISH, B.; HANDLER, R. **IT Portfolio Management Step-by-Step:** unlocking the business value of technology. Hoboken, NJ: John Wiley & Sons, 2005.

MARTIN, R. C. **Arquitetura Limpa:** o guia do artesão para estrutura e design de software. Rio de Janeiro: Alta Books, 2020.

MATTHIJSSEN, Peter. **Pensando em Processos:** um guia prático para o gerenciamento de processos. [S.l.]: BiZZdesign, 2019.

MCLEAN, E. R. **Business System Planning (IBM Corporation).** 4 Slides. Robinson College of Business, Georgia State University. Disponível em: <http://www.cis.gsu.edu/emclean/Business%20Systems%20Planning.ppt>. Acesso em: 10 mar. 2022.

MELLOR, et al. **MDA Distilled:** principles of model-driven architecture. Hoboken, NJ: Addison-Wesley Professional: 2004.

MICROSOFT DOCS. **Princípios básicos do Microsoft Azure:** descrever os principais conceitos do Azure. Disponível em: <https://docs.microsoft.com/pt-br/learn/paths/az-900-describe-cloud-concepts/>. Acesso em: 18 mar. 2022.

MORGAN, G. **Imagens da Organização.** São Paulo: Atlas,1996.

MUNDO CARREIRA. Você sabe o que é CDO: Chief Data Officer? **Mundo Carreira**, 07 jul. 2014. Disponível em: <http://mundocarreira.com.br/sem-categoria/voce-sabe-o-que-e-cdo-chief-data-officer/>. Acesso em: 12 set. 2022.

NVP. **Big Data and AI Executive Survey 2019:** executive summary of findings. New Vantage Partners, 2019. Disponível em: <https://www.tcs.com/content/dam/tcs-bts/pdf/insights/Big-Data-Executive-Survey-2019-Findings-Updated-010219-1.pdf>. Acesso em: 15 mar. 2022.

OBERHOFER, C. A. Conceitos e princípios para avaliação de sistemas da informação. **Ciência da Informação**, vol. 12, n. 1, 1983.

OFFICE OF THE ASSISTANT SECRETARY OF DEFENSE. **Technical Architecture Framework for Information Management (TAFIM), Version 3.0.** Memorandum for Under Secretaries of Defense, Washington, D.C., Jan. 02, 1997. Disponível em: <https://web.archive.org/web/19990421163517/http://www-library.itsi.disa.mil/tafim/pgmemo2.txt>. Acesso em: 11 mar. 2022

OKON, W. The Future of Architecture Collaborative Information Sharing. DoDAF Version 2.03 Updates Information Sharing. DoD Enterprise Architecture Conference, Miami, Apr. 30, 2012. Disponível em: <https://apps.dtic.mil/dtic/tr/fulltext/u2/a565624.pdf>. Acesso em: 11 mar. 2022.

OMG. **Business Motivation Model.** Version 1.3. Object Management Group, May, 2015.

OMG. **Business Process Model and Notation (BPMN).** Version 2.0. Object Management Group, Jan. 2011.

OMG. **Decision Model and Notation™.** Version 1.2. Object Management Group, Jan. 2019.

OSTERWALDER, A.; PIGNEUR, Y. **Business Model Generation:** a handbook for visionaries, game changers and challengers. Hoboken, NJ: John Wiley & Sons, 2010.

PEINADO, J.; GRAEML, A. R. **Administração da Produção (Operações Industriais e de Serviços).** Curitiba: UnicenP, 2007. 750 p.

PEREIRA, D. O que é o Business Model Canvas. **O analista de modelos de negócio**, 08 jul. 2016. Disponível em: <https://analistamodelosdenegocios.com.br/o-que-e-o-business-model-canvas/>. Acesso em: 13 mar. 2022.

PORTER, M. E. **Competitive Advantage:** Creating and sustaining superior performance. New York: Free Press, 1988.

PORTER, M. E. **Competitive Strategy:** techniques for analyzing industries and competitors. New York: Free Press, 1998.

RAO, P. C. et al. **Department of Defense Architecture Framework Version 2.0:** Student's Guidebook. FEAC Institute. Disponível em: <https://www.academia.edu/35137436/Department_of_Defense_Architecture_Framework_Version_2_0_Students_Guidebook?source=swp_share>. Acesso em: 11 mar. 2022.

RED HAT. **Introdução ao Openstack.** 03 out. 2021. Disponível em: <https://www.redhat.com/pt-br/topics/openstack>. Acesso em: 18 mar. 2022.

REFERENCE FOR BUSINESS. **Value Creation.** Disponível em: <https://www.referenceforbusiness.com/management/Tr-Z/Value-Creation.html>. Acesso em: 14 mar. 2022.

RICHARDS, M.; FORD, N. **Fundamentals of Software Architecture:** an engineering approach. Sebastopol, CA: O'Reilly, 2020.

RICHARDSON, C. **Managing data consistency in a microservice architecture using Sagas part 2 – coordinating sagas.** Aug. 04, 2019. Disponível em: <https://chrisrichardson.net/post/sagas/2019/08/04/developing-sagas-part-2.html> Acesso em: 18 mar. 2022.

RICHARDSON, C. **Pattern: Saga.** Disponível em: <https://microservices.io/patterns/data/saga.html>. Acesso em: 18 mar. 2022.

ROWLEY, J. The wisdom hierarchy: representations of the DIKW hierarchy. **Journal Of Information Science**, vol. 33, Apr. 01 2007, p. 163-180. Disponível em: <https://bit.ly/2PtPbHa>. Acesso em: 15 mar. 2022.

SBGC. **Taxonomia.** Disponível em: <http://www.sbgc.org.br/taxonomia.html>. Acesso em: 10 mar. 2022.

SCALED AGILE. **Enterprise Architect.** Feb. 10, 2021. Disponível em: <https://www.scaledagileframework.com/enterprise-architect/>. Acesso em: 18 mar. 2022.

SILVA, P. Oil vs. Data – Which is more Valuable? **F5**, 09 Apr. 2019. Disponível em: <https://www.f5.com/company/blog/oil-vs-data-which-is-more-valuable>. Acesso em: 15 mar. 2022.

SILVER, B. **BPMN Method and Style with BPMN Implementer's Guide:** a structured approach for business process modeling and implementation using BPMN 2. 2nd.ed. Altadena, CA: Cody-Cassidy Press, 2011.

SILVER, B. **DMN Method and Style:** a business practitioner's guide to decision modeling. 2nd.ed. Altadena, CA: Cody-Cassidy Press, 2018.

SNEL, M. Enterprise architecture vs solution architecture. **IT Web**, July 19, 2016. Disponível em: <https://www.itweb.co.za/content/XGxwQD71by1MlPVo>. Acesso em: 18 mar. 2022.

STRATEGY FOR EXECUTIVES. **Strategy Canvas:** a great tool to benchmark customer value. Disponível em: <https://strategyforexecs.com/strategy-canvas/>. Acesso em: 14 mar. 2022.

THE OPEN GROUP. **ArchiMate® 3.1 Specification.** The Open Group, 2019.

THE OPEN GROUP. **Open Agile Architecture.** The Open Group, 2020. Disponível em: <https://pubs.opengroup.org/architecture/o-aa-standard-single/>. Acesso em: 25 ago. 2022.

THE OPEN GROUP. **The TOGAF® Standard, version 9.2:** a standard of The Open Group, 2018.

THE OPEN GROUP. **TOGAF® Series Guide:** Business Capabilities. The Open Group, June 20, 2018b.

THE OPEN GROUP. **TOGAF® Series Guide:** Value Streams. The Open Group®, 2019b.

TM FORUM. **Application Framework (TAM).** Disponível em: <https://www.tmforum.org/application-framework/>. Acesso em: 11 mar. 2022.

TM FORUM. **Business Process Framework (eTOM).** Disponível em: <https://www.tmforum.org/business-process-framework/>. Acesso em: 11 mar. 2022.

TM FORUM. **Information Framework (SID).** Disponível em: <https://www.tmforum.org/information-framework-sid/>. Acesso em: 11 mar. 2022.

TODESCO, J. L. **Engenharia de Ontologia para Web Semântica.** 85 slides. Disponível em: <http://www.inf.ufsc.br/~fernando.gauthier/EGC6006/material/Aula%206/OntologyEngineeringPort.pdf>. Acesso em: 11 mar. 2022.

TURNBULL, J. **The Docker Book:** containerization is the new virtualization. Kindle Edition, 2014.

U.S. GOVERNMENT ACCOUNTABILITY OFFICE. **A pratical guide to Federal Enterprise Architecture, Version 1.0 (Extended by GAO-03-584-G).** Feb. 02, 2001.

UKESSAYS. **Federal Enterprise Architecture Framework (FEAF) Analysis.** Nov. 2018. Disponível em: <https://www.ukessays.com/essays/architecture/federal-enterprise-architecture-framework-feaf-analysis.php?vref=1>. Acesso em: 10 mar. 2022.

UNITED STATES GENERAL ACCOUNTING OFFICE. **DOD Business Systems Modernization:** Limited Progress in Development of Business Enterprise Architecture and Oversight of Information Technology Investments. May 17, 2004. Disponível em: <https://www.gao.gov/assets/gao-04-731r.pdf>. Acesso em: 10 mar. 2022.

VALUE BASED MANAGEMENT. **Strategy Map.** Disponível em: <https://www.valuebasedmanagement.net/images/strategy_map_kaplan_norton.pdf>. Acesso em: 13 mar. 2022.

VAN GILS; B.; VAN DIJK, S. **A Prática da Arquitetura Corporativa:** Experiências, técnicas e melhores práticas. S.l.: BiZZdesign Academy, 2015.

VAN RAMSHORST, E. A. **Application Portfolio Management from an Enterprise Architecture Perspective:** reducing the IT landscape complexity. Master's Thesis, Universiteit Utretch, July 1st, 2013.

VILA, F. **Adopting an Application Portfolio Management Approach:** key principles and good practices. MEGA, 2014.

VMWARE DOCS. **VMware Documentação do vSphere.** Disponível em: <https://docs.vmware.com/br/VMware-vSphere/index.html>. Acesso em: 18 mar. 2022.

VON HALLE, B.; GOLDBERG, L. **The Decision Model:** A Business Logic Framework Linking Business and Technology. Boca Raton, FL: Auerbach, 2009.

WALTERS, E.; PLAIS, A. **Using the ArchiMate® Modeling Language with BMM™:** representing the concepts of the Business Motivation Model (BMM) using the ArchiMate® 3.0 Specification. White paper. The Open Group, Aug. 2017.

WAZLAWICK, R. S. **Engenharia de Software:** conceitos e práticas. 2.ed. Rio de Janeiro: LTC, 2019.

WHITE HOUSE. **Federal Enterprise Architecture Framework.** Version 2. Jan. 29, 2013.

WHITE, T. **Hadoop:** the definitive guide. Sebastopol, CA: O'Reilly, 2009.

WIKIMEDIA COMMONS. **File: BSC.png.** Nov. 04, 2008. Disponível em: <https://commons.wikimedia.org/wiki/File:BSC.png>. Acesso em: 13 mar. 2022.

WIKIPÉDIA. **Análise PEST.** Disponível em: <https://pt.wikipedia.org/wiki/An%C3%A1lise_PEST>. Acesso em: 13 mar. 2022.

WIKIPÉDIA. **Análise SWOT.** Disponível em: <https://pt.wikipedia.org/wiki/An%C3%A1lise_SWOT>. Acesso em: 13 mar. 2022.

ZACHMAN, J. A framework for information systems architecture. **IBM Systems Journal**, vol. 26, n. 3, 1987.

ZACHMAN, J. A. **The Concise Definition of the Zachman Framework.** Disponível em: <https://www.zachman.com/about-the-zachman-framework>. Acesso em: 25 ago. 2022.

ZANIANI, S. M. R.; VALIBEIGLOO, M.; ASGHARI, M. **Investigation of Federal Enterprise Architecture Framework, a case study in RAJA Passenger Trains Company.** 2008.

Dedicatória e agradecimentos

Dedico mais um livro aos amores da minha vida: meus filhos Lucas e Luisa, minha esposa Keila, meus pais Iracema e José Prado e meus irmãos Simone, Paulo e Sandra. Agradeço a Deus essa nova conquista e parabenizo o time organizador pelo comprometimento na curadoria e aos coautores pela dedicação que resultou em mais uma obra incrível para nossa série da Jornada Colaborativa. Agradeço a meus familiares e amigos da SulAmérica, Jornada Colaborativa e ADAXL pelas oportunidades de aprendizado e aos milhares de alunos, leitores e participantes das minhas palestras pela grande receptividade e troca de experiências que me tornam uma pessoa melhor a cada dia.

Antonio Muniz
Idealizador, organizador e coautor da Jornada Ágil de Arquitetura

Dedicar este livro aos meus grandes amores Erica e Davi ainda é pouco, por tudo aquilo que eu recebi em troca nesta jornada: apoio, incentivo, carinho, dedicação e muito amor. Minha esposa Erica Richardele foi meu grande alicerce para que eu pudesse me dedicar a este livro e meu filho Davi Cardoso me deu toda a inspiração de que eu precisava. Aprendi e aprendo com ele como ser determinado e muito perseverante.

Cosme Cardoso
Idealizador, organizador e coautor do livro Jornada Ágil de Arquitetura

Aos meus protetores, visíveis e invisíveis. **À** minha esposa Isabela Lopes e **aos** meus filhos Miguel e Augusto, pelas horas que me permitiram dedicar à escrita. **Aos** professores marcantes da minha vida, sem os quais estes escritos não teriam valor.

Gustavo Bunger
Organizador e coautor do livro Jornada Ágil de Arquitetura

Dedico este livro para meu querido esposo Renato Moreno Almeida, que sempre me incentiva diante dos desafios da vida. E com o trabalho neste livro não foi diferente, mantendo como sempre sua compreensão e amor durante o tempo no qual me dediquei à escrita e aos encontros com os coautores e curadores. Sem deixar de mencionar também a dedicação e troca de todos os colaboradores do livro e Muniz, idealizador da Jornada.

Rosana Carvalho
Organizadora e coautora do livro Jornada Ágil de Arquitetura

Dedico este livro às minhas filhas Mariana e Rayssa, que são a inspiração de tudo o que faço, e à minha mãe Agnes, com quem aprendi tudo o que há de importante na vida.

Atila Belloquim
Organizador e coautor do livro Jornada Ágil de Arquitetura

Dedico aos mestres Marcos Bussab, Maurício Borges (em memória), aos mestres-colegas Átila e Plais, aos colegas arquitetos das empresas onde trabalhei (com quem tanto aprendi), à minha esposa Célia (arquiteta da família), aos meus pais João e Sebastiana (arquitetos da minha formação) e a Deus (arquiteto do universo).

Arthur Rodrigues
Organizador e coautor do livro Jornada Ágil de Arquitetura

A meu filho Paulo, minha esposa Flávia, minha mãe Sonia, meu pai Nelson, irmão Leandro e também aos grandes amigos e colegas de trabalho que tanto fazem parte da construção constante do estágio de ser humano em que estou.

Leonardo Santos
Organizador e coautor do livro Jornada Ágil de Arquitetura

A Isabella, que me incentiva e me acompanha nessa jornada desde 2002. Aos meus pais Mariza e Odir (em memória). Aos colegas de profissão com quem aprendo continuamente. Ninguém faz nada sozinho, esta obra é um exemplo disso.

Gustavo Theme
Organizador e coautor do livro Jornada Ágil de Arquitetura

Sobre os coautores

Antonio Muniz. Apaixonado por pessoas, agilidade, colaboração, comunidades, DevOps, empreendedorismo, inovação, *lean*, liderança, *startups*, tecnologia, facilitação e palestras. Fundador da Jornada Colaborativa, host do JornadaCast, LiderProExpert e Carreira CIP. Professor de MBA, mentor, escritor e produtor de videoaulas.

Antonio Plais. Consultor-proprietário na Centus Consultoria, com mais de 40 anos de experiência no desenvolvimento de sistemas e gerenciamento de equipes de tecnologia e de negócio. Graduado em administração de empresas com especialização em marketing, especialista em arquitetura corporativa e modelagem ArchiMate.

Arthur Rodrigues. Mais de 21 anos de experiência em TI, telecom e serviços financeiros, sendo os 11 últimos como *Head* de Arquitetura Corporativa, responsável por estratégia de TI e suportando projetos de transformação e racionalização de *landscape*. Entusiasta de tendências e tecnologias emergentes. Bacharel em Ciência da Computação, com pós-graduação e especializações em Engenharia de Software, Estratégia e Inovação, e MBA em Gestão Estratégica de Negócios.

Atila Belloquim. Especialista em Arquitetura Corporativa e de Negócio e TI, Estratégia e Cultura Organizacional. Mestre em Administração pela FEA-USP e graduado em Ciência da Computação pelo IME-USP. Trouxe para o Brasil o conceito de Arquitetura Corporativa e o modelo TOGAF@, tendo sido o primeiro profissional do país certificado no modelo. Professor de cursos de Pós e MBA e consultor de grandes empresas há mais de 25 anos. Sócio-Diretor da GNOSIS Knowledge Solutions.

Cosme Cardoso. Com mais de 35 anos de experiência na área de tecnologia, atua como *DevOps Manager Engineer, APM Evangelist* (AppDynamics, DataDog, Dynatrace & Splunk), *Senior System Engineer, Cloud Architecture, AIOps, machine learning*, escritor e palestrante. Suporta as empresas dentro do modelo de transformação digital utilizando inteligência artificial e *machine learning* trazendo como resultado do processo uma observabilidade geral de todos os processos de TI.

Daniel Gomes. Formado em ciência da computação, MBA em gestão de sistemas de informação e mestre em sistema e computação. Atua como arquiteto de software, desenvolvedor *fullstack* e implantador de sistemas, utilizando o *pipeline* de integração e entrega contínua. Soma mais de 15 anos de experiência na área de TI e é um entusiasta da cultura *DevOps* e de soluções *cloud native*.

Eder Tuler. Esposo e pai de quatro filhos, entusiasta da tecnologia, é formado em processamento de dados com especialização em serviços de telecomunicações pela UFF. Atua como arquiteto corporativo ajudando empresas a direcionar a melhor solução para os seus desafios. Mais de 25 anos transformando necessidades de negócio em soluções técnicas.

Fabiano Gisbert. Pós-graduado em Segurança da Informação pela UFF e certificado em *Cloud Architect* nível *Expert* pela Dell/EMCCA. Possui mais de 25 anos de experiência em TIC, atuando em *datacenters* corporativos, tanto no suporte como em planejamento e projeto de infraestrutura em virtualização e nuvem. Atua também como professor e coordenador de MIT em *cloud computing* no Instituto Infnet RJ.

Fernanda Bruno. Bacharel em Ciência da Computação e Mestre em Informática pela UFRJ com especialização em ciência de dados e *big data* pela PUC-Minas. Possui 15 anos de experiência atuando em projetos de *business intelligence* e *analytics* em empresas públicas e privadas.

Gustavo Bunger. Profissional com mais de 22 anos de experiência em educação, TI e telecom como especialista e gestor em empresas como Oi, Olist e Engineering Consulting. Pós-graduado em Novas Tecnologias da Informação pela COPPE/UFRJ e professor auxiliar pela Universidade Cândido Mendes do Rio de Janeiro. Utiliza sua experiência como arquiteto corporativo, de soluções e dados para escrever artigos e palestrar, sendo fundador da iniciativa AC Talks, que visa divulgar temas de arquiteturas por meio de palestras e debates. Membro da ACM (*Association for Computing Machinery*) e da SBGC (Sociedade Brasileira da Gestão de Conhecimento).

Gustavo Theme. Profissional de TI com mais de 25 anos de experiência, sólidos conhecimentos em arquitetura corporativa e de soluções, TOGAF®, TMForum®, BSS e OSS. Gerente de projetos com certificação PMP, PSM e PSPO. Ajuda as empresas a administrar o parque de aplicações e a desenhar a estratégia de TI.

Jonas Santos. Graduado em Tecnologia em Análise e Desenvolvimento de Software e pós-graduado em Arquitetura de Software Distribuído. Engenheiro de software com mais de 10 anos de experiência, atuando em grandes projetos no ramo financeiro.

Leandro Coelho. Profissional com mais de 20 anos no mercado de tecnologia na área de dados; arquitetura, engenharia e governança de dados. Pós-graduado em Engenharia de Software pela UFRJ, diretor do DAMA – Capítulo Brasil. Atualmente ocupa a posição de coordenador de governança de dados da empresa HDI Seguros.

Leonardo Santos. Mais de 20 anos atuando como profissional de TI em grandes empresas como Sulamerica, IRB, BrasilCap, Vale, TCS, Politec, Vivo, Nextel e Oi. MBA Tecnologia para Negócios: AI, *data science* e *big data*, especialização em finanças, *banking* e investimento pela PUCRS e graduação em Tecnologia em Análise de Sistema pela UNESA.

Luiz Henrique Seckler. Coordenador de Desenvolvimento no Target Bank. Formado em Análise e Desenvolvimento de Sistemas e Gestão de TI pela UNESA, MBA em Gestão de Projetos pela UVA e MIT em Arquitetura de Software pela Infnet. Soma mais de 15 anos de experiência em TI, tendo atuado com diversas tecnologias.

Norberto Hideaki Enomoto. Arquiteto de soluções com perfil mão na massa (*hands-on*). Formado em Ciência da Computação pela Universidade Federal de Viçosa (UFV). Pós-graduado em Gerenciamento de Projetos pela Universidade Federal do Rio de Janeiro (UFRJ) e Internet das Coisas (IoT) pelo Instituto Nacional de Telecomunicações (Inatel). Atualmente tem liderado projetos de transformação digital utilizando tecnologias como arquitetura de microsserviços, APIs, *DevSecOps*, *multi-cloud* e internet das coisas.

Rosana Carvalho. Atua na área de tecnologia há 17 anos. Formada em TI pela FATEC e MBA pela FGV, especialista em Arquitetura Corporativa certificada em TOGAF, CobIT e RUP. Foi professora de Arquitetura Corporativa em MBAs, palestrante em diversos eventos e voluntária em projetos para inclusão e diversidade. Experiência em projetos de arquitetura em diversas verticais de negócio e apaixonada por iniciativas que possam mudar o mundo, tais como a Jornada Colaborativa. Coautora e curadora no livro Jornada do Trabalho Remoto.

Zair Ramos (em memória). Foi instrutor oficial Java e correlatos desde os primórdios, em instituições como Sun Microsystems, BEA Systems, Oracle, SAP, Infnet, PUC-Rio, entre outras. Especialista em integração e implementação de sistemas, processos e projetos complexos. Participou do gerenciamento de grandes projetos como Jogos Mundiais Militares, Rio+20, SISFRON, entre outros de igual magnitude. Entusiasta e implementador de métodos ágeis!